AKAL ECONOMÍA ACTUAL

I

Colección dirigida por
Enrique Palazuelos

Diseño de cubierta:
Sergio Ramírez

Sector Foresta, 1
28760 Tres Cantos
Madrid - España
Tel.: 91 806 19 96
Fax: 91 804 40 28
ISBN: 84-460-1632-X
Depósito legal: M. 27.007-2001
Impreso en MaterPrint, S. L.
Colmenar Viejo (Madrid)

Luis Fernando Lobejón Herrero

El comercio internacional

-akal-
EDICIONES

Presentación

En su situación actual, el comercio internacional es una realidad harto compleja, fruto de la influencia de numerosos factores, no todos ellos fáciles de identificar. Cualquier análisis que aspire a proporcionar una imagen general en la que se resalten sus rasgos más sobresalientes se enfrenta a las enormes dificultades que plantea esa complejidad.

Este libro ha asumido desde el momento de su concepción ese importante desafío, aunque no ha surgido, ni mucho menos, con la pretensión de superarlo. Su propósito es, simplemente, pasar revista a través de un planteamiento sencillo a las cuestiones más relevantes que han marcado la trayectoria de ese comercio desde que comenzó a adquirir la madurez característica de una realidad consolidada.

A cada una de esas cuestiones se le dedica uno de los seis capítulos de los que consta el libro. Cada capítulo puede entenderse como un estudio con identidad propia, si bien la lectura de todos ellos es la única que puede proporcionar una visión relativamente completa del origen y de la evolución de los rasgos más importantes que presenta el comercio internacional en la actualidad.

La sencillez del planteamiento general se ha intentado llevar también al tratamiento concreto que reciben los argumentos que se desarrollan, tratando de evitar el exceso de formalización al que son tan propensos los análisis económicos más recientes. Huir del abuso en la formalización no exige renunciar al rigor en la exposición ni dejar de hacer referencia a las construcciones teóricas que pueden ayudar a comprender la lógica de funcionamiento de cada una de las cuestiones que se estudian. Las alusiones a esas construcciones aparecen, de hecho, en todos los capítulos, si bien se han concentrado en epígrafes concretos dentro de cada uno de éstos, con el propósito de que puedan prescindir de ellas los lectores que no estén familiarizados con este tipo de desarrollos o que no tengan un interés especial en conocerlos.

Los recuadros distribuidos a lo largo del libro intentan precisar o ampliar algunos conceptos que aparecen en el texto, o bien añaden detalles en torno a las construcciones teóricas a las que se acaba de aludir. Se ha hecho todo lo posible por incluir en esos recuadros cuestiones que merecen una atención especial, ya sea por la trascendencia que han tenido en las reflexiones sobre el funcionamiento del comercio internacional en el pasado o por su atractivo de cara a la comprensión de su situación actual y de su evolución en el futuro.

También se ha puesto un empeño especial a la hora de seleccionar la información que se ofrece en los cuadros estadísticos. El criterio que se ha seguido en este caso es conceder prioridad a los datos que merecen mayor confianza y a los que pueden tener un mayor interés para la comprensión de la lógica que sigue el comercio internacional. También se ha buscado que la información contenida en esos cuadros esté actualizada al máximo, con el fin de que las cifras que figuren en ellos reflejen las últimas tendencias y nos aproximen todo lo posible a la situación actual.

Además de encontrar un interesante complemento al texto en los cuadros y en los recuadros, el lector lo hallará también en las notas a pie de página, en las que no se han escatimado explicaciones ni referencias bibliográficas. Estas últimas serán particularmente útiles para todos los que tengan interés en reforzar o en ampliar el conocimiento de todas aquellas cuestiones que, por el propio planteamiento del libro, no se analizan en profundidad.

Del mismo modo que este libro surgió con el lastre que supone asumir un reto tan importante como el que se describe en el primer párrafo de esta introducción, nació también con los apoyos suficientes para hacer frente a las dificultades derivadas de él. Los respaldos más importantes han sido, sin duda, la generosidad, la dedicación y la buena disposición del coordinador de la colección y auténtico mentor de este libro, el profesor de la Universidad Complutense Enrique Palazuelos. El autor ha contado también con la ayuda de otras muchas personas que, de una forma u otra, han contribuido a que el texto saliera adelante. No puedo dejar de citar a mi compañero y amigo Francisco Javier Gutiérrez, que tuvo la paciencia de leer todo el texto en diferentes fases de su elaboración, haciéndome sugerencias siempre oportunas. No olvido tampoco la comprensión y el cariño de mi familia y de mis amigos, ni la colaboración que me han prestado, entre otros, los profesores de la Facultad de Ciencias Económicas y Empresariales de la Universidad de Valladolid Jesús María Alonso, Elisa Álvarez, Óscar Carpintero, Juan Helguera, Julio López y Javier Moreno. Espero saldar algún día la deuda que he contraído con todos ellos y confío en que sabrán perdonar los errores que, pese a su ayuda, he cometido en la redacción de este libro y que son, por supuesto, de mi entera responsabilidad.

1. El desarrollo del comercio mundial hasta la Segunda Guerra Mundial

La dinámica más reciente de las transacciones internacionales es heredera, fundamentalmente, de la trayectoria que éstas han seguido desde 1945. Sería, sin embargo, injusto, a la vez que poco fiel con la realidad, centrarse en ese período y obviar la influencia de lo sucedido con anterioridad.

Para algunos autores tiene sentido hablar del comercio internacional como una realidad consolidada a partir del siglo XVI, gracias a los importantes descubrimientos que se llevaron a cabo en los últimos años del siglo anterior[1]. Esta opinión no es, sin embargo, la más extendida, ya que hasta el inicio del siglo XIX las transacciones internacionales tuvieron poca trascendencia, tanto cuantitativa como cualitativa, al enfrentarse a unos costes de transporte muy elevados y a importantes limitaciones de carácter institucional. Estos obstáculos sólo eran compatibles con el intercambio de mercancías concretas, como las especias, los metales preciosos o la seda, con un precio muy elevado en relación con su peso y prácticamente sin competencia en los mercados nacionales.

El comercio internacional sólo abandonó esa dinámica en el siglo XIX, especialmente a partir de su segunda mitad. Desde ese momento contó con unas condiciones mucho más favorables para su desarrollo, lo que hizo posible que su valor aumentara de forma muy significativa y que se intercambiara una gama mucho mayor de productos[2].

Este capítulo está dedicado precisamente al análisis del avance registrado por el comercio internacional a partir de esa época y hasta el final de la Segunda Guerra Mundial. Las tres primeras secciones intentan proporcionar una visión cronológica de su trayectoria desde 1820 hasta 1945, centrándose cada una de esas secciones en una etapa concreta de ese período. La cuarta y última pretende establecer una relación

[1] Véase K. H. O'ROURKE y J. G. WILLIAMSON, «The Heckscher-Ohlin model between 1400 and 2000: when it explained factor price convergence, when it did not and why», *CEPR Discussion Paper Series*, 2372 (2000), pp. 2 ss.

[2] En realidad, el cambio no fue tan brusco como se desprende de esta descripción tan simple. El siglo XVIII podría considerarse una fase de transición, en la que se sumaron a los escasos productos intercambiados hasta entonces otros como el cuero, el algodón y el tabaco. Véase K. H. O'ROURKE y J. G. WILLIAMSON, *op. cit.*, p. 2.

entre la evolución del comercio internacional y las justificaciones teóricas que surgieron para tratar de comprender su funcionamiento y explicar sus características más relevantes.

1.1. EL COMERCIO INTERNACIONAL Y EL ORIGEN DEL CAPITALISMO ECONÓMICO MODERNO (1820-1870)

1.1.1. El avance del comercio internacional a partir de 1820

A partir de la segunda década del siglo XIX el comercio internacional adquirió una dimensión mucho mayor de la que había alcanzado hasta entonces e incrementó su influencia sobre la actividad económica interna de cada país de forma muy significativa.

Entre los factores que se encuentran en el origen de esta importante transformación destaca el espectacular aumento del potencial industrial de algunos países europeos. La industrialización y, en un sentido más general, los cambios asociados a lo que se ha dado en llamar el *crecimiento económico moderno* provocaron la ruptura definitiva con realidades económicas abrumadoramente dominadas por las actividades agrícolas y ganaderas. El protagonismo de ese tipo de actividades justificaba su gran autosuficiencia y, como consecuencia de ello, la escasez de oportunidades para llevar a cabo intercambios internacionales[3].

A medida que pasaron los años, en algunos países de Europa occidental (y de un modo especial, en Gran Bretaña) la dinámica económica desplazó a una parte de la población desde esas actividades tradicionales a otras más propias de la nueva situación que se estaba gestando. Ese sector de la población adquirió un grado de especialización que le permitió aumentar considerablemente su productividad, aunque, al mismo tiempo, le planteó problemas para cubrir sus necesidades recurriendo a sus propios recursos y habilidades, obligándole a acudir cada vez con más asiduidad al mercado.

Una lógica muy similar a la que se acaba de describir se reprodujo en la realidad económica mundial. En ella, los países que comenzaban a despuntar por su nivel de desarrollo se especializaron progresivamente en la producción de manufacturas industriales, que pronto saturaron los mercados nacionales y acabaron destinándose a otros países a través del comercio internacional. Al mismo tiempo, ese comercio se convirtió para esos países en una importante fuente de suministro de productos sin transformar, en especial, de alimentos. Las economías que se especializaron a partir de entonces en la producción de esos alimentos se erigieron en la contrapartida de los países exportadores de manufacturas industriales. La mayor parte de ellas mantuvo esa especialización durante muchos años, en parte porque era la que mejor aprovechaba su potencial exportador dado su grado de desarrollo y en parte también por los criterios que imponían las metrópolis sobre sus respectivos imperios coloniales.

A pesar de su gran esquematismo, esta descripción tan simplificada de la lógica del comercio internacional a partir de las primeras décadas del siglo XIX es suficiente para esbozar algunas de sus características, como las que afectan a su distribución geográfica o a su composición por productos.

---

[3] Véase, por ejemplo, W. ASHWORTH, *Breve historia de la economía internacional. Desde 1850*, Madrid, Fondo de Cultura Económica, 1975, p. 221.

Por lo que respecta a su composición conviene advertir que resulta difícil hacer una valoración certera de lo ocurrido en este período, como consecuencia de la escasa calidad de la información de que se dispone. Los estudios más fiables que se han llevado a cabo parecen revelar, no obstante, que las mercancías que ganaron más presencia en los intercambios internacionales en esa época fueron las manufacturas industriales, como se corresponde con una situación marcada por el inusitado aumento de la producción de éstas en los países más adelantados y por su orientación cada vez más clara hacia la exportación. A pesar de todo, de acuerdo con esos mismos análisis, los productos alimenticios siguieron copando la mayor parte de los intercambios. Su preeminencia encaja con la intensidad adquirida por el crecimiento demográfico, muy débil hasta entonces, pero realmente significativo a partir de 1820 gracias a las posibilidades que ofrecía un aumento de la producción mucho más intenso que en el pasado (véase cuadro 1).

Cuadro 1
INDICADORES DE LA ECONOMÍA MUNDIAL, 1500-1992

	1500	1820	1992	1500-1820 (Tasa de crecimiento)	1820-1992 (Tasa de crecimiento)
POBLACIÓN (millones)	425	1.068	5.441	0,29%	0,95%
PIB (millones de dólares de 1990)	240	695	27.995	0,33%	2,17%
PIB per capita (millones de dólares de 1990)	565	651	5.145	0,004%	1,21%
EXPORTACIONES (millones de dólares de 1990)	n.d.	7	3.786	n.d.	3,73%

Nota: las tasas de crecimiento reflejan incrementos anuales medios, expresados como tasas de variación acumulativa.
Fuente: MADDISON, A. (1997), *La economía mundial 1820-1992. Análisis y estadísticas,* París, OCDE.

En lo que concierne a la distribución geográfica del comercio internacional, lo que más resalta es, sin duda, el predominio de los países de Europa occidental. La diferencia entre el nivel de desarrollo industrial acumulado por estos países y el alcanzado por el resto del mundo ayuda a entender su preponderancia en el comercio internacional en esa época. Aunque resulta imposible manejar informaciones fidedignas en este plano, puede afirmarse que a mediados del siglo XIX las exportaciones de esos países representaban en torno al 70% del valor de las exportaciones mundiales[4]. Una parte importante de ese porcentaje correspondía únicamente al Reino Unido, que era al mismo tiempo la primera potencia industrial y el país con más capacidad exportadora. A continuación se situaba Francia, aunque a una gran distancia (ver cuadro 2).

[4] J. FOREMAN-PECK, *Historia económica mundial. Relaciones económicas internacionales desde 1850*, Madrid, Prentice-Hall, [2]1995, p. 3.

Cuadro 2
EVOLUCIÓN DE LAS EXPORTACIONES MUNDIALES DE ALGUNOS PAÍSES SELECCIONADOS
(Miles de millones de dólares de 1990)

	1820	1870	1913	1929	1950	1973	1992
Alemania	n.d.	6,8	38,2	35,1	13,2	194,2	409,1
Argentina	n.d.	0,2	2,0	3,1	2,1	4,2	12,3
Australia	n.d.	0,5	3,4	3,6	5,4	18,9	48,0
Canadá	n.d.	0,7	4,0	7,8	12,6	60,2	140,3
China	n.d.	1,4	4,2	6,2	6,4	11,7	89,9
España	0,1	0,9	3,7	3,4	2,1	15,3	65,7
Estados Unidos	0,3	2,5	19,2	30,4	43,1	174,6	451,0
Filipinas	n.d.	0,1	0,2	0,7	0,7	2,6	9,5
Francia	0,5	3,5	11,3	16,6	16,9	104,1	236,1
India	n.d.	3,5	9,5	8,2	5,4	9,7	20,1
Indonesia	n.d.	0,2	1,0	2,6	2,2	9,6	38,0
Japón	n.d.	0,1	1,7	4,3	3,5	95,1	299,5
Reino Unido	1,1	12,2	39,3	32,0	39,3	94,7	194,5
Tailandia	n.d.	0,1	0,5	0,6	1,1	3,1	30,8
TOTAL	7,3	56,2	236,3	334,4	375,8	1797,2	3.785,6

Fuente: MADDISON, A. (1997): *La economía mundial 1820-1992. Análisis y estadísticas*, París, OCDE.

1.1.2. La influencia de las mejoras en el transporte

La relación que puede establecerse entre el avance de la industrialización y el aumento del comercio internacional a partir de las primeras décadas del siglo XIX es aún más estrecha de lo que se desprende de los comentarios precedentes. Conviene tener presente que gracias al intenso impulso industrial se introdujeron importantes innovaciones en el ámbito del transporte de mercancías y de viajeros, lo que propició un desarrollo mucho más dinámico del comercio internacional.

Aunque se produjeron otras mejoras realmente relevantes, las más destacadas fueron, sin duda, las vinculadas a la aplicación de la máquina de vapor al transporte, tanto terrestre como marítimo[5]. En el primero de los órdenes habría que resaltar que en los años centrales del siglo XIX comenzaron a funcionar las primeras líneas de ferrocarril, que sustituyeron progresivamente a otros medios de transporte. La apertura de esas líneas constituyó un acontecimiento de una indudable trascendencia, no sólo por la importancia que tuvo en ese momento, sino, sobre todo, porque sentó las bases del posterior auge ferroviario.

La aplicación del vapor al transporte por tierra se tradujo, además, en una cadena de efectos positivos, que acabaron impulsando una especie de círculo virtuoso. De acuerdo con lo que se ha apuntado con anterioridad, el progreso industrial fue esencial para la aparición de los primeros tendidos ferroviarios. A su vez, la construcción de dichos tendidos precisó de enormes cantidades de materiales para su construcción, muchos de ellos productos industriales. Completando ese ciclo, la fabricación y la distribución de esos materiales, además de fortalecer directamente el crecimiento industrial, estimulaban por sí mismas el transporte por ferrocarril.

---

[5] La influencia de las mejoras que se produjeron en el ámbito del transporte y de las comunicaciones a partir de las primeras décadas del siglo XIX puede comprenderse con gran facilidad recurriendo al repaso claro y pedagógico que se hace de dicha influencia en R. CAMERON, *Historia económica mundial. Desde el paleolítico hasta el presente*, Madrid, Alianza, 1990, pp. 243 ss.

Menos relevancia tuvo, por el momento, la navegación a vapor, cuya extensión se vio limitada por la ineficiencia con la que los primeros barcos de vapor aprovechaban la fuerza generada por el carbón. Esa ineficiencia justifica su incapacidad para hacer frente a la competencia de los barcos de vela, que precisamente en esa época se perfeccionaron significativamente. Las mejoras que experimentaron este tipo de embarcaciones garantizaban su competitividad frente a las impulsadas por vapor, en particular en las grandes distancias y en el transporte de mercancías pesadas.

Merced al progreso experimentado en el campo del transporte, las transacciones comerciales se desarrollaron con mucha más fluidez que en épocas anteriores, lo que contribuyó notablemente a la integración de los mercados nacionales y a la consolidación de las transacciones entre países limítrofes. Los estudios que se han realizado ponen de relieve que las mejoras afectaron en mayor medida a las economías que no contaban con otras vías de comunicación competitivas. En la práctica, sólo Gran Bretaña disponía de una alternativa clara en ese sentido, gracias a la red de canales que se extendía por una parte importante de su territorio.

1.1.3. El avance del librecambismo

Además de verse favorecido por el aumento de la especialización a escala internacional y por la existencia de medios de transporte más modernos, el comercio internacional se benefició durante el período 1820-1870 de un marco institucional mucho más propicio del que existía con anterioridad.

En numerosos países, especialmente en los de Europa occidental, los grupos económicos más vinculados con las actividades más dinámicas (las industriales) lograron imponer sus intereses y sus criterios sobre las opiniones de los sectores más tradicionales y más proclives a la defensa de la agricultura y la ganadería. La nueva correlación de fuerzas trajo consigo una orientación más liberal de la política comercial, acorde con las aspiraciones de los partidarios de impulsar el desarrollo del sector industrial (los propietarios de las fábricas y una importante proporción del proletariado, consumidor de productos industriales). El debate que mejor ilustra este juego de intereses es el que concluyó en 1846 con la abolición de las Leyes del Grano *(Corn Laws)* en Gran Bretaña.

La apuesta por una política comercial menos proteccionista se vio respaldada por un marco teórico que propugnaba esa opción. Las aportaciones que llevaron a cabo autores como Adam Smith o David Ricardo en el tramo final del siglo XVIII y en los primeros años del siglo XIX mostraban con claridad las ventajas que ofrecía el comercio internacional para todos los países que participaran en él. Para conseguirlo bastaba con garantizar que los países en cuestión aprovechaban sus ventajas absolutas en términos de costes (según Adam Smith) o sus ventajas comparativas (de acuerdo con David Ricardo), como se expone en la cuarta sección de este capítulo.

El abandono del proteccionismo contó, además, con un contexto propicio. Conviene destacar en este sentido que las necesidades financieras de los Estados, especialmente las de los países más desarrollados, no eran muy apremiantes en esa época. Su relativa holgura presupuestaria les permitió renunciar a parte de los ingresos que obtenían a través de la recaudación arancelaria, sin que esa decisión les acarreara excesivos problemas[6].

---

[6] J. Foreman-Peck, *op. cit.*, p. 55 ss.

Entre los primeros países en adoptar una política comercial de signo librecambista se encontraban el Reino Unido y Francia, es decir, las principales potencias comerciales del momento. Ambas participaron en la máxima expresión de esa reorientación de la política comercial a través de la firma del Tratado Cobden-Chevalier en 1860[7]. Este acuerdo confirmó la apuesta por un comercio internacional más libre, respaldando la tendencia iniciada por la abolición de las mencionadas Leyes del Grano en Gran Bretaña.

Durante toda la década de los sesenta, en especial a lo largo de su primera mitad, el espíritu del Tratado Cobden-Chevalier se extendió a través de toda una red de acuerdos bilaterales que acabaron vinculando prácticamente a todas las economías europeas, así como a importantes países de otros continentes. En casi todos los tratados de ese tipo se incluía una ***cláusula de nación más favorecida***, que exigía que los países que ratificaban dichos tratados se otorgaran mutuamente las mejores condiciones que cada uno de ellos dispensaba a cualquier otro país. La aplicación de esta cláusula hizo que las preferencias comerciales se extendieran con gran rapidez, lo que permitió, por ejemplo, que la protección arancelaria cayera en Europa en las dos décadas que siguieron a la firma del Tratado Cobden-Chevalier desde cotas superiores al 35% hasta niveles situados entre el 10% y el 15%[8].

La propagación de los principios librecambistas también se produjo a través de otras vías mucho menos ortodoxas que la que se ha descrito. Así, las colonias de los países europeos fueron prácticamente forzadas a adoptar esos principios, sin que su voluntad se viera expresada a través de la firma de ningún acuerdo. Otros países, que carecían de estatuto colonial, también fueron obligados a abrir sus mercados, llegándose incluso a utilizar la presión militar para conseguirlo. El caso más conocido tuvo como protagonista a China, que en 1842 se vio conminada a renunciar a su aislamiento por imposición británica, a raíz de su derrota en la Guerra del Opio.

El ejercicio de este tipo de presiones para abrir paso al desarrollo del comercio internacional constituye una de las facetas más oscuras del avance de dicho comercio a partir de las primeras décadas del siglo XIX. Para valorar de forma equilibrada ese avance conviene tener en cuenta esta importante vertiente negativa, muchas veces ignorada. En dicha vertiente destacan, además de las presiones que se han citado, fenómenos como el intercambio de mercancías producidas recurriendo a mano de obra forzada, o el propio comercio internacional de esclavos[9].

1.2. LA CONSOLIDACIÓN DEL AVANCE DEL COMERCIO INTERNACIONAL (1870-1913)

En torno a 1870 dio comienzo un período de transición, en el que se produjeron algunas alteraciones relevantes respecto de la época anterior. Esas alteraciones permiten hablar de una etapa diferente en la evolución del comercio internacional y ayudan a

---

[7] Francia y, sobre todo, Gran Bretaña ya habían dado muestras de su intención de apostar por una política comercial de orientación librecambista desde finales del siglo XVIII, a raíz de los problemas que les generó la pérdida de sus colonias americanas. D. A. IRWIN, «Multilateral and bilateral trade policies in the world trading system: an historical perspective», en J. de Melo y A. Panagariya (eds.), *New dimensions in regional integration*, CEPR, 1992, p. 93.

[8] FONDO MONETARIO INTERNACIONAL «La mundialización desde una óptica histórica», *Perspectivas de la economía mundial*, mayo, 1997, p. 124.

[9] Véase, por ejemplo, J. FOREMAN-PECK, *op. cit.*, p. 13.

explicar la drástica transformación que dicho comercio sufrió a partir de 1913. Los cambios más importantes afectaron concretamente a los dos aspectos siguientes:

- El ritmo de crecimiento del comercio internacional, que se redujo significativamente a partir de 1870.
- La ruptura de la estrecha relación que hasta entonces había existido entre desarrollo industrial e intercambios internacionales. El comercio mundial prosiguió su avance, afectando cada vez a un mayor número de países, lo que hizo perder parte de su protagonismo a las economías más industrializadas (véase cuadro 2).

1.2.1. La influencia de los avances técnicos

El crecimiento del comercio internacional durante esta nueva etapa se debió fundamentalmente a la incidencia de factores de carácter técnico. De nuevo desempeñó una función muy importante el ferrocarril, gracias a los efectos de la extensión del trazado ferroviario y merced a las innovaciones que permitieron que ese trazado se aprovechara mucho mejor que hasta entonces[10].

La construcción de nuevos tramos de vía se aceleró, especialmente a partir de 1870. Por la tupida red ferroviaria que surgió gracias a ese importante impulso circulaban trenes arrastrados por locomotoras cada vez más sofisticadas y potentes, que contribuyeron a que el transporte fuera aún más rápido, más seguro y mucho más barato. Ese resultado también se alcanzó gracias a otros importantes avances, como el que supuso la construcción de grandes túneles, como, por ejemplo, los que se excavaron en los Alpes a partir de 1870.

Ese extraordinario auge ferroviario coincidió en el tiempo con una mejora sustancial de la navegación a vapor. Este último tipo de transporte progresó mucho a partir de los años setenta del siglo XIX gracias a la aplicación de mejoras muy importantes, entre las que resaltan el desarrollo de la hélice, la utilización de cascos de acero o la introducción de motores compuestos. Las embarcaciones que incorporaban estas innovaciones acapararon una parte cada vez mayor del transporte de mercancías y de viajeros, incluso en el ámbito de las distancias más largas, a diferencia de lo que había sucedido hasta entonces. Un importante acicate para la utilización de los barcos de vapor en las grandes rutas de navegación fue la apertura del Canal de Suez en 1869, ya que, tanto por sus características como por su ubicación, era muy poco apropiado para los viejos barcos de vela. Con el paso del tiempo, este tipo de naves fue relegado al único uso en el que mantenía cierta competitividad: el transporte de mercancías pesadas de escaso valor, como, por ejemplo, el carbón.

Un destacado complemento de los logros alcanzados gracias al perfeccionamiento de los medios de transporte que utilizaban la máquina de vapor fue la difusión de algunos inventos que mejoraron de forma ostensible las comunicaciones. El más importante de todos ellos fue el telégrafo, que ya a mediados del siglo XIX permitía establecer conexiones rápidas y regulares entre las principales ciudades de Europa y entre las de América. En 1868 se extendió con éxito el primer cable telegráfico submarino entre las dos orillas del Atlántico, lo que constituyó un avance trascen-

[10] Para comprender mejor lo que supusieron los avances en el terreno del transporte y las comunicaciones durante este período vuelve a ser recomendable la lectura de R. CAMERON, *op. cit.*, pp. 243 ss.

dental para las comunicaciones transoceánicas. La fluidez de éstas mejoró aún más gracias a la telegrafía sin hilos, disponible desde 1895 y que comenzó a difundirse en los primeros años del nuevo siglo.

Dada la naturaleza de los avances que se produjeron tanto en el campo del transporte como en el de las comunicaciones, el más beneficiado fue el comercio a gran distancia, al contrario de lo que sucedió con anterioridad a 1870. Como consecuencia de ello, a partir de esa fecha puede hablarse con mayor rigor de un comercio verdaderamente internacional, no tan dominado por las transacciones entre países limítrofes y por las que tenían lugar entre territorios conectados por razones políticas, en especial por vínculos de carácter colonial[11].

1.2.2. Los cambios en el reparto geográfico del comercio internacional y en la especialización

Las mejoras en el transporte y en las comunicaciones a gran distancia ayudan a entender el protagonismo que adquirieron en el comercio internacional a partir de entonces países alejados de Europa occidental, como Estados Unidos, Canadá, Australia o Argentina (véase cuadro 2). La mayor parte de estos países habían comenzado a despuntar en el período anterior como productores y exportadores de materias primas, convirtiéndose en la réplica de las economías más industrializadas, especializadas en la producción y la exportación de manufacturas industriales. Algunos de ellos, como Estados Unidos, llegaron a alcanzar tal importancia a partir de los años centrales del siglo XIX que hicieron temer por el mantenimiento de la supremacía de las economías de Europa occidental.

Dentro de estas economías, algunas emergieron con una fuerza inusitada en el concierto mundial, poniendo en peligro el dominio que hasta entonces habían ejercido las principales potencias industriales, especialmente el Reino Unido. La que más sobresalió fue concretamente Alemania, que durante las tres últimas décadas del siglo XIX llegó a adquirir una capacidad exportadora prácticamente equiparable a la británica (véase cuadro 2). Conviene destacar, además, que este país se situó a la cabeza de la producción y de la exportación de mercancías tan relevantes en ese momento como el carbón o el acero, desplazando al Reino Unido.

En abierto contraste con lo sucedido en cualquiera de los países que se han citado, en otras muchas zonas del mundo no mejoró apenas la inserción en el comercio internacional. Eso fue lo que sucedió, por ejemplo, en prácticamente todos los países tropicales que habían destacado en el período anterior por su capacidad exportadora. Los sectores más relacionados con el comercio internacional actuaron en estos países como simples «enclaves», mostrándose incapaces de generar efectos positivos sobre el resto de la economía. Como consecuencia del aislamiento de estas actividades, los ingresos obtenidos por las ventas de sus productos en el exterior no se tradujeron en la puesta en marcha de un sector industrial con posibilidades de garantizar un futuro más próspero.

---

[11] La mejora del transporte también favoreció el desarrollo de los intercambios entre países próximos y entre economías que formaban parte de un mismo imperio colonial. Sin embargo, al facilitar, además, el resto de transacciones internacionales, puede afirmarse que esa mejora contribuyó a que el comercio internacional dejara de estar «confinado» dentro de determinadas áreas, surgidas a raíz de la influencia de factores políticos o de la proximidad geográfica. Véase W. ASHWORTH, *op. cit.*, pp. 221 ss.

La ausencia de progreso industrial en estas economías en el transcurso de ese período no es en absoluto ajena a la influencia del pasado colonial ni a las presiones que, de una forma u otra, los países desarrollados ejercieron para mantener su situación de privilegio en la exportación de manufacturas. Aunque pueda parecer extraño, el origen del fracaso de esas economías puede achacarse, además, a su generosa dotación de recursos, tanto naturales como humanos. Los aumentos de la oferta de productos tropicales podían conseguirse aprovechando extensiones de tierra que aún no se habían puesto en cultivo y recurriendo a la incorporación al mercado de trabajo de nuevos contingentes de población. La ausencia de límites a este proceso garantizaba el aumento de la oferta de estos productos a precios competitivos sin que fuera necesario mejorar la eficiencia en la producción[12].

En una situación aún peor se encontraban los territorios que ni siquiera disfrutaban de independencia política, cuyas relaciones con el exterior estaban sometidas a la voluntad de los gobiernos de sus respectivas metrópolis. El colonialismo, lejos de ceder terreno, alcanzó su máxima expresión en las dos últimas décadas del siglo XIX, especialmente como consecuencia del reparto del continente africano por parte de los países europeos. Estados Unidos, Japón y Rusia completaron el avance del colonialismo con el establecimiento de áreas de influencia en diferentes zonas de Asia[13].

1.2.3. El paso atrás del librecambismo

Al establecer una comparación con el período precedente se aprecia un cambio significativo en la orientación de la política comercial. La clara apuesta librecambista que caracterizó a los años que precedieron a 1870 no se mantuvo vigente a partir de entonces, observándose incluso algunos indicios que anticipan la drástica variación que se produjo en este contexto a partir de 1913.

El marco institucional siguió siendo, en cualquier caso, eminentemente favorable al desarrollo del comercio mundial. El clima de estabilidad y la ausencia de graves conflictos de carácter internacional generaron, al igual que en el período anterior, un contexto apropiado para que se llevaran a cabo transacciones entre distintos países. Siguieron firmándose, además, acuerdos comerciales bilaterales con características similares a las del Tratado Cobden-Chevalier. Los nuevos acuerdos consolidaron el entramado institucional iniciado en la etapa previa, lo que dio lugar a un marco de cooperación de carácter bilateral tan desarrollado que funcionaba, de hecho, como si se tratara de un régimen multilateral[14].

Los avances en el plano de la cooperación comercial se vieron reforzados por la existencia de un contexto monetario internacional muy estable, gracias al funcionamiento de un sistema monetario internacional articulado en torno al oro (el patrón oro-mercancía). Merced a ese sistema los intercambios podían realizarse utilizando

---

[12] Los argumentos que se han utilizado para explicar la situación de este grupo de países y para ofrecer una explicación a su incapacidad para salir de ella se han tomado de J. FOREMAN-PECK, *op. cit.*, pp. 132 ss.

[13] Véase A. MADDISON, *La economía mundial 1820-1992*, París, OCDE, 1997, p. 91.

[14] La única diferencia realmente importantes entre el funcionamiento de ese sistema y el del régimen multilateral que se instauró al concluir la Segunda Guerra Mundial estriba en la incapacidad del primero de ellos para garantizar el carácter estable de las reducciones de aranceles, dada la necesidad de renegociar los acuerdos bilaterales una vez que éstos dejaran de estar vigentes. FONDO MONETARIO INTERNACIONAL (1997), *op. cit.*, p. 125.

monedas con un valor oficialmente expresado en oro, lo que permitía disponer de tipos de cambio estrictamente fijos. La desaparición de la incertidumbre asociada a la variación de los tipos de cambio así como la estabilidad que surge, en general, cuando se utiliza el oro como referencia monetaria fundamental constituyeron una importante ayuda para el desarrollo de operaciones comerciales internacionales.

Un entorno tan favorable como el que se ha descrito no fue suficiente para contrarrestar los efectos de una crisis económica tan importante como la que se desencadenó a partir de los primeros años setenta del siglo XIX. Desde 1873 la pérdida de dinamismo de la producción hizo surgir en muchos países presiones crecientes para que se protegieran los mercados nacionales, con el propósito de dar salida en dichos mercados a la producción propia, compensando la reducción de las oportunidades de exportación.

Las reivindicaciones proteccionistas adquirieron mayor fuerza en las actividades sometidas a una competencia internacional más intensa, como sucedía con la agricultura. Entre los factores que avivaron esa competencia conviene destacar la rápida implantación de vías ferroviarias en países como Estados Unidos a mediados del siglo XIX o en Rusia en el último cuarto de ese siglo. La extensión del trazado ferroviario permitió la llegada de enormes cantidades de productos (especialmente, cereales) a los mercados europeos a precios muy bajos. Gran parte de las autoridades de los países que importaron esos productos acabaron cediendo a las reclamaciones de mayor protección, lo que les llevó a establecer aranceles sensiblemente más elevados que los aplicados hasta entonces[15]. Únicamente el Reino Unido permaneció al margen de ese proceso, haciendo prevalecer su tradicional fidelidad al librecambismo.

La mayor parte de los aranceles utilizados en esa época eran específicos, es decir, suponían el cobro de una cantidad fija por unidad de producto importado en lugar de una cantidad proporcional al precio de dicho producto. Como consecuencia de ello, el efecto de la protección se reducía a medida que pasaba el tiempo y dicho precio aumentaba. Por otra parte, ni siquiera en los momentos más críticos el incremento de la protección arancelaria se tradujo en una reducción sustancial de la proporción de la renta nacional destinada al comercio exterior. Como consecuencia de todo ello, a pesar de la reorientación sufrida por la política comercial en las tres últimas décadas del siglo XIX, la mayor parte de las economías mantuvo e incluso aumentó su grado de interdependencia en el transcurso de todo este período. De hecho, como se mostrará más adelante, el nivel de apertura que se alcanzó en la primera década del siglo XX no se superó probablemente hasta cincuenta años después.

1.3. LA DESINTEGRACIÓN DEL SISTEMA COMERCIAL INTERNACIONAL (1914-1945)

Desde que tuvieron lugar las revoluciones de 1830 y de 1848 apenas si se habían producido acontecimientos que perturbaran el clima de estabilidad internacional. En 1914, sin embargo, esa estabilidad se rompió de forma traumática, como consecuencia del estallido de la Primera Guerra Mundial. A ese importante conflicto, que supu-

[15] Esta tendencia comenzó en 1879 en Alemania y se extendió rápidamente a otros países como Francia, Bélgica, Suiza o Suecia. Fueron, sin embargo, otros, como Rusia, algunas economías de América Latina y Estados Unidos, los que recurrieron a unos niveles de protección más elevados. A. MADDISON, *op. cit.*, p. 89.

so una convulsión sin precedentes en las relaciones internacionales, le siguieron toda una serie de alteraciones, tanto económicas como políticas y sociales, que apenas permitieron recuperar la normalidad hasta después de la Segunda Guerra Mundial.

Un contraste tan rotundo como el que se ha descrito no debe dar lugar a una visión excesivamente simple de la evolución de la economía mundial en general ni de la trayectoria del comercio internacional en particular. Conviene tener en cuenta que, como se ha puesto de relieve en el apartado anterior, durante las tres últimas décadas del siglo XIX se habían detectado síntomas claros de estancamiento económico e importantes tensiones proteccionistas. Para acabar de matizar la trascendencia del cambio que tuvo lugar en torno a 1914 habría que resaltar, además, que la etapa comprendida entre la Primera y la Segunda Guerra Mundial fue en realidad un período bastante heterogéneo, que incluye fases realmente nefastas para las transacciones entre diferentes países, pero también otras que merecen una valoración positiva[16].

1.3.1. La complicada trayectoria del comercio internacional durante las dos Guerras Mundiales

Las fases más duras de todo el período 1914-1945 coinciden con el desarrollo de los dos conflictos bélicos que marcaron el inicio y el final de esta etapa. Son, sin duda, los intervalos que más contrastan con la trayectoria que había seguido el comercio antes de 1914.

Por lo que concierne concretamente a la época en la que tuvo lugar la Primera Guerra Mundial puede afirmarse que, además de ser una de las más dramáticas de la primera mitad del siglo, marcó el tono general de lo sucedido hasta 1945.

Una de las razones que explica la gran influencia de lo ocurrido durante esa guerra es la extraordinaria dimensión que alcanzó la destrucción física provocada directamente por los enfrentamientos. El aparato productivo de algunos de los países más avanzados de Europa occidental sufrió daños muy graves, lo que explica que la producción de toda el área no volviera a alcanzar el nivel de 1913 probablemente hasta diez años después[17]. Otras zonas, sin embargo, sufrieron un impacto mucho menor, por lo que puede afirmarse que los efectos directos de la guerra supusieron un desplazamiento del poder económico hacia otras áreas geográficas, concretamente hacia América y, en menor medida, hacia el Pacífico. Los países que más se beneficiaron de ese desplazamiento, especialmente en el ámbito del comercio internacional, fueron, por este orden, Estados Unidos y Japón.

Sin perder de vista la repercusión directa de este conflicto, sus consecuencias indirectas fueron aún más importantes. Uno de los acontecimientos vinculados a la Primera Guerra Mundial con una influencia indirecta más destacada fue la imposición de unas condiciones muy severas a los países que resultaron vencidos. El régimen de reparaciones de guerra fue particularmente estricto con algunos de ellos, en especial con Alemania. En sus peores momentos este país se vio arrastrado hacia una situación marcada por la existencia de grandes desequilibrios macroeconómicos, cuya expresión más aguda fue el estallido de una inusitada escalada hiperinflacionista. Las

[16] Esa heterogeneidad se confirma cuando se lleva a cabo un balance general del comercio internacional durante todo el período, pero distinguiendo lo ocurrido por países o bien por productos. Véase, por ejemplo, W. ASHWORTH, *op. cit.*, p. 257.

[17] A. MADDISON, *op. cit.*, p. 95.

consecuencias de esa situación trascendieron más allá de las fronteras alemanas y acabaron generando una importante distorsión en el entorno monetario mundial.

La estabilidad monetaria, tan favorable al desarrollo del comercio internacional hasta el inicio de la guerra, también se vio afectada por otra de las consecuencias indirectas de este conflicto: la desaparición del patrón oro-mercancía. En el origen de esa desaparición se encuentra la comprometida situación monetaria en la que quedaron los países contendientes, que tuvieron que destinar una parte muy importante de sus reservas a financiar su intervención en el conflicto. Al debilitarse sus reservas, estos países perdieron el respaldo que el rígido sistema basado en el oro les exigía para garantizar la fiabilidad de sus emisiones[18].

Para completar ese panorama tan sombrío conviene resaltar lo perniciosos que fueron para el comercio internacional los cambios de frontera a los que dio lugar la guerra, con las consiguientes alteraciones y desapariciones de vías tradicionales de comunicación[19]. El surgimiento de nuevos Estados provocó, además, la ruptura del marco de relaciones internacionales que existía hasta entonces. En el plano concreto del comercio internacional, esos cambios obligaron a reformular la red de acuerdos bilaterales que se había forjado desde mediados del siglo XIX siguiendo el modelo establecido por el Tratado Cobden-Chevalier.

De la misma forma que la Primera Guerra Mundial marcó el inicio de este período, la Segunda Guerra Mundial marcó su punto final. Su importancia radica, además, en que muy probablemente constituyó la fase más dura de dicho período.

Dada la mayor envergadura de este nuevo conflicto, sus consecuencias obligan a valorar los efectos de la Primera Guerra Mundial con la actitud de quien contempla unas consecuencias que más tarde serían ampliamente superadas. Esa sensación surge, por ejemplo, al examinar la repercusión directa de la Segunda Guerra Mundial sobre el aparato productivo de los países que participaron en ella. Los combates se produjeron en un escenario mucho más extenso que en la Primera Guerra Mundial y su intensidad fue mucho mayor, como corresponde a los importantes avances introducidos en el armamento[20].

Una vez finalizado el enfrentamiento bélico, la recuperación de la normalidad económica se vio entorpecida por los importantes efectos indirectos de la guerra, entre los que merece la pena destacar la existencia de millones de desplazados y refugiados. También tuvo una importante incidencia la necesidad de que una parte importante de la población y del aparato productivo de los países contendientes se adaptaran al contexto económico postbélico.

1.3.2. Los contrastes entre la década de los veinte y la crisis de los años treinta

La gravísima situación a la que condujeron las dos guerras mundiales contrasta con el clima de relativa calma que prevaleció en determinadas fases del período 1914-1945 y con el buen comportamiento que, en general, ofreció el comercio internacional a lo largo de ellas.

---

[18] Pueden conocerse detalles muy interesantes sobre este período tan convulso para las relaciones financieras y monetarias internacionales consultando el clásico trabajo de L. B. YEAGER, *Relaciones monetarias internacionales*, tomo II, Historia y Política, Madrid, Alianza, 1984, pp. 579 ss.

[19] Véase A. MADDISON, *op. cit.*, p. 97.

[20] Puede encontrarse una descripción detallada y completa de las repercusiones directas de la Segunda Guerra Mundial, especialmente de las de carácter económico, en R. CAMERON, *op. cit.*, pp. 423 ss.

A la hora de resaltar fases concretas, la que más destaca es la década de los años veinte, y en especial su segunda mitad. Durante esta breve etapa la actividad económica mundial se recuperó significativamente, haciendo olvidar los efectos más graves de la Primera Guerra Mundial. Esa recuperación coincidió con una mejora importante en el plano de la cooperación económica internacional. Los observadores más optimistas llegaron incluso a confiar en la posibilidad de que se restableciera el marco de relaciones que había hecho posible la expansión previa al estallido de la guerra.

Gracias a esa conjunción de circunstancias propicias y a la situación tan crítica de la que se partía, el comercio internacional experimentó un crecimiento medio anual entre 1924 y 1929 cercano al 6% en términos reales[21]. Ese dinamismo contrasta abiertamente con el comportamiento que caracterizó a ese mismo comercio en períodos anteriores y con el que mantuvo una vez que estalló la crisis de 1929.

A pesar de todo lo que se ha señalado, en la segunda mitad de los años veinte ya podían percibirse algunos síntomas preocupantes, que encajan con lo que sucedería en los difíciles años treinta. En un contexto general marcado por una demanda cada vez más débil, llamó especialmente la atención la existencia de dificultades crecientes para dar salida a un volumen importante de materias primas en los mercados internacionales.

La crisis de 1929 llevó a muchos países a mantenerse a la expectativa, aprovechando al máximo las existencias que habían acumulado y congelando los nuevos pedidos. Como consecuencia de esta actitud, la sensación de sobreproducción que ya existía previamente se acentuó hasta convertirse en uno de los rasgos más característicos de la crisis[22]. Frente a esa sensación, cada vez más evidente, no sirvieron prácticamente de nada las medidas que se adoptaron para evitar el desplome de los precios. De hecho, todos los mecanismos que se crearon para alcanzar ese objetivo fracasaron al poco tiempo de ponerse en marcha, lo que agudizó el problema que se pretendía evitar (el hundimiento de los precios) en lugar de resolverlo[23].

Algunas materias primas muy concretas se mantuvieron al margen de los efectos de esa dinámica. Las que más se apartaron de ella fueron concretamente el acero y los combustibles, en especial, el petróleo. También evitaron los excesos de oferta y el hundimiento de los precios una parte importante de los productos manufacturados, aunque sólo momentáneamente. A medida que pasaron los años, la mayor parte de estos productos se fue incorporando a esa misma lógica como consecuencia de que los países exportadores de artículos sin transformar encontraban cada vez más problemas para financiar sus importaciones de manufacturas[24].

---

[21] Según Angus Maddison, en ese período la actividad económica se recuperó a un ritmo medio anual que osciló entre el 1, 9% en Asia y el 4, 6% en América Latina (3,5% en Europa occidental). El comercio internacional, por su parte, experimentó un aumento anual medio en volumen del 5,7%, lo que, de acuerdo con este autor, «parecía augurar un regreso a la "normalidad" y algún resarcimiento de las oportunidades de crecimiento que habían sido frustradas por los horrores de la guerra» (A. MADDISON, *op. cit.*, p. 99).

[22] W. ASHWORTH, *op. cit.*, p. 281.

[23] Puede encontrarse una interesante descripción de algunos programas nacionales para el mantenimiento de los precios de algunas materias primas y de los efectos de su fracaso en J. FOREMAN-PECK, *op. cit.*, pp. 251 ss.

[24] Cualquier afirmación sobre este último tipo de mercancías debe, en cualquier caso, matizarse, teniendo en cuenta las importantes diferencias entre el comportamiento de unas categorías de productos frente a otras. Algunas de esas categorías, como sucede con ciertos tipos de maquinaria o de productos químicos, disfrutaron de una demanda internacional que, pese a todo, mantuvo cierto dinamismo. Ese dinamismo contribuyó a mejorar la posición externa de los países que, como Estados Unidos, habían orientado su especialización hacia esas rúbricas exportadoras. Justamente lo contra-

La caída de la actividad económica y la falta de dinamismo del comercio internacional se tradujeron en crecientes demandas de protección por parte de los sectores menos capacitados para penetrar en mercados extranjeros y para mantener la competitividad en los propios. La aceptación de estas demandas condujo al establecimiento de barreras a la entrada de productos importados mucho más duras que las adoptadas hasta entonces. El proceso no acababa, por lo general, en ese punto, ya que lo habitual era que, como respuesta a esas barreras, se reclamaran medidas análogas en los países afectados por ellas. El proceso volvía a repetirse una vez que esas demandas encontraban un eco favorable, originando, a su vez, nuevas reclamaciones de protección por parte de los productores del país que decidió dar el primer paso.

Uno de los acontecimientos fundamentales en el inicio de esta escalada proteccionista fue la adopción del Arancel Smooth-Hawley por parte de Estados Unidos en 1930. Esta decisión de las autoridades norteamericanas fue el primer eslabón de una cadena de aumentos de la protección arancelaria en un gran número de países, siguiendo una lógica similar a la que se ha descrito previamente. En el marco de esa lógica habría que entender que incluso el Reino Unido optara en 1932 por limitar significativamente sus compras en el exterior a través de la Ley de Derechos sobre la Importación, poniendo fin a tres cuartos de siglo de virtual libre comercio.

Dado el extraordinario alcance de la crisis y dada la fuerza que tenían los sectores que respaldaban el endurecimiento de la protección es comprensible que ésta no sólo se tradujera en una elevación de los aranceles. A partir de 1929 se emplearon también con frecuencia otros obstáculos al comercio, como los contingentes. De hecho, las autoridades nacionales se mostraron más partidarias de utilizar las barreras cuantitativas que los aranceles, ya que las primeras garantizan una mayor protección en situaciones caracterizadas por las caídas generalizadas de precios[25].

Para completar la descripción del nuevo marco de relaciones que surgió a partir de 1929 conviene tener presente que a los efectos perturbadores de una protección exagerada se le sumaron las consecuencias de un importante incremento de la interferencia de factores políticos en las relaciones económicas. El reflejo más claro de esa interferencia en el ámbito concreto del comercio internacional fue el férreo control que los regímenes totalitarios establecieron sobre sus intercambios con el exterior. Ese control se articulaba a través de acuerdos comerciales bilaterales, que, en lugar de abrir un cauce apropiado para el desarrollo de las transacciones, como ocurría con los firmados hasta entonces, traducían la intención de estos Estados de regular hasta sus últimos detalles las mercancías a intercambiar, los mecanismos de pago y los tipos de cambio utilizados. Alemania llegó a firmar más de cuarenta acuerdos de este tipo, la mayor parte de ellos con países de Europa oriental. Muchos de esos acuerdos fueron en realidad un primer paso hacia la consolidación de un estricto control político sobre las transacciones exteriores de esos países[26]

---

rio sucedió con aquellos que, como Japón, se especializaron en la fabricación de las manufacturas que sufrieron con más intensidad los efectos de la crisis. Véase J. FOREMAN-PECK, *op. cit.*, pp. 254 ss.

[25] Las características y los principales efectos de los mecanismos de protección más importantes se analizan en el recuadro 2 (véase *infra*, capítulo 2). En relación con los contingentes a los que se hace referencia en el texto conviene advertir que en algunos países su gestión se llevó a cabo con la colaboración de asociaciones de productores nacionales, lo que, en la práctica, se tradujo en una reducción de los contingentes a su mínima expresión, reforzando el efecto de la protección respecto de lo que las autoridades habían previsto inicialmente. Véase W. ASHWORTH, *op. cit.*, p. 286.

[26] Véase, por ejemplo, D. ALDCROFT, *Historia de la economía europea (1914-1990)*, Crítica, 1997, p. 106.

El sometimiento del comercio internacional de esos países a la dinámica imperialista del régimen nazi puede interpretarse como el último paso de este proceso, al tiempo que constituye la manifestación más patente del clima de hostilidad al que se enfrentaba el comercio internacional en los años que precedieron a Segunda Guerra Mundial. El desarrollo del conflicto en sí, con las devastadoras consecuencias a las que ya se ha aludido, no hizo sino agudizar los problemas que provocaba una situación dominada por un gravísimo deterioro de la cooperación internacional y por la supeditación del interés económico a las directrices que marcaba el contexto político.

1.4. LAS PRIMERAS APORTACIONES TEÓRICAS. EL NACIMIENTO DE LA TEORÍA PURA DEL COMERCIO INTERNACIONAL

El pensamiento económico le dedicó más atención a los intercambios entre diferentes países a medida que el comercio internacional se fue consolidando. Esa atención se tradujo durante el período que se ha analizado en la aparición de construcciones teóricas cada vez más consistentes y más adaptadas a las características que ese comercio adquiría con el paso del tiempo. El avance que se registró en este plano desembocó finalmente en la aparición de lo que puede considerarse con todo rigor el núcleo de la Teoría del Comercio Internacional.

1.4.1. La tradición teórica anterior a los clásicos

Hasta que se difundió la obra de los autores clásicos más representativos (Adam Smith, Robert Malthus y David Ricardo, fundamentalmente) el pensamiento económico en general se caracterizó por la existencia de importantes contradicciones, por la utilización de herramientas teóricas diferentes y por una gran descoordinación[27].

Una muestra clara de lo que se acaba de señalar son las contribuciones que llevaron a cabo los autores de los siglos XVI, XVII y principios del XVIII (los «mercantilistas») para explicar la dinámica que seguía el comercio internacional[28]. En medio de la heterogeneidad y del carácter preanalítico de sus reflexiones sobre este tema, únicamente destacaba un elemento de cohesión: la defensa de lo que habitualmente se conoce como «doctrina de la balanza comercial favorable». Esta doctrina establece que la única forma de aumentar la riqueza de un país a través del comercio internacional consiste en obtener superávit comerciales. Este argumento se basa en la idea de que el excedente que consigue un país cuando sus ingresos por exportación superan el valor de sus importaciones se traduce en un incremento de la cantidad de metales preciosos de que dispone (habitualmente oro o plata), lo que genera un aumento de su riqueza.

Un razonamiento como éste resulta ciertamente sugerente, tanto por su simplicidad como por lo fácil que resulta asimilarlo a la lógica de funcionamiento de cual-

---

[27] Las aportaciones realizadas por estos economistas probablemente no supusieron un avance sustancial respecto de sus predecesores; sin embargo, a diferencia de éstos, que no disponían de un «cuerpo sistemático y coherente de pensamiento económico», los clásicos (y, de un modo especial, David Ricardo) ofrecían argumentos consistentes entre sí y articulados en torno a un mismo esquema metodológico. H. KATOUZIAN, *Filosofía y método en economía*, Madrid, H. Blume Ediciones, 1982, p. 26.

[28] Esa denominación tiene su origen en la alusión que se hace en el capítulo 8 del libro IV de *La riqueza de las naciones* a algunos análisis previos basados en el «sistema mercantil».

quier empresa. Lo que proponían los mercantilistas no es muy diferente de lo que el sentido común sugiere a quienes aspiran a llevar a cabo una gestión juiciosa de cualquier negocio: aumentar los ingresos y contener los gastos, con el propósito de maximizar la diferencia entre ambos.

Conviene tener presente que, una vez que se excluye la producción de metales preciosos que se realiza a partir de la extracción de cada ejercicio, la cantidad total de esos metales es fija. Como consecuencia de ello, para que unos países aumenten sus reservas a través del comercio internacional otros tienen que perderlas. En definitiva, si se asume la perspectiva mercantilista, ese comercio no ofrece ventajas para todos los que participen en él, sino que beneficia a unos a costa del perjuicio que genera en otros. Se trata, por tanto, de un *juego de suma cero*.

La visión del comercio internacional que surge de esas reflexiones coincide con la dinámica que caracterizaba al comercio internacional antes de que comenzara la industrialización en las economías más avanzadas. La política comercial que se empleaba hasta entonces era, como se ha señalado en el primer apartado, eminentemente proteccionista, lo que puede considerarse razonable teniendo presente que el objetivo que se perseguía era impedir un crecimiento excesivo de las importaciones para obtener así un saldo comercial positivo. Por otra parte, la lucha entre distintos países por hacerse con una mayor cantidad de metales preciosos también es coherente con el escaso grado de cooperación internacional que existía hasta mediados del siglo XIX[29]. Como señala Foreman-Peck, los países con más poder aspiraban a aumentar sus reservas a través del comercio internacional con el propósito de consolidar ese poder. Para alcanzar ese objetivo no dudaban en dedicar esas reservas a financiar guerras contra sus adversarios[30].

La simplicidad de la doctrina de la balanza comercial favorable, su capacidad de seducción y su sintonía con la dinámica de las relaciones internacionales de la época no fueron suficientes para soportar las críticas que sufrieron por parte de algunos economistas clásicos. Entre éstos, el más implacable fue Adam Smith, que arremetió con gran dureza contra esa doctrina porque identificaba la riqueza de un país con su disponibilidad de metales preciosos. A partir de entonces, lo habitual es que dicha doctrina se contemple como un argumento propio de tiempos pasados, desprestigiado por su falta de coherencia.

Pese a esa imagen negativa no han faltado los autores que han reivindicado el interés que ofrece el pensamiento mercantilista. La defensa de ese pensamiento no pone en cuestión lo ridículo que resulta admitir, como se hacía en los análisis de algunos mercantilistas, que los metales preciosos son la única expresión de riqueza de un país. De acuerdo con quienes reclaman el interés de la contribución de estos autores ese argumento es abiertamente inconsistente, pero apenas si aparece en el 10% de su obra. Por otra parte, quienes elogian dicha contribución llaman la atención sobre la utilidad que podía tener, pese a todo, acumular metales preciosos en la época en la que los mercantilistas realizaron sus propuestas, ya que esa acumulación contribuía al mantenimiento de tipos de interés bajos y, por tanto, estimulaba el crecimiento. Contemplada desde esa óptica, la doctrina de la balanza comercial favorable

[29] Los escasos avances que se registraron en el ámbito de la cooperación en materia de comercio internacional también se ajustaban a las premisas mercantilistas. Así, el acuerdo comercial más relevante del siglo XVIII, firmado entre Portugal e Inglaterra en 1703, fue concebido por este último país como un medio para conseguir un superávit en sus relaciones con Portugal y acceder al oro y a la plata procedentes de sus colonias. D. A. IRWIN, *op. cit.*, p. 92.

[30] J. FOREMAN-PECK, *op. cit.*, p. 13.

no sería el resultado de una falacia teórica, sino más bien un precedente de las iniciativas que defendió Keynes muchos años después para escapar de las crisis provocadas por situaciones de sobreproducción[31].

1.4.2. La explicación del comercio internacional según los clásicos

Aparte de poner de manifiesto las debilidades de la obra de sus antecesores, Adam Smith sentó las bases de una nueva explicación del comercio internacional, que ofrecía una concepción de las relaciones internacionales muy distinta de la que asumían los mercantilistas. Frente a la confrontación encarnizada que éstos proponían para obtener una mayor participación en el *stock* de reservas mundiales, Adam Smith abogaba por que cada país persiguiera su propio interés en el comercio internacional, confiando en que ese interés sería compatible con el de los demás. Este planteamiento encaja a la perfección con su concepción general de la lógica económica, en virtud de la cual, si se deja actuar a la «mano invisible» que representa al mercado, la búsqueda del beneficio individual conduce necesariamente al bien común.

No resulta difícil identificar esta nueva percepción de las relaciones económicas internacionales con la trayectoria que siguieron éstas durante las últimas décadas del siglo XVIII y, de forma aún más clara, a medida que avanzó el siglo XIX. Como se ha señalado previamente, los enfrentamientos entre distintos países y la ausencia de cooperación fueron paulatinamente sustituidos por un régimen mucho más propicio para el desarrollo de las relaciones internacionales, que en el plano concreto del comercio internacional se tradujo en la constitución de una tupida red de acuerdos bilaterales.

Para formular su teoría del comercio internacional Adam Smith se basó en uno de los conceptos esenciales de todo su análisis, como era la división del trabajo. En el primer capítulo de su obra más difundida y más relevante *(La riqueza de las naciones)* glosó las enormes posibilidades que ofrecía este fenómeno como vía para acceder a una mayor productividad de los trabajadores y, gracias a ello, para generar riqueza. Smith únicamente percibía la existencia de un límite: la dimensión del mercado. A su juicio, de nada serviría que la producción aumentara gracias a la división del trabajo si esa producción no encontraba demanda en dicho mercado. La única posibilidad que existía para superar ese límite era precisamente recurrir al comercio internacional.

La extensión de los beneficios generados por la división del trabajo a las relaciones entre diferentes países sólo exigía que éstos se especializaran en la exportación de los productos que más se adecuaran a sus características, concretamente en la exportación de aquellos que pudieran producirse a un coste más bajo que en otras economías. El ahorro que supondría para cada país importar productos a un coste inferior del que comportaba producirlos en el interior originaría un aumento de su bienestar y del bienestar mundial en su conjunto. Así pues, desde esta perspectiva, el comercio internacional dejaba de ser un *juego de suma cero,* como lo era para los mercantilistas.

La contribución de Adam Smith supuso un avance trascendental en la comprensión del comercio internacional y en la identificación de los beneficios que éste po-

---

[31] M. BLAUG, *Teoría económica en retrospección*, Madrid, Fondo de Cultura Económica, 1985, pp. 40 ss.

día generar. Sin embargo, su análisis presentaba algunas deficiencias importantes que reducían notablemente su campo de aplicación. La más importante de todas ellas es la que concierne al criterio que debía guiar la especialización. En este sentido, resulta fácil admitir, como sugería Smith, que un país tienda a fomentar la exportación de un bien que es capaz de fabricar a un coste inferior que todos los demás países y que opte por importar las mercancías que se produzcan a un precio más bajo en otras economías. Sin embargo, es realmente difícil que se den diferencias tan rotundas en términos de costes entre un país y el resto del mundo. Como consecuencia de ello, la aplicación del criterio propuesto por Adam Smith abría realmente pocas posibilidades para el desarrollo del comercio internacional.

Esta importante limitación fue superada gracias a un planteamiento que, en lugar de tener en cuenta los costes absolutos de cada producto a escala mundial, toma como referencia sus costes comparativos. Con arreglo a este nuevo planteamiento, para que el comercio internacional aumente el bienestar de los países no es preciso que haya diferencias absolutas entre el coste de su producción en diferentes economías; basta con que existan diferencias en términos relativos (véase recuadro 1).

Recuadro 1
VENTAJAS ABSOLUTAS Y VENTAJAS COMPARATIVAS

HORAS DE TRABAJO NECESARIAS PARA PRODUCIR UNA UNIDAD DE TELA Y UNA UNIDAD DE VINO

	Situación 1 (Ventajas absolutas)			Situación 2 (Ventajas comparativas)		
	Tela	Vino	Vino/Tela	Tela	Vino	Vino/Tela
INGLATERRA	100	60	0,6	100	120	1,2
PORTUGAL	90	80	0,88	90	80	0,88

Fuente: M. BLAUG, *Teoría económica en retrospección*, Madrid, Fondo de Cultura Económica, 1985.

La situación 1 refleja la existencia de ventajas absolutas en términos de costes, reproduciendo la visión que tenía Adam Smith del comercio internacional. Inglaterra obtendría beneficios si vendiera vino a Portugal por un valor que superara el coste absoluto de su producción por unidad (60 horas de trabajo). Al propio tiempo, Portugal se vería favorecido por esa transacción, siempre que ésta se llevara a cabo a un precio que fuera inferior a su coste unitario de producción de vino (80 horas de trabajo). Del mismo modo, Portugal obtendría beneficios si exportara tela a Inglaterra por un precio por unidad que superara el coste de 90 horas de trabajo, lo que interesaría a Inglaterra siempre que la transacción se hiciera a un precio inferior al coste de 100 horas de trabajo.

En la situación 2 el comercio internacional no tendría sentido desde la perspectiva de Adam Smith, ya que Portugal poseería ventajas absolutas en la producción de los dos bienes. Sí existen, sin embargo, ventajas en términos relativos, ya que resultaría más barato producir en Portugal una unidad de vino medida en términos de tela que en Inglaterra (0,88 frente a 1,2). En este último país, por su parte, sería más bajo el coste relativo de la producción de una unidad de tela (se puede comprobar calculando el coste relativo de la tela en términos de vino).

Conviene llamar la atención sobre el hecho de que el razonamiento basado en los costes comparativos (propio del análisis de David Ricardo) convierte al utilizado por Adam Smith, basado en los costes absolutos, en un caso particular. Como puede comprobarse a través de las cifras que aparecen en el cuadro, las diferencias absolutas en el coste de producción (situación 1) conducen a diferencias en los costes comparativos. El razonamiento no puede aplicarse en sentido contrario.

Esta nueva percepción de las posibilidades que ofrece el comercio internacional apareció por primera vez en publicaciones de algunos autores clásicos que superaron la aportación de Smith, convirtiéndola en un caso particular de una teoría más general. Conviene tener presente en este sentido que la existencia de diferencias absolutas en los costes (la justificación del comercio internacional según Smith) genera diferencias relativas (la clave según esta explicación más general), mientras que la relación inversa no se cumple.

Entre los primeros autores que formularon una explicación basada en los costes comparativos destacan Robert Torrens y, sobre todo, David Ricardo. Este último autor fue quien más avanzó en esa explicación y el que, además, acabó separando definitivamente el análisis de ese comercio internacional del estudio de las relaciones comerciales de carácter interno[32]. Esta circunstancia ha llevado a algunos autores a considerarle el fundador de la Teoría del Comercio Internacional[33].

Ricardo fundamentó la separación entre el análisis de las transacciones comerciales internacionales y las de naturaleza interna en la imposibilidad de trasladar la teoría clásica del valor (basada en el trabajo incorporado en la fabricación de cada producto) del plano nacional al internacional. Aunque en su obra no explicó con claridad el origen de ese problema, de su lectura parece desprenderse que dicha imposibilidad es una consecuencia de la utilización de tecnologías diferentes en cada país y de la ausencia de circulación de capital entre distintas economías. Este último supuesto –la inmovilidad del capital a escala internacional– tendría después una gran trascendencia en el desarrollo posterior de la Teoría del Comercio Internacional.

1.4.3. Las diferencias en la dotación factorial en la versión neoclásica de la Teoría Pura del Comercio Internacional

La aportación neoclásica a la explicación del comercio internacional tiene una enorme deuda con el trabajo desarrollado previamente por los autores clásicos, y en particular por David Ricardo. A pesar de ello, puede afirmarse que los economistas neoclásicos introdujeron variaciones que alteraron aspectos cruciales de la obra de sus antecesores, principalmente en relación con dos cuestiones:

- El abandono de la teoría del valor-trabajo. Para los neoclásicos, el valor no depende del trabajo incorporado, como suponían los clásicos, sino de la aptitud de los bienes para satisfacer las necesidades de los individuos.
- La consideración de que la tecnología es la misma en todos los países. Esta hipótesis contrasta con el planteamiento empleado por David Ricardo, que creyó encontrar en las diferencias tecnológicas una de las claves para explicar la existencia de ventajas comparativas en términos de costes.

---

[32] Véase M. BLAUG (1985b), *op. cit.*, p. 166.

[33] La Teoría del Comercio Internacional o Teoría Pura del Comercio Internacional es una de las dos grandes ramas del pensamiento consagrado a la economía internacional; la otra gran rama es la Economía Monetaria Internacional. De acuerdo con el enfoque teórico convencional, entre ambas ramas existe una relación de complementariedad, como lo muestra el hecho de que la primera es una teoría real de equilibrio a largo plazo y la segunda una teoría monetaria centrada en el corto plazo. Esa complementariedad puede asimilarse a la que existe entre la microeconomía y la macroeconomía. De hecho, la Teoría Pura del Comercio Internacional tiene una base eminentemente microeconómica, mientras que la Teoría Monetaria Internacional parte de fundamentos macroeconómicos. Véase, por ejemplo, M. CHACHOLIADES, *Economía internacional*, Mac Graw Hill, [2]1993, p. 7.

Una vez que se asume que la tecnología empleada en la producción es homogénea es preciso hallar otra explicación para justificar el origen de las ventajas comparativas y, en última instancia, para aclarar el origen del comercio internacional. Aprovechando la otra línea explicativa sugerida por David Ricardo, la tradición neoclásica creyó encontrar esa explicación en la existencia de diferencias entre las dotaciones factoriales de cada economía y en la imposibilidad de que esos factores fueran trasladados de una a otra.

La explicación basada en la distinta disponibilidad de factores productivos se desarrolló en los últimos años del siglo XIX, coincidiendo con la época en la que se consolidó la corriente teórica neoclásica en general. Curiosamente, esa explicación fue desarrollada de forma simultánea, pero independiente, por dos autores suecos: Eli Heckscher y Bertil Ohlin. El resultado de ambas investigaciones (conocido desde entonces como «Teorema Heckscher-Ohlin») acabó convirtiéndose en la formulación más elaborada del pensamiento neoclásico sobre el origen del comercio internacional. Ese resultado se basa en dos sencillas premisas:

1. Los países difieren en cuanto a su dotación factorial y esas diferencias no pueden eliminarse mediante el movimiento de factores de unos países a otros.
2. Cada tipo de producto requiere para su fabricación de más o menos cantidad de factores. De este modo, si se asume la existencia de los dos factores *clásicos* (capital y trabajo), nos encontraremos con unos productos intensivos en capital y con otros intensivos en trabajo.

Partiendo de esas dos premisas, el teorema Heckscher-Ohlin asegura que un país exportará preferentemente bienes cuya producción sea más intensiva en el factor en el que está relativamente mejor dotado, mientras que sus importaciones estarán dominadas por los bienes que incorporen intensivamente el factor relativamente más escaso.

Una parte importante de la configuración del comercio internacional en el último tramo del siglo XIX (el momento en el que Heckscher y Ohlin desarrollaron y publicaron sus trabajos) se ajustaba a las previsiones de ese teorema. Adoptando una concepción amplia de la dotación factorial, que incluya los factores naturales, podrían justificarse, por ejemplo, las cuantiosas exportaciones de cereales que Estados Unidos y otros países ricos en tierra, pero escasos en población, llevaban a cabo hacia países como Gran Bretaña durante el tercer cuarto del siglo XIX. También podría justificarse la dirección que seguía en esa misma época el comercio internacional de carbón, el «factor natural» fundamental de ese período[34].

Las importantes transformaciones que se produjeron en el comercio internacional a partir de entonces podrían atribuirse a un cambio en la estructura de ventajas comparativas. Descubrimos de esta forma uno de los puntos débiles de la explicación basada en las dotaciones factoriales: su estricto planteamiento estático. En general, cualquier justificación del comercio internacional que tome como punto de partida la

---

[34] Conviene advertir que este razonamiento no asume estrictamente el marco teórico neoclásico, que sólo reconoce la existencia de dos factores (trabajo y capital). Por otra parte, otros rasgos importantes del comercio internacional de esa época no pueden explicarse a partir de lo que señala el Teorema Heckscher-Ohlin. No podría justificarse desde este punto de vista, por ejemplo, que Estados Unidos, que ya era la principal potencia industrial del mundo, siguiera exportando mayoritariamente productos sin transformar como cereales, petróleo o algodón. Si se desea profundizar en la capacidad explicativa del referido Teorema puede consultarse, por ejemplo, J. FOREMAN-PECK, *op. cit.*, p. 51 ss.

contribución de David Ricardo (entre ellas, la ofrecida por Heckscher y Ohlin) nos permite comprender el sentido de la especialización a partir de una estructura determinada de ventajas comparativas, pero no admite la posibilidad de que esas ventajas cambien con el tiempo[35].

El comportamiento real de la economía mundial durante el último tramo del siglo XIX permite descubrir otro flanco vulnerable en la explicación del comercio internacional a partir de las diferencias en las dotaciones factoriales: su necesidad de asumir la inmovilidad de los factores a escala internacional. En contra de lo que Ricardo suponía respecto del capital y de lo que los autores neoclásicos consideraban respecto de la dotación factorial en su conjunto, a partir de las primeras décadas del siglo XIX tanto el capital como el trabajo se distinguieron por su gran capacidad para trasladarse de un país a otro.

En cuanto al capital, destacaron sobre todo los enormes flujos de recursos financieros que abandonaron Europa con destino a América y a Australia. Si bien no existen datos fiables al respecto, puede afirmarse que, aunque su valor absoluto no fue muy importante, dicho flujo llegó a adquirir dimensiones que, comparadas con el PIB de los países de origen, alcanzó cotas realmente elevadas[36].

Los principales movimientos de mano de obra a escala internacional siguieron una trayectoria similar a la del capital (desde Europa hacia América y Australia), aunque también hubo otras corrientes migratorias muy importantes al margen de las que se ajustaron a ese eje. La intensidad de esos movimientos de población alcanzó su punto más álgido en los últimos años del siglo XIX, en los que se llegaron a registrar cifras cercanas al millón de emigrantes anuales[37].

---

[35] Véase *infra*, capítulo 5, apartado 1.

[36] Algunos autores consideran que esas cotas permiten incluso afirmar que la intensidad de los movimientos internacionales de capital en esa época no difiere demasiado de la que ha caracterizado a la situación que se vive desde hace aproximadamente dos décadas. Esta interpretación tan audaz destaca, además, la elevada integración que llegó a existir en los mercados internacionales de capital gracias a esos importantes movimientos de capital. Los autores que respaldan esa interpretación llaman la atención, por ejemplo, respecto de lo reducida que llegó a ser la dispersión de los tipos de interés reales entre diferentes países. Véase FONDO MONETARIO INTERNACIONAL (1997), *op. cit.*, p. 127. Puede encontrarse una reflexión más amplia en A. MARTÍNEZ GONZÁLEZ-TABLAS, *Economía política de la globalización*, Barcelona, Ariel Economía, 2000, pp. 90 ss.

[37] Sólo de los países europeos salieron probablemente más de sesenta millones de personas en los cincuenta años que precedieron a la Primera Guerra Mundial. Véase A. MARTÍNEZ GONZÁLEZ-TABLAS, *op. cit.*, p. 90.

2. El marco institucional del comercio internacional a partir de la Segunda Guerra Mundial

El final de la Segunda Guerra Mundial abrió paso a una prolongada etapa caracterizada, en lo esencial, por el predominio del librecambismo y por la expansión del comercio internacional. La coincidencia de estos dos rasgos no debe entenderse como un acontecimiento inusual, ya que, como se ha puesto de relieve en el capítulo anterior, desde las primeras décadas del siglo XIX la trayectoria del comercio internacional se distinguió por la sucesión de ciclos con esas mismas características y de otros que reunían las características opuestas (proteccionismo y estancamiento del comercio internacional).

Lo que hace singular a la fase que dio comienzo en los primeros años de la posguerra es que se ha basado en un marco multilateral de relaciones, fruto de la cooperación internacional. Las características de ese marco multilateral han condicionado de forma muy significativa la trayectoria del comercio internacional durante toda la mitad del siglo XX. Su gran influencia justifica que, antes de entrar en el análisis de las facetas más importantes de esa trayectoria en los capítulos siguientes, se lleve a cabo un análisis exhaustivo de su origen, de su funcionamiento y de los principales hitos que han marcado su evolución. Ése es precisamente el propósito fundamental de esta parte del libro.

2.1. EL ORIGEN DEL GATT Y SUS FUNCIONES

2.1.1. El nacimiento del Acuerdo General sobre Aranceles y Comercio (GATT)

Concluida la Segunda Guerra Mundial, comenzaron entre los países que resultaron vencedores en la confrontación las negociaciones para establecer un marco multilateral de relaciones comerciales. No se trató de un esfuerzo aislado, ya que coincidió con las conversaciones que se entablaron para resolver otros importantes problemas de alcance mundial, como eran la construcción de un sistema monetario internacional estable o la financiación de la reconstrucción postbélica[1].

---

[1] Véase, por ejemplo, M. A. DÍAZ MIER, *Del GATT a la Organización Mundial del Comercio*, Madrid, Síntesis, 1996, p. 20.

Las discusiones encaminadas a generar un nuevo marco comercial internacional se desarrollaron en dos niveles diferentes, aunque vinculados entre sí. Puede hablarse de un primer nivel para hacer referencia a la puesta en marcha de una negociación muy ambiciosa, que aspiraba a crear una organización que se responsabilizara de garantizar un desarrollo dinámico y regular del comercio internacional. Esa organización sería el tercer pilar de las nuevas relaciones económicas internacionales, junto con las dos instituciones surgidas de los Acuerdos de Bretton Woods, es decir, el Fondo Monetario Internacional y el Banco Internacional de Reconstrucción y Desarrollo, el *germen* del Banco Mundial.

Los trámites necesarios para crear una organización de esas características comenzaron en 1946 y concluyeron con la celebración, en 1948, de la Conferencia de La Habana. En esa conferencia se alcanzó un acuerdo sobre un documento que debía convertirse en el acta fundacional de la Organización Internacional del Comercio (OIC). El alcance de dicho documento, al que se conoce como Carta de La Habana, trasciende de lo que podía esperarse de una institución encargada exclusivamente de la gestión del comercio internacional. La ambición con la que se plantearon las negociaciones para crear la OIC ayuda a comprender por qué el contenido de la Carta incorporaba disposiciones sobre empleo y sobre desarrollo económico. También contribuye a justificar la inclusión de este tipo de disposiciones la inspiración keynesiana de gran parte de las iniciativas que se adoptaron en esa época, tanto a escala nacional como internacional[2].

Junto a esa primera negociación que se ha descrito, tan audaz y con tanta amplitud de miras, se inició otra mucho más modesta, aprovechando la tercera reunión del Comité Preparatorio de la Conferencia de La Habana. Algunos países representados en ese Comité, junto con otros que se sumaron a las discusiones, se propusieron simplemente alcanzar un acuerdo provisional que permitiera reducir la incidencia de las férreas barreras al comercio que se habían instaurado durante el período de entreguerras.

Las negociaciones que se desarrollaron en este segundo nivel dieron lugar al Acuerdo General sobre Aranceles y Comercio, más conocido por sus siglas en inglés, GATT. El acuerdo en cuestión fue ratificado en octubre de 1947 y comenzó a aplicarse el 1 de enero de 1948, es decir, tres meses antes de que concluyera la Conferencia de La Habana.

Los dos niveles de la negociación confluyeron una vez que fracasó el intento de crear la Organización Internacional del Comercio[3]. El carácter extraordinariamente exigente de su acuerdo fundacional –la mencionada Carta de La Habana– se convirtió en el obstáculo más importante para su puesta en marcha definitiva. Destacados grupos de opinión de Estados Unidos, articulados en torno al Partido Republicano, se opusieron con gran firmeza a su ratificación, porque entendían que ese carácter

---

[2] La Carta de La Habana puede considerarse una interesante manifestación del «conflicto entre el libre comercio, que entrañaba la libertad de las empresas privadas para tomar decisiones sobre importaciones y exportaciones, de acuerdo con las leyes de mercado y las políticas de ocupación plena (recordemos la inspiración keynesiana), que podría necesitar el control gubernamental de la economía» G. CURZÓN, *La diplomacia del comercio internacional*, Fondo de Cultura Económica, 1969, citado en M. A. DÍAZ MIER, *op. cit.*, p. 21.

[3] El contenido de la Carta de La Habana fue aprobado al concluir la Conferencia de La Habana, pero fracasó a la hora de ser ratificada por los gobiernos que habían enviado representantes a esa conferencia. Como quiera que no se llegó a la cifra mínima de ratificaciones previstas en el texto de ésta –un mínimo de diez países–, se renunció definitivamente a su aplicación. Véase M. A. DÍAZ MIER, *op. cit.*, p. 22.

constituía una amenaza para el libre juego de las fuerzas de mercado y limitaba la autonomía de la administración norteamericana en materia de política comercial. La presión de estos grupos fue tan intensa que permite entender que finalmente se desechara la creación de la OIC[4].

Al inclinarse la balanza del lado de los que se oponían a la creación de la Organización Internacional del Comercio, el GATT se convirtió en el único mecanismo multilateral para impulsar el comercio internacional. De esta forma, un acuerdo que surgió con la aspiración de convertirse en una solución provisional adquirió carta de permanencia. Curiosamente, desde 1995 la gestión del GATT está a cargo de un organismo creado para proporcionar un sustrato institucional al comercio internacional (la Organización Mundial del Comercio, OMC). La creación de ese organismo supone en cierta forma el retorno a la intención original, después de casi medio siglo de funcionamiento de un mecanismo que surgió con carácter transitorio.

Esa transitoriedad no es una cuestión sin trascendencia, ya que, desde una perspectiva formal, la responsabilidad del desarrollo del comercio internacional ha recaído durante casi cincuenta años en un simple acuerdo multilateral, sin que pudiera hablarse en ese período de una auténtica organización, ni de unos miembros de ésta, sino sencillamente de unas «partes contratantes» comprometidas por ese acuerdo. Trascendiendo de lo meramente formal, el extraño origen del GATT ayuda a entender por qué la regulación del comercio internacional ha estado tan marcada desde el final de la Segunda Guerra Mundial por la falta de consistencia y por el reconocimiento de numerosas excepciones respecto de los principios admitidos con carácter general.

2.2. LAS PRINCIPALES FUNCIONES DESARROLLADAS POR EL GATT

El «accidente histórico» que dio origen al Acuerdo General sobre Aranceles y Comercio es la razón fundamental de su falta de concreción. Resulta difícil, en este sentido, referirse al GATT como una realidad con perfiles claros y con un propósito bien definido. Lo que nos encontramos es más bien una entidad compleja, que ejerce simultáneamente tres funciones distintas: proporciona un conjunto de principios a respetar, sirve como marco de negociación de preferencias comerciales y se utiliza como foro para la solución de diferencias entre las partes contratantes.

2.2.1. El GATT como conjunto de principios

Una vez que se hizo patente la imposibilidad de crear una Organización Internacional del Comercio, los países signatarios del GATT trabajaron en la redacción de un Acuerdo General sobre Aranceles y Comercio, cuyo texto estuvo definitivamente preparado en 1955. Cuando se alude al GATT como conjunto de reglas a respetar se está haciendo referencia precisamente a este documento, o bien al que se elaboró a partir de éste en 1994[5]. En el texto en cuestión se consagran una serie de principios

[4] Véase, por ejemplo, M. RAINELLI, *L'Organisation Mondiale du Commerce*, París, La Découverte, [4]1999, p. 18.

[5] El origen del texto que se consensuó en 1955 es el propio acuerdo alcanzado en 1947, de ahí que suela hacerse referencia a él como «GATT 1947». Ese texto se incorporó casi en su totalidad al

fundamentales, entre los que destacan, por este orden, el de no discriminación, el de prohibición de las restricciones cuantitativas y el de regulación del *dumping* y de las subvenciones a la exportación[6].

a) *El principio de no discriminación*

Uno de los objetivos fundamentales del GATT era crear una base multilateral y no discriminatoria sobre la que desarrollar transacciones comerciales entre diferentes países. Para alcanzar ese objetivo se requiere del cumplimiento de una serie de normas concretas: la cláusula de nación más favorecida, la regla de igualdad de trato y la de reciprocidad.

- *La cláusula de nación más favorecida.* Esta regla, que ya era habitual en los acuerdos comerciales firmados en la segunda mitad del siglo XIX, encabeza el Acuerdo General sobre Aranceles y Comercio, cuyo artículo primero establece que «cualquier ventaja, favor, privilegio o inmunidad concedida [...] por una parte contratante a un producto originario de otro país o destinado a él será concedido inmediata e incondicionalmente a todo producto similar originario de todas las demás partes contratantes».

  La aplicación de esta cláusula tiene una gran trascendencia dentro de las «reglas del juego» establecidas por el GATT, ya que obliga a convertir en multilaterales todas las ventajas que se incluyan en acuerdos de tipo bilateral. Constituye, por tanto, un instrumento muy importante para impulsar la multilateralización y el carácter no discriminatorio de las relaciones comerciales internacionales.
- *La regla de igualdad de trato.* Con el propósito de que el principio de no discriminación se cumpla también hacia el interior de cada país, el texto del Acuerdo General sobre Aranceles y Comercio aprobado en 1955 prohíbe en su artículo tercero que las legislaciones de los países signatarios del GATT afecten de forma diferente a los productos nacionales y a los importados. Lógicamente, esta regla sólo se aplica una vez que las mercancías procedentes de otros países han cumplido con los requisitos aduaneros correspondientes (esencialmente, el pago de aranceles). Una vez satisfechos esos requisitos, las mercancías en cuestión deben considerarse a todos efectos productos nacionales.
- *La regla de reciprocidad.* Esta norma, que no está recogida como tal en el texto del Acuerdo General, obliga a los países que lo hayan ratificado a responder con ventajas equivalentes a las que les sean concedidas por otras partes contratantes.

b) *La prohibición de las restricciones cuantitativas*

Con arreglo a lo que establece el artículo XI del GATT, «ninguna parte impondrá ni mantendrá (fuera de los derechos aduaneros) prohibiciones ni restricciones a la importación [...] mediante contingentes, licencias de importación o por medio de

---

Acuerdo General sobre Aranceles y Comercio que se aprobó al cerrarse la ronda Uruguay en 1994 (el «GATT 1994»). Los comentarios que se incluyen en este apartado se refieren, salvo que se indique lo contrario, al primero de los dos textos.

[6] Se ha adoptado un criterio laxo en la elaboración de la lista de principios, propio de los estudios realizados sobre este tema por autores franceses. De hecho, la lista que se ha utilizado se ha tomado de R. SANDRETTO, *Le Commerce International*, Armand Colin, [4]1995. Véase, M. A. DÍAZ MIER, *op. cit.*, p. 60.

otras medidas». Esta limitación encaja plenamente con el funcionamiento del GATT como marco para impulsar la liberalización de las relaciones comerciales, cuya lógica consiste precisamente en reducir de forma paulatina la protección arancelaria, al tiempo que se prohiben otras formas de protección, en particular, las que se basan en el empleo de límites cuantitativos[7].

c) *La regulación del* dumping *y de las subvenciones a la exportación*

El GATT intenta evitar la distorsión que ocasiona en cualquier mercado la venta de productos importados por debajo de su precio «normal». Esta práctica, habitualmente conocida como *dumping*, se regula a través del artículo VI del texto aprobado en 1955, en el que se reconoce la posibilidad de que los países perjudicados puedan gravar las importaciones afectadas por esa práctica irregular con un sobreprecio, denominado «derecho *antidumping*».

Las subvenciones a la exportación reciben un tratamiento muy similar. En el artículo XVI del mismo Acuerdo se reglamenta la utilización de esas subvenciones, con el propósito de que no perturben la competencia en el mercado de destino de las mercancías exportadas. Si esa competencia se ve alterada, se admite que se combatan los efectos de las subvenciones mediante el establecimiento de «derechos compensatorios».

2.2.2. El GATT como marco de negociación

El acuerdo alcanzado en 1947 constituye el patrón de referencia de todos los procesos de negociación que se han llevado a cabo desde entonces en el marco del GATT (ocho hasta la actualidad). El último de estos procesos, conocido como ronda Uruguay, ha tenido una trascendencia especial, merced al elevado número de acuerdos a los que ha dado lugar y a la gran trascendencia de algunos de ellos; en virtud de ese carácter especial se le dedica un apartado completo de este capítulo. Por lo que concierne a los siete acuerdos comerciales multilaterales restantes puede afirmarse, en términos generales, que se han planteado de forma diferente y han arrojado resultados distintos, dependiendo básicamente:

1. Del alcance de las negociaciones: más o menos países involucrados y mayor o menor cuantía de las transacciones afectadas.
2. Del tipo de negociación: contenido más o menos extenso de las discusiones y adopción de un método u otro para negociar las rebajas arancelarias (ver cuadro 3).

[7] La abolición de ese tipo de límites coincide también con la existencia de diferentes argumentos favorables a la utilización de aranceles frente a otros obstáculos al comercio. Puede hacerse referencia, por ejemplo, a la capacidad recaudatoria de aquéllos (una capacidad que no tienen los contingentes ni, en general, otras formas de protección). También debe tenerse en cuenta lo fácil que resulta establecer y gestionar los aranceles, lo que contrasta con los problemas que generan otras prácticas proteccionistas. Ha de asumirse, además, lo habituadas que están las administraciones a utilizar aranceles, ya que los han empleado con regularidad desde los primeros años del siglo XIX. Otro argumento en el mismo sentido es el que se basa en que teóricamente puede demostrarse que la protección arancelaria es más transparente y genera menos ineficiencia que la no arancelaria.

Cuadro 3
HISTORIA DE LAS RONDAS DEL GATT

Ronda	Fecha	Número de países	Volumen de comercio[1]	Tipo de negociac.	Aranceles medios anteriores	Reducción media de aranceles[2]
GINEBRA	1947	23	10.000	ARANCELES: Producto por producto.	40%	35%
ANNECY	1949	33	n.d.	ARANCELES: Producto por producto.	26%	2%
TORQUAY	1950	34	n.d.	ARANCELES: Producto por producto.	23,9%	25%
GINEBRA	1956	22	2.500	ARANCELES: Producto por producto.	17,9%	3,5%
DILLON	1960-61	45	4.900	ARANCELES: Producto por producto.	16,5%	7%
KENNEDY	1964-1967	48	40.000	ARANCELES: Rebaja lineal. BARRERAS NO ARANCEL.	15,2%	35%
TOKIO	1973-1979	99	155.000	ARANCELES: Rebaja general no lineal. BARRERAS NO ARANCEL.	9,9%	34%
URUGUAY	1986-1994	120	3.700.000	ARANCELES: Rebaja mixta. BARRERAS NO ARANCEL. MATERIAS NO TRADICION.	6,5%	39%
PRÓXIMA RONDA					4%	

[1] Miles de millones de dólares.
[2] Los porcentajes se han redondeado.
Fuente: Elaboración propia a partir de: VARELA, F. y DÍAZ, M. A. (1998): «Historia del GATT: desde sus orígenes a la situación actual», *Información Comercial Española*, núm. 770, abril-mayo, pp. 17-33, y CROZET *et al.* (1997): *Les Grandes Questions de l'Économie Internationale*, Nathan, París.

Al aplicar estos dos criterios se puede establecer una división en dos etapas. La primera incluiría, además del primer ciclo de negociaciones, la ronda Annecy, la ronda Torquay, la segunda de las celebradas en Ginebra y la ronda Dillon[8]. Todas ellas se desarrollaron en un clima muy favorable para la liberalización del comercio

[8] Normalmente las rondas de negociaciones llevan el nombre de la ciudad en la que se abrieron las negociaciones o la del político que asumió una mayor responsabilidad en el inicio de las conversaciones. Este último es el caso, por ejemplo, de la ronda Dillon, cuyo nombre rinde homenaje al que era en ese momento secretario del Tesoro de los Estados Unidos.

internacional y se centraron en la discusión de rebajas arancelarias. La segunda etapa incluiría, a su vez, las dos rondas que precedieron a la ya citada ronda Uruguay: la ronda Kennedy y la ronda Tokio. En ambas, sobre todo en la segunda, se puso de manifiesto lo difícil que resulta intensificar la liberalización del comercio internacional a través de reducciones de aranceles una vez que éstos se encuentran ya en niveles relativamente bajos.

Una de las razones que explica el deterioro del clima en el que se desarrollaron esas dos últimas rondas es el agotamiento de las posibilidades que ofrecía la negociación de las rebajas arancelarias producto por producto. A favor de la aplicación de este sencillo método de negociación habría que destacar los excelentes resultados que ofreció en las primeras rondas[9]. En contra de ese método habría que reseñar, sin embargo, la extraordinaria complejidad que genera en las negociaciones y la dificultad que supone alcanzar acuerdos respecto de determinados productos una vez que ya se han obtenido reducciones significativas de la protección que los afecta.

Como consecuencia de los problemas que se generaron en relación con ese mecanismo de negociación, en la ronda Kennedy se optó por negociar reducciones lineales de los aranceles, aunque con importantes excepciones. En la ronda Tokio, por su parte, se apostó por una reducción general no lineal y se negoció, además, la reducción de obstáculos no arancelarios[10].

Los problemas que se plantearon en estos dos ciclos de negociaciones no sólo se debieron a las limitaciones del método de negociación empleado. En la ronda Kennedy se produjeron, además, importantes tensiones como consecuencia de los enfrentamientos protagonizados por las dos principales potencias comerciales de ese momento: la Comunidad Económica Europea y los Estados Unidos. En la ronda Tokio persistieron esas tensiones y se le sumaron, además, las provocadas por el estallido de la crisis de 1973, que supuso una recesión de alcance mundial y contribuyó a que se contrajera, por primera vez desde 1945, el comercio internacional. Como consecuencia de ello, a través de un proceso que ya se ha descrito en el primer capítulo, surgieron importantes presiones proteccionistas.

En un contexto tan adverso como el que se ha descrito se plantearon unas negociaciones que no sólo perseguían la rebaja de aranceles, sino que aspiraban, además, a que se limitara el recurso a otras formas de protección. Puede afirmarse que, en términos generales, ese gran desafío se saldó con éxito; al menos así parece deducirse de las importantes reducciones arancelarias acordadas en la ronda, del número de países implicados y del volumen de comercio internacional afectado (véase cuadro 3).

2.2.3. El GATT como foro de solución de diferencias

Dentro de las funciones que se han reseñado, ésta es probablemente la menos importante y la menos conocida de todas. Su menor trascendencia, muy evidente cuando se la compara con el gran calado que tienen los principios que se recogen en

[9] El reflejo más claro de esos resultados es la reducción a menos de la mitad, como media, del nivel de protección existente en 1947 gracias a la utilización de ese método en las cinco primeras rondas (véase cuadro 3).

[10] Los métodos concretos de negociación se describen con detalle y con ejemplos concretos en M. Rainelli (1999), *op. cit.*, p. 54 ss.

el Acuerdo General o el sistema de rondas de negociación, no debe llevar a considerarla una función carente de relevancia. De hecho, puede afirmarse que nos encontramos ante uno de los cometidos más innovadores y más interesantes del GATT. Conviene tener presente que si no existiera una fórmula para solventar conflictos entre las partes contratantes habría muchas posibilidades de que las discrepancias entre los países signatarios del Acuerdo General acabaran enquistándose, deteriorando el clima de cooperación que se precisa para un adecuado desarrollo del comercio internacional. Es probable, además, que, en ausencia de soluciones como las que puede generar un mecanismo de este tipo, acabaran cediendo los países más perjudicados por la paralización de los problemas, que generalmente son los más pobres, ya que cuentan con una posición negociadora más débil[11].

Uno de los rasgos más llamativos de esta función desarrollada por el GATT es que se ha consolidado a medida que ha pasado el tiempo. De hecho, antes de que se concretara la primera versión definitiva del acuerdo, es decir, de 1947 a 1955, ni siquiera existía un sistema de solución de diferencias en sentido estricto. Esta importante limitación no se superó definitivamente hasta que en la ronda Tokio se alcanzó un acuerdo sobre la «práctica consuetudinaria del GATT en materia de notificación, consultas, solución de diferencias y vigilancia»[12].

En lo que concierne estrictamente a la solución de diferencias, ese acuerdo supuso la creación de un mecanismo basado en el artículo XXIII del Acuerdo General, cuya aplicación pone en marcha un proceso que comprende básicamente tres fases:

1. Cuando surge un conflicto, se intenta alcanzar un acuerdo bilateral entre las partes contratantes interesadas (la que realiza la denuncia y la que es denunciada). Si no se produce ese acuerdo, el procedimiento sigue su curso.
2. Se hace cargo del problema un grupo de trabajo, en el que participan los países afectados junto con otras partes contratantes, o un grupo de expertos (un *panel*). A través de esta instancia se busca de nuevo forzar un acuerdo entre los contendientes. Si ese acuerdo no tiene lugar, el grupo emite un informe con su resolución.
3. Como consecuencia de la debilidad institucional del GATT, éste no puede obligar a los países que utilicen el sistema de solución de diferencias a aceptar esa resolución. Únicamente las partes contratantes como tales tienen la potestad de adoptar medidas que penalicen a los que no la acepten.

Siguiendo la tendencia que se inició en 1947, esta función del GATT ha seguido evolucionando, experimentando una importante transformación a raíz de los acuerdos alcanzados en la ronda Uruguay. De dichos acuerdos ha surgido un nuevo sistema (un «Entendimiento para la solución de diferencias», de acuerdo con la terminología especializada), que en lo esencial coincide con el anterior, aunque incorpora algunas novedades importantes, entre las que destacan:

- La extensión de su ámbito de actuación. No sólo se ofrece una salida a los conflictos que pueden surgir en relación con los principios del GATT, sino que puede utilizarse también para resolver las discrepancias que se planteen

[11] Véase F. VARELA y M. A. DÍAZ MIER, «Historia del GATT: desde sus orígenes a la situación actual», *Información Comercial Española*, núm. 770, abril-mayo, p. 25.
[12] Véase M. A. DÍAZ MIER, *op. cit.*, p. 48.

en relación con los restantes acuerdos multilaterales gestionados desde entonces por la Organización Mundial del Comercio[13].

– El fortalecimiento de la base institucional y de la consistencia legal del sistema. Los cambios más importantes que se han producido en este ámbito han sido la creación de un Órgano de Solución de Diferencias y de un Organo Permanente de Apelación[14].

2.3. LAS PRINCIPALES EXCEPCIONES A LOS PRINCIPIOS CONSAGRADOS POR EL GATT

De las tres funciones del GATT que se han analizado, la más importante es probablemente la primera, es decir, la que resalta su labor como conjunto de normas que debe respetar el comercio internacional. La trascendencia de esa función no debe verse empañada por el hecho de que esas normas no se apliquen en la práctica conforme a lo que se recoge en el texto del Acuerdo General. Sí que conviene, no obstante, conocer las principales excepciones a lo establecido en ese texto, que son las que justifican las diferencias que existen entre lo que se dispone en él y lo que se observa en la realidad. El análisis de esas excepciones no sólo ayuda a comprender cómo desempeña el GATT esa función; contribuye, además, a entender su lógica general de funcionamiento.

En el artículo XIX del Acuerdo General sobre Aranceles y Comercio de 1947 se admite la posibilidad de incumplir de forma excepcional lo establecido en él a través de la denominada «cláusula de salvaguardia». Se trata de un mecanismo de aplicación temporal que debe ajustarse a unas condiciones reguladas con gran detalle y que está concebido para garantizar la supervivencia de empresas o de sectores económicos concretos[15].

Las excepciones realmente importantes no encajan, sin embargo, con lo que se recoge en dicho artículo, ya que ninguna de ellas se ajusta a unas condiciones tan estrictas ni asume esa concepción temporal. Se trata de excepciones de un alcance mucho mayor y que con el paso del tiempo han adquirido tal variedad que resulta incluso difícil analizarlas de forma sistemática. Se puede intentar superar esa dificultad, no obstante, estudiando por separado y de forma ordenada las que afectan a determinados artículos (productos agrarios, textiles y de confección) y las que benefician a determinados países (economías subdesarrolladas y economías que participan en mecanismos de integración económica)[16].

---

[13] Se trata concretamente del Acuerdo sobre Comercio Internacional de Servicios (GATS), el Acuerdo sobre Derechos de Propiedad Intelectual (TRIPS) y el Acuerdo sobre Inversiones Relacionadas con el Comercio (TRIMS). Véase *infra*, apartado 2.4.3.

[14] Puede obtenerse una visión más completa de estos cambios introducidos en la ronda Uruguay consultando el texto publicado por la SUBDIRECCIÓN GENERAL DE POLÍTICA COMERCIAL DE LA UNIÓN EUROPEA, «El proceso de solución de diferencias en la Organización Mundial del Comercio», *Boletín Económico de Información Comercial Española*, 2647 (20 al 26 de marzo, 2000), pp. 42-58.

[15] Para conocer con detalle el funcionamiento de la normativa sobre salvaguardia puede consultarse M. A. DÍAZ MIER, *op. cit.*, pp. 71 ss., o bien recurrir a la referencia más extensa que se ofrece en J. A. JACKSON, *The World Trading System*, ²1998, Massachusetts, MIT Press, p. 175 ss.

[16] Este planteamiento se basa en el adoptado en M. RAINELLI (1999), *op. cit.*, pp. 24 ss.

2.3.1. El comercio internacional de productos agrarios

Como se expuso en el primer capítulo, la agricultura y la ganadería han perdido protagonismo a medida que ha avanzado el proceso de industrialización. Como consecuencia de ello, estas actividades sólo conservan un peso relativo importante en los países subdesarrollados. Por contra, en las economías más ricas la participación de la agricultura y de la ganadería en la producción y en el empleo se sitúa en niveles muy bajos. Su declive a lo largo de la historia económica más reciente suele utilizarse como justificación para adoptar políticas que favorecen a la población que vive de esas actividades. De cara al funcionamiento del comercio internacional, esas políticas tienen gran trascendencia, ya que muchas de ellas no respetan los principios establecidos por el GATT. No conviene perder de vista que esas medidas suponen habitualmente:

- Una protección muy estricta, que frecuentemente se ejerce a través de restricciones cuantitativas.
- La concesión de ayudas de una gran cuantía, que resultan muy difíciles de conciliar con la normativa del GATT en materia de subvenciones.

Desde el fin de la Segunda Guerra Mundial se han aplicado con regularidad medidas de estas características gracias a que, de una u otra forma, el GATT ha tolerado su existencia. Esta actitud ha llevado a destacados especialistas a considerar que la agricultura y la ganadería se han convertido, de hecho, en el exponente más claro de las actividades en las que no son aplicables las normas del GATT[17].

La existencia de generosas intervenciones públicas destinadas a estimular y a proteger la agricultura y la ganadería en los países más desarrollados origina una importante distorsión en el comercio internacional. La imagen más clara de esa distorsión es la presencia abrumadora de estos países en los primeros puestos de la lista de principales exportadores de productos de origen agrario[18].

Una situación tan alejada de lo que sugeriría la lógica de las ventajas comparativas y de lo que se desprende de la racionalidad económica en general podría evitarse si el comercio internacional de este tipo de productos se sometiera sin más a la disciplina del GATT. En la ronda Tokio se llevó a cabo un primer intento en este sentido, pero que no se logró concretar en un acuerdo entre las partes contratantes. A raíz de ese fracaso, se volvió a discutir sobre esa posibilidad en la ronda Uruguay, pero lo único que se consiguió fue un compromiso para introducir una serie de reformas en un plazo máximo de diez años. Las reformas más importantes afectan a los aspectos siguientes:

a) La sustitución de restricciones cuantitativas por aranceles, con el propósito de proceder después a la disminución progresiva de éstos.
b) La reducción de las subvenciones a la producción agraria.
c) La firma de un Acuerdo sobre Medidas Sanitarias y Fitosanitarias, con el fin de evitar que ese tipo de medidas se utilicen como mecanismos de protección encubiertos.

---

[17] J. H. JACKSON, *op. cit.* p. 57.

[18] De acuerdo con la información publicada por la OMC, los cuatro países que encabezaban la lista de principales exportadores de productos agrícolas en 1998 eran Estados Unidos, Francia, Holanda y Alemania. El país no desarrollado que ocupaba un puesto más alto en esa lista era Brasil, que figuraba en el lugar número 10. Véase *infra*, capítulo 4, cuadro 10.

Para los más optimistas, estos cambios suponen un primer paso para la eliminación del carácter excepcional del comercio internacional de este tipo de productos. Los observadores más pesimistas destacan, sin embargo, el respeto de plazos tan largos como los que se han asumido y el carácter parcial de las transformaciones acordadas. Llaman, además, la atención sobre el perjuicio que suponen para los países más pobres que son importadores netos de productos agrarios las subidas de precios que ocasionarán las medidas que se han citado[19].

2.3.2. Los acuerdos de restricción voluntaria de las exportaciones. El caso de los productos textiles y de confección

Las sucesivas rondas de negociación convocadas a partir de 1947 han supuesto una reducción muy significativa de la protección arancelaria, como pone de manifiesto el cuadro 3. Las menores posibilidades de recurrir a ese tipo de protección, como consecuencia de lo acordado en esas rondas, han llevado a algunos países a buscar otras alternativas para limitar las importaciones. Como quiera que esas otras alternativas están, al menos en principio, prohibidas por el GATT, se ha llevado a cabo un esfuerzo muy importante para encontrar medidas de protección que formalmente no puedan considerarse como tales (ver recuadro 2). Entre esas medidas, que intentarían poner en práctica lo que se ha dado en llamar «proteccionismo discreto» o «proteccionismo furtivo», destaca la utilización de restricciones voluntarias a la exportación (conocidas como VER, por sus siglas en inglés).

En apariencia son los países exportadores los que, por su propia iniciativa, establecen esas restricciones, pero en la práctica es casi imposible imaginar que éstos renuncien a la posibilidad de realizar ventas en mercados exteriores. Lo que realmente está detrás de dichas restricciones son las cuotas que los países importadores fijan a través de acuerdos con sus proveedores. Ante la posibilidad de que esos países importadores adopten represalias que supongan un perjuicio aún mayor, sus potenciales suministradores se resignan a admitir «voluntariamente» esas cuotas encubiertas[20].

El acuerdo de restricción voluntaria de las exportaciones más conocido y más relevante de cuantos han existido es sin duda el Acuerdo Multifibras (AMF), que las economías más avanzadas han utilizado durante más de veinte años para limitar las importaciones de productos textiles y de confección procedentes de los países subdesarrollados.

La primera versión de ese acuerdo se firmó en 1974 y fue admitida por el GATT como una excepción temporal a la aplicación de sus principios[21]. Conviene tener en cuenta que, por su propia concepción, el AMF se oponía:

---

[19] Ese efecto negativo sobre los países más pobres que no son capaces de autoabastecerse de productos agrarios está avalado por los resultados de algunos estudios econométricos que se realizaron en los primeros años noventa. El más conocido de todos ellos es el de T. NGUYEN, C. PERRONI y R. WIGLE, «An evaluation of the final draft of the Uruguay round», *Economic Journal*, 103 (noviembre, 1993), pp. 1540-1549.

[20] El GATT, en un inusitado ejercicio de cinismo, tolera estas formas de protección encubierta, considerando que son el resultado de «acuerdos de comercialización ordenada» entre exportadores e importadores. Esos acuerdos, desde un punto de vista formal, pretenden evitar la «desorganización» que puede generar en un mercado concreto la excesiva presencia de importaciones, sin que dicha presencia se deba a la existencia de competencia desleal *(dumping* o subvenciones irregulares a la exportación).

[21] Con anterioridad a esa fecha ya se habían alcanzado acuerdos sobre la comercialización de productos textiles y de confección que podrían considerarse antecedentes del AMF. Véase R. MÁRQUEZ OSORIO, «Acuerdos sobre los textiles y el vestido», *Boletín Económico de Información Comercial Española*, número extraordinario (1994), pp. 39-42.

– Al principio de no discriminación, ya que afectaba específicamente a las importaciones procedentes de determinados países subdesarrollados.
– Al principio de prohibición de las restricciones cuantitativas, ya que, aunque se disfrazaban de restricciones voluntarias a la exportación, los límites establecidos en el marco del Acuerdo Multifibras eran en realidad cuotas fijadas por los importadores.

Recuadro 2
FORMAS DE PROTECCIÓN

1. PROTECCIÓN ARANCELARIA Y PARA-ARANCELARIA.
1.1. Protección arancelaria. Es la más habitual, la única autorizada por el GATT, la más transparente y la que genera menos ineficiencia. Se ejerce a través de aranceles, que son una especie de impuestos que gravan las importaciones –y excepcionalmente las exportaciones– con una cantidad proporcional al precio del producto que se intercambia (arancel *ad valorem),* o bien con una cantidad por unidad intercambiada, independientemente de su precio (arancel específico).
1.2. Protección para-arancelaria. Tiene efectos análogos a la protección arancelaria, pero no se ejerce a través de aranceles propiamente dichos. Suele ser consecuencia de medidas que intentan compensar la diferencia entre el precio de los productos importados y los fabricados en el territorio económico de un país, como, por ejemplo, los derechos compensatorios, los derechos *antidumping*, o los *prélèvements* que se utilizan en el marco de la Política Agraria Común de la Unión Europea (PAC).
2. PROTECCIÓN NO ARANCELARIA
Está prohibida (en principio) por el GATT, es menos habitual que la arancelaria, y, respecto de ésta, es menos transparente y genera más ineficiencia.
2.1. Protección a través de restricciones cuantitativas. Se basa en el establecimiento de topes máximos a la cantidad o al valor total de productos importados y admite diferentes variantes:
– **Prohibiciones:** es la forma más estricta de protección cuantitativa, ya que elimina la posibilidad de importar; suele responder a motivos sanitarios, religiosos o militares.
– **Cuotas:** no anulan las importaciones, pero obligan a que éstas respeten un límite máximo. Es el instrumento más utilizado dentro del grupo de restricciones cuantitativas.
– **Restricciones voluntarias a la exportación:** Formalmente no constituyen un instrumento de protección, pero en la práctica son restricciones cuantitativas que los importadores obligan a aceptar «voluntariamente» a sus proveedores.
2.3. Barreras no arancelarias de carácter administrativo. Consisten en la utilización irregular de normativas que no forman parte de la política comercial de un país con fines proteccionistas: legislación sanitaria, normas en materia de seguridad, leyes sobre medio ambiente... etcétera.
2.4. Proteccionismo monetario. Se basa en la manipulación del tipo de cambio para estimular las exportaciones y para limitar las importaciones. Con ese propósito se permiten depreciaciones de las monedas más allá de los límites que pueden considerarse razonables o se adoptan medidas para evitar que éstas se aprecien.

A pesar del carácter provisional con el que surgió, el AMF prolongó su vigencia a través de sucesivas renovaciones y su desaparición no se produjo hasta 1995, en virtud de un acuerdo alcanzado en la ronda Uruguay. Aunque fue una decisión muy criticada por los países subdesarrollados, en esa ronda se decidió abrir un período transitorio de diez años antes de reincorporar definitivamente el comercio internacional de productos textiles y de confección al marco general del GATT. Durante ese período, cuya vigencia finaliza en el año 2005, funcionará el Acuerdo sobre Textiles y

Vestido (ATV), un nuevo mecanismo de restricción voluntaria de las exportaciones que ha tomado el relevo del AMF[22].

2.3.3. Las disposiciones del GATT favorables a los países subdesarrollados

Durante los primeros años de funcionamiento del GATT no se tuvieron en cuenta las necesidades especiales de los países subdesarrollados. Esta actitud no debe resultar extraña, toda vez que se trata de un acuerdo que surgió básicamente con el propósito de impulsar el comercio internacional sobre una base no discriminatoria. Conviene tener presente, además, la escasa capacidad de presión con la que contaban ese tipo de países durante los primeros años de la posguerra.

Conforme pasaron los años, la representación y el poder reivindicativo de las economías más pobres fue aumentando. Este proceso alcanzó su punto culminante en los años sesenta, gracias a la influencia ejercida por la descolonización y la guerra fría, así como por la relevancia que adquirieron algunas iniciativas concretas como el Movimiento de Países No Alineados.

Uno de los resultados más importantes de ese cambio en el escenario económico internacional fue la convocatoria en 1962 de la Conferencia de las Naciones Unidas para el Comercio y el Desarrollo (conocida por sus siglas en inglés, UNCTAD), que gracias al empeño de los países subdesarrollados acabó transformándose en 1964 en una institución de carácter permanente. La UNCTAD ha defendido desde entonces los derechos y las aspiraciones de las economías más pobres en relación con el comercio internacional, cubriendo el hueco que el GATT había dejado en ese ámbito.

Su logro más importante ha sido, sin duda, la creación de un sistema de preferencias generalizas (SPG), que consiste básicamente en una forma de cooperación que «concede una mayor facilidad de acceso a los mercados de manufacturas de los países desarrollados, a través de la reducción o de la anulación de derechos arancelarios sin necesidad de reciprocidad, esto es, sin que los países subdesarrollados se vean obligados a reducir de forma equivalente sus aranceles»[23].

Los elementos más importantes de ese sistema son:

1. Los países donantes de preferencias. A pesar de que se utilice la expresión «preferencias generalizadas», los donantes son economías desarrolladas, que, normalmente a título individual, conceden reducciones arancelarias a una serie de países incluidos en una lista que elaboran esas misma economías.
2. Los países beneficiarios. Son los que figuran en esas listas; los que más abundan en ellas son, como cabría esperar, países subdesarrollados.
3. Los productos. No todos son susceptibles de recibir un trato de favor a través de las preferencias. Los que más se benefician de ellas son las manufacturas industriales, lo que perjudica a los países más atrasados, ya que exportan fundamentalmente productos sin elaborar[24].

---

22 Todo lo que rodea a la sustitución del AMF por el nuevo Acuerdo sobre Textiles y el Vestido puede analizarse con detalle consultando, por ejemplo, ORGANIZACIÓN MUNDIAL DEL COMERCIO, *Informe anual*, 2000, Ginebra, pp. 112 ss.

23 Esta definición se ha tomado de E. PALAZUELOS *et al.*, *Dinámica capitalista y crisis actual*, Madrid, Akal, 1988, p 201.

24 Existen, además otros dos elementos complementarios: el mecanismo de salvaguardia y la normativa sobre el origen de las importaciones. El primero de ellos abre la posibilidad de que los países

Como se puede percibir a partir de la definición y, aún con más claridad, a partir de sus elementos, un sistema con estas características conculca el principio de no discriminación, oponiéndose directamente a la cláusula de nación más favorecida y a la regla de reciprocidad. Basándose en este hecho, el GATT rechazó en un primer momento la posibilidad de crear un sistema de preferencias, aunque con el paso del tiempo adoptó una actitud más favorable al respecto. Finalmente, en 1979 aprobó una «cláusula de habilitación» en la que reconocía que «las partes contratantes, no obstante lo dispuesto en el artículo I del Acuerdo General, pueden conceder un trato diferencial y más favorable a los países en vías de desarrollo, sin concederlo a otras partes»[25].

Este reconocimiento del sistema de preferencias generalizadas por el GATT supuso un avance muy significativo para las aspiraciones de los países más pobres en relación con el comercio internacional. A pesar de ello, estos países no han dejado de quejarse de su mal funcionamiento, reclamando con insistencia un nuevo sistema de preferencias:

- Permanente, que no esté sometido a revisiones periódicas y que no dependa de la eventual aplicación de mecanismos de salvaguardia.
- Absoluto, que no conlleve la reducción de los aranceles que se aplican con carácter general, sino su supresión.
- Verdaderamente generalizado, que afecte a todos los productos originarios de los países subdesarrollados.

Paradójicamente, el avance que se ha conseguido en materia de reducción de aranceles, gracias a la labor desarrollada por el GATT, ha generado nuevos problemas y, con ellos, nuevas reivindicaciones, entre las que cabe destacar:

- La necesidad de profundizar en las preferencias, ya que su eficacia relativa se ha reducido al debilitarse la protección arancelaria en general.
- La conveniencia de revisar las medidas destinadas a facilitar el acceso a los mercados de los países más avanzados. La utilización por parte de éstos de nuevas formas de protección desvirtúa los sistemas de preferencias generalizadas tradicionales[26].

2.3.4. El reconocimiento de los acuerdos de integración

Cualquiera de las formas de integración comercial (área de preferencias comerciales, zona de libre cambio, unión aduanera, mercado común...) se basa en la existencia de preferencias que un grupo de países se conceden entre sí. Naturalmente, si esas preferencias se extendieran a todas las partes contratantes del GATT el mecanismo de integración perdería todo su sentido.

---

donantes suspendan las preferencias cuando éstas generen un aumento exagerado de las importaciones, con efectos perjudiciales para los productores nacionales. La normativa sobre el origen de las importaciones intenta que las preferencias sean aprovechadas única y exclusivamente por los países elegidos como beneficiarios, evitando que se extiendan a otros países a través de re-exportaciones.

[25] Véase A. Díaz Mier, *op. cit.*, p. 68, y J. H. Jackson, *op. cit.*, p. 164.

[26] Fondo Monetario Internacional, «International trade policies. The Uruguay round and beyond», *World Economic and Financial Surveys* (1994), pp. 14 ss.

El cumplimiento de la cláusula de nación más favorecida exige que se conceda el mismo trato a los productos procedentes de cualquiera de los países que hayan ratificado el Acuerdo General. La existencia de acuerdos de integración comercial supone, por tanto, una excepción a la aplicación de esa cláusula. Esa excepción está reconocida en el artículo XXIV del GATT, si bien no se admite con carácter automático. El contenido de dicho artículo exige que, además de notificar la creación de una fórmula de integración, los países que participen en ella se comprometan a no crear «más obstáculos de los ya existentes frente a terceros países». Una segunda exigencia consiste en aplicar «en un plazo razonable» las preferencias comerciales que estos países se concedan entre sí, de forma que afecten rápidamente a «lo esencial de los intercambios comerciales» que llevan a cabo entre ellos.

De esos dos requisitos, el realmente importante es el primero. La ausencia de perjuicios para terceros países es una cuestión clave para asegurar que pueden compatibilizarse la integración comercial y la liberalización no discriminatoria que el GATT persigue desde sus orígenes[27]. El segundo requisito, sin embargo, puede considerarse secundario, por lo que nunca se ha aplicado con carácter estricto. Así, a pesar de que muchos mecanismos de integración contemplan excepciones importantes (sobre todo en relación con el comercio de productos agrarios) y de que abundan los que sólo tienen una vigencia temporal, el GATT no ha rechazado ninguno de los que se le han notificado[28].

El resurgir de los procesos de integración a partir de los últimos años de la década de los ochenta y los cambios introducidos en la ronda Uruguay han reavivado el debate sobre las relaciones entre el GATT y los mecanismos de integración comercial. El inicio de nuevas discusiones no ha supuesto, en cualquier caso, la introducción de cambios significativos. Desde la perspectiva de lo que se ha decidido en esa ronda lo que más destaca es precisamente que se ha respetado casi en su totalidad el contenido del artículo XXIV del Acuerdo General original. Como consecuencia de ello, puede afirmarse que la OMC apuesta, como lo hizo el GATT, por la posibilidad de conciliar las preferencias comerciales con la liberalización no discriminatoria.

Al examinar los acuerdos adoptados en la ronda Uruguay se aprecia, en cualquier caso, una mayor preocupación por los efectos que puede tener la integración comercial sobre el marco multilateral. Una primera muestra de esa mayor preocupación es el reconocimiento de que los miembros de la OMC puedan utilizar el mecanismo de solución de diferencias si se sienten perjudicados por el funcionamiento de una fórmula de integración. Otra manifestación del mayor interés que despierta este tema a partir de la ronda Uruguay es la creación, dentro del organigrama de la OMC, de un Comité de Acuerdos Comerciales Regionales[29].

2.4. LA RONDA URUGUAY Y LA CREACIÓN DE LA ORGANIZACIÓN MUNDIAL DEL COMERCIO

La primera mitad de la década de los ochenta no fue precisamente una época favorable para el desarrollo del comercio internacional. Por otra parte, aún permanecían en

---

[27] Desde un punto de vista teórico puede afirmarse que ese requisito se basa en lo que establece el teorema de Kemp-Wan, véase *infra*, capítulo 3, apartado 3.

[28] J. H. JACKSON, *op. cit.*, p. 166.

[29] Véase *supra*, capítulo 2, apartado 1 y cuadro 5.

el recuerdo de las partes contratantes las dificultades que complicaron el desarrollo de las dos últimas rondas de negociación (la ronda Kennedy y la ronda Tokio).

A pesar de esa situación tan adversa, o quizá como consecuencia de ella, se decidió abrir un nuevo ciclo de negociaciones, con un planteamiento muy ambicioso. A raíz de ese planteamiento, la ronda en cuestión se enfrentó a problemas de una gran envergadura, aunque, a cambio, condujo a resultados realmente importantes. Entre esos resultados destacan los compromisos adquiridos en relación con varios temas de negociación inéditos: comercio internacional de servicios, comercio y derechos de propiedad intelectual e inversiones relacionadas con el comercio. La ronda se cerró, además, con un acuerdo inesperado, que supuso la creación de una institución encargada de velar por el buen funcionamiento de los intercambios internacionales: la Organización Mundial del Comercio.

2.4.1. El origen y el planteamiento de la ronda

Aunque la ronda Tokio permitió alcanzar resultados nada desdeñables en un contexto muy condicionado por la crisis internacional, sus logros no dejaron satisfechos a numerosos países[30]. Ese clima de insatisfacción, junto con la confianza en que se produjeran acuerdos importantes si se retomaban las discusiones, desencadenó finalmente la apertura de una nueva ronda de negociaciones.

Las fuertes disensiones que existían respecto de los temas que se debatieron en esa ronda se pusieron de manifiesto antes incluso de que comenzaran las sesiones, como lo prueba el hecho de que, por primera vez en la historia del GATT, ni siquiera existiera unanimidad sobre el programa de negociaciones, lo que obligó a trabajar con tres programas distintos[31]. El 20 de septiembre de 1986 se alcanzó finalmente un acuerdo al respecto, que se recogió en el documento conocido como Declaración de Punta del Este.

La forma en que ese documento planteaba la dinámica que debían seguir las negociaciones se convirtió en un importante obstáculo para el desarrollo de la ronda, ya que, como punto de partida, se exigía que ésta concluyera con un acuerdo global. Este requisito previo garantizaba el cumplimiento de todo el programa de negociaciones, pero abría la posibilidad de que algunos países bloqueasen determinadas discusiones sin trascendencia directa para ellos, con el propósito de forzar acuerdos sobre otros temas[32].

Además de fomentar ese tipo de comportamientos estratégicos, el propio carácter global de la negociación invitaba a pensar en una ronda de una duración muy prolongada. Para evitar esa eventual complicación, la Declaración de Punta del Este exigía el cumplimiento de un calendario, que incluía una cumbre intermedia (en 1988) y otra de clausura (en 1990). Las dificultades que obstaculizaron el avance de las negociaciones hicieron que fuera imposible respetar esas previsiones, lo que obligó a aplazar el cierre de la ronda hasta 1994.

La trascendencia de esas dificultades de partida se acentuó considerablemente como consecuencia de la extraordinaria ambición con la que se plantearon las con-

---

[30] El conocimiento de este tipo de cuestiones puede ampliarse recurriendo, por ejemplo, al trabajo de J. OYARZUN DE LAIGLESIA, «Objetivos y resultados de la ronda Uruguay de los principales bloques comerciales», *Boletín Económico de Información Comercial Española*, 2518 (14 al 20 de octubre, 1996), pp. 35 ss.

[31] Véase M. RAINELLI (1999), *op. cit.*, p. 68.

[32] *Idem*, p. 72.

versaciones. Esa ambición se tradujo, por ejemplo, en la apertura de negociaciones sobre catorce temas diferentes, algo insólito en la historia del GATT. Sobre casi todos ellos existían importantes divergencias, lo que complicaba la posibilidad de llegar a un acuerdo, a pesar de las concesiones que las principales partes contratantes estaban dispuestas a realizar (véase cuadro 4).

Cuadro 4
RONDA URUGUAY
POSICIÓN NEGOCIADORA DE LOS PAÍSES Y GRUPOS DE PAÍSES MÁS RELEVANTES

PAÍS O PAÍSES	OBJETIVOS	POSIBLES CONCESIONES
ESTADOS UNIDOS	• Liberalización del comercio internacional de cereales. • Liberalización del comercio internacional de servicios. • Regulación de los derechos de propiedad intelectual relacionados con el comercio. • Regulación de las inversiones relacionadas con el comercio.	• Liberalización del comercio internacional de productos agrarios (no cereales). • Liberalización del comercio internacional de textiles y artículos de confección.
UNIÓN EUROPEA	• Regulación de los derechos de propiedad intelectual relacionados con el comercio. • Regulación de las inversiones relacionadas con el comercio.	• Liberalización del comercio internacional de productos agrarios. • Liberalización del comercio internacional de textiles y artículos de confección.
JAPÓN	• Impedir nuevas formas de protección. • Regulación de los derechos de propiedad intelectual relacionados con el comercio. • Regulación de las inversiones relacionadas con el comercio.	• Liberalización del comercio internacional de productos agrarios.
PAÍSES SUBDESARROLLADOS	• Liberalización del comercio internacional de productos agrarios. • Liberalización del comercio internacional de textiles y artículos de confección. • Mayor disciplina en la autorización y en la utilización de excepciones a los principios generales.	• Liberalización del comercio internacional de servicios. • Regulación de los derechos de propiedad intelectual relacionados con el comercio • Regulación de las inversiones relacionadas con el comercio.

Fuente: ORTS, V. y SUÁREZ, C., «La Ronda Uruguay y la Organización Mundial del Comercio», *Papeles de Economía Española* 66 (1996), pp. 10-21.

De esos catorce temas sólo una parte encaja con la labor desarrollada en rondas anteriores. Pueden incluirse en ese grupo, aparte de la ya clásica discusión sobre reducciones de aranceles, la que tenía como propósito evitar otras formas de protección e incluso las que se centraron en la incorporación a la disciplina del GATT de la producción agraria, los textiles y los artículos de confección. Frente a esas discusiones, otras planteaban cuestiones que hasta ese momento nunca se habían abordado en un ciclo de negociaciones. Esos «nuevos» temas constituyen sin duda el aspecto más llamativo y más interesante de esta ronda.

2.4.2. Los compromisos alcanzados en relación con los nuevos temas de negociación

a) *La discusión sobre el comercio internacional de servicios*

Como se comenta con detalle en el capítulo 4, uno de los rasgos más llamativos de la evolución reciente del comercio internacional es el gran aumento de las transacciones de servicios. Ese tipo de intercambios apenas si contaba con una presencia testimonial en las primeras década de la posguerra; sin embargo, gracias a su gran dinamismo, en la actualidad alcanzan un valor que probablemente se acerca al 25% del valor total del comercio internacional de mercancías. Como consecuencia de esta progresión resultaba cada vez más difícil de justificar que las transacciones de servicios permanecieran al margen de la disciplina del GATT, concebida originalmente para regular el comercio internacional de bienes.

Durante los primeros años ochenta se prodigaron las opiniones favorables a la inclusión de los servicios dentro de esa disciplina. Los principales impulsores de ese punto de vista fueron los países desarrollados, encabezados por los Estados Unidos. Su presión sobre el resto de partes contratantes finalmente surtió efecto, lo que explica que se incluyera finalmente la liberalización del comercio internacional de servicios como uno de los temas a debatir en la ronda Uruguay.

Las discusiones que tuvieron lugar en relación con este tema estuvieron marcadas por el enfrentamiento entre las partes contratantes que habían promovido la discusión y las economías subdesarrolladas. El interés que manifestaban las primeras por estimular la liberalización del comercio internacional de este tipo de productos era contemplado por esas economías como una forma de apoyar la vigorosa expansión de las empresas multinacionales de servicios originarias de los países más ricos, en particular, de las empresas norteamericanas[33]. Frente a la amenaza que podía suponer esa expansión, las economías subdesarrolladas se aferraron a la idea de que era conveniente proteger de forma especial esas actividades de servicios, con un doble objetivo:

1. Conservar cierto grado de control sobre determinados aspectos que afectan directamente a su soberanía económica, como la regulación de las actividades ejercidas por los bancos.
2. Aprovechar la protección de sus mercados internos para fortalecer la posición de sus empresas nacionales de servicios y garantizar su competitividad en el futuro[34].

El enfrentamiento entre países desarrollados y subdesarrollados se concretó también en una dura discusión sobre el tipo de actividades que debían liberalizarse:

---

[33] *Ibidem*, pp. 84 ss.

[34] Se trata de la aplicación de la tradicional justificación de la protección en defensa de la «industria naciente» a las actividades de servicios. Véase *infra*, capítulo 5, recuadro 7.

- Las economías más avanzadas insistían en la necesidad urgente de abrir los mercados nacionales a las actividades de servicios más modernas y más dinámicas (las que constituían la parte esencial de sus exportaciones de servicios).
- Los países subdesarrollados se mostraban partidarios de que esa apertura afectara prioritariamente a las actividades más tradicionales. Estos países esperaban que la liberalización de dichas actividades les sirviera para reclamar una mayor movilidad de la mano de obra necesaria para prestar ese tipo de servicios a escala mundial.

Para completar la imagen de los debates que tuvieron lugar en torno a este tema es preciso aludir a las importantes discrepancias que surgieron entre algunas economías desarrolladas. El enfrentamiento más llamativo se produjo entre dos de los principales exportadores de servicios a título individual (Estados Unidos y Francia) sobre determinadas actividades relacionadas con el negocio audiovisual. En esa discusión, Estados Unidos abogaba por incrementar el grado de liberalización de los mercados nacionales, mientras que la Unión Europea, con Francia a la cabeza, aspiraba a proteger los suyos, aduciendo la necesidad de preservar su identidad cultural.

Todos los enfrentamientos a los que se ha hecho referencia, así como el carácter novedoso de la discusión que se planteaba, condujeron finalmente a un acuerdo esperanzador, pero con importantes limitaciones. Las más relevantes afectan a los aspectos siguientes:

1. No constituye un verdadero compromiso de liberalización, sino un calendario en el que se fijan una serie de fechas en las que se intentará impulsar dicha liberalización.
2. El acuerdo alcanzado admite un gran número de excepciones.
3. Los servicios no se incorporan al GATT, como se pretendía inicialmente, sino que quedan sometidos a un marco propio: el Acuerdo General sobre Comercio Internacional de Servicios (GATS).

b) *El debate en torno a los derechos de propiedad intelectual*

Durante el siglo XIX y durante buena parte del siglo XX el comercio internacional estuvo dominado por los intercambios de productos homogéneos. En la situación actual, sin embargo, tienen una gran importancia las pequeñas diferencias entre los productos intercambiados, sobre todo entre los que exigen un mayor grado de transformación[35].

Los principales exportadores de esa clase de productos son los países desarrollados, que han intentado a toda costa mantener su dominio sobre ellos, enfrentándose a los intereses de las economías más pobres. Éstas aspiran a fabricar y a exportar artículos de características similares, lo que les lleva a mantener legislaciones que no protegen con claridad los derechos de propiedad que los países más ricos establecen para aprovechar al máximo las características diferenciales que hacen más atractivos sus artículos para los consumidores.

En la ronda Tokio se intentó adoptar una decisión que acercara los intereses de las dos partes en conflicto en torno a una de las facetas más importantes de este litigio: el comercio de falsificaciones. La ausencia de resultados relevantes llevó a Esta-

[35] La mayor presencia de productos diferenciados en el comercio internacional también será analizada en profundidad en el capítulo 4.

dos Unidos a reclamar que en la ronda Uruguay se volviera a debatir este tema, aunque desde una perspectiva más amplia. No se trataba ya de discutir simplemente sobre las falsificaciones, sino sobre las relaciones que, en general, pueden establecerse entre comercio internacional y derechos de propiedad intelectual.

En las conversaciones que se llevaron a cabo en la referida ronda volvieron a surgir con toda su intensidad las diferencias que separaban a los países más desarrollados de los más pobres. Los primeros reclamaron con insistencia un mayor respeto de los derechos de propiedad en el comercio internacional, con el objetivo de garantizar la recuperación de las grandes inversiones que requieren los productos diferenciados en campos como la investigación, el diseño o la publicidad. Los países más pobres, por su parte, abogaron por mantener cierta flexibilidad en el respeto de los derechos de propiedad intelectual, intentando que no se convirtieran en un obstáculo importante para su desarrollo ni en una carga excesiva para su balanza de pagos a través del pago de *royalties*. Estos países defendieron, además, la estricta limitación de esos derechos en determinados ámbitos particularmente conflictivos, como la medicina, las semillas o la genética.

A pesar de que las posturas estaban muy enfrentadas se llegó finalmente a un documento de consenso: el Acuerdo sobre Derechos de Propiedad Intelectual y Comercio (ADPIC o, con arreglo a su acrónimo inglés, TRIPS)[36]. Su contenido responde, en lo esencial, a las posiciones defendidas por los países desarrollados. La única concesión importante que se incluyó en favor de las reivindicaciones de los países más pobres consiste en el reconocimiento de que puedan asegurar el cumplimiento de este Acuerdo en un período más largo que las economías más avanzadas (hasta un máximo de once años)[37].

c) *Las medidas sobre inversión relacionadas con el comercio*

Uno de los factores que más influye en la dirección que toman las inversiones directas en el exterior (las que realizan habitualmente las multinacionales) es el tipo de política aplicada por los países de destino de esas inversiones, es decir, por parte de aquéllos en los que se localizan las filiales de las empresas multinacionales[38].

La competencia que se ha generado en los últimos años entre estos países con el propósito de estimular la instalación de dichas filiales ha restado importancia a las restricciones que habitualmente establecían sus autoridades respecto de la actividad de las empresas multinacionales. A pesar de ello, esas restricciones se siguen aplicando, siendo las más frecuentes:

- Las que tratan de fomentar el aprovechamiento de la base productiva y de la mano de obra del país destinatario de la inversión. Para conseguirlo suele requerirse que, del valor total de lo producido por esas filiales, un porcentaje mínimo corresponda al valor añadido incorporado en dicho país; si no se al-

---

[36] Puede encontrarse una descripción detallada de todo el proceso que condujo a este compromiso final en J. DELICADO, «La propiedad industrial en el marco del GATT», *Información Comercial Española*, 734 (octubre, 1994), pp. 85-105.

[37] Este tipo de cuestiones pueden ampliarse recurriendo a la información suministrada por la Organización Mundial del Comercio. Véase ORGANIZACIÓN MUNDIAL DEL COMERCIO (2000), *op. cit.*, pp. 80 ss.

[38] Se considera que estamos ante una inversión directa cuando el agente económico que adquiere una participación en el capital de una empresa no busca obtener un beneficio inmediato y aspira a intervenir de forma activa en su gestión. Estos rasgos encajan, en principio, con las inversiones que las empresas multinacionales llevan a cabo en sus filiales en otros países. Véase *infra*, capítulo 6, recuadro 9.

canza ese mínimo los productos vendidos por las filiales no son considerados nacionales.
– Las que intentan garantizar que la actividad desarrollada por esas filiales no es perjudicial para la balanza comercial del país en que se instalan. Una de las medidas más habituales es la que obliga a que se respete cierto equilibrio entre el valor de las importaciones y de las exportaciones de dichas filiales. Otra alternativa consiste en exigir que esas exportaciones superen determinado nivel.

Aunque estas medidas están destinadas a regular las inversiones directas, tienen también importantes repercusiones sobre el comercio internacional. Así, la exigencia de un contenido nacional mínimo condiciona la consideración de un producto como originario del país o como importado, lo que influye en la utilización de los aranceles. Por otra parte, la exigencia de que se cumpla determinada relación entre las importaciones de una filial y sus ventas en el exterior puede obligarlas a adquirir materias primas o productos intermedios en el propio país, renunciando a su adquisición en otros mercados, lo que tendría el mismo efecto que la aplicación de un instrumento de protección.

Como sucedió con el resto de temas «nuevos», la discusión sobre este tipo de medidas enfrentó en la ronda Uruguay a los países más avanzados y a los más pobres. Los primeros defendían una regulación estricta de dichas medidas, para evitar que se vulnerara lo establecido por los principios esenciales del GATT. Los menos desarrollados, por su parte, apostaron en esa ronda por mantener su soberanía a la hora de establecer normas sobre la instalación de empresas en su territorio, independientemente del efecto que éstas tuvieran sobre el comercio internacional.

El consenso al que se llegó finalmente sobre este tema se recoge en el Acuerdo sobre Medidas en Materia de Inversión Relacionadas con el Comercio, una expresión a la que corresponde el acrónimo inglés TRIMS. El compromiso alcanzado es realmente importante, aunque es el fruto de una visión muy restringida del problema, por lo que se traduce en compromisos puntuales, entre los que destaca la obligación de notificar las medidas de este tipo que se utilicen y la de eliminar en un plazo razonablemente corto las que puedan ser incompatibles con el principio de igualdad de trato[39].

2.4.3. El nacimiento de la Organización Mundial del Comercio y sus primeros pasos

Uno de los desafíos con los que se inició la ronda Uruguay fue adaptar el texto del Acuerdo General a la nueva situación del comercio internacional. Las discusiones sobre la puesta al día de ese texto dieron un giro inesperado en el transcurso de la negociación, originando un debate sobre la posibilidad de proceder a una profunda reforma institucional del GATT. De ese debate surgió finalmente la Organización Mundial del Comercio[40].

La creación de esa institución, en virtud de lo acordado en el Acta de Marraquech, ratificada en abril de 1994, rompió definitivamente con una situación anómala, caracterizada por la existencia de un marco de cooperación multilateral que surgió con

[39] Puede adquirirse un mayor conocimiento de este acuerdo consultando J. H. JACKSON, *op. cit.*, p. 316.
[40] Véase, por ejemplo, M. RAINELLI (1999), *op. cit.*, p. 71.

carácter provisional, pero cuya vigencia se prolongó durante casi cincuenta años. Aparte de ese destacado valor simbólico, la creación de la OMC supuso un refuerzo institucional importante respecto de la situación previa. La prueba más clara de ese refuerzo es que, mientras el GATT apenas si contaba con una estructura mínima para garantizar su funcionamiento entre rondas, la OMC dispone de un organigrama muy completo (véase cuadro 5).

Cuadro 5
ESTRUCTURA DE LA ORGANIZACIÓN MUNDIAL DEL COMERCIO

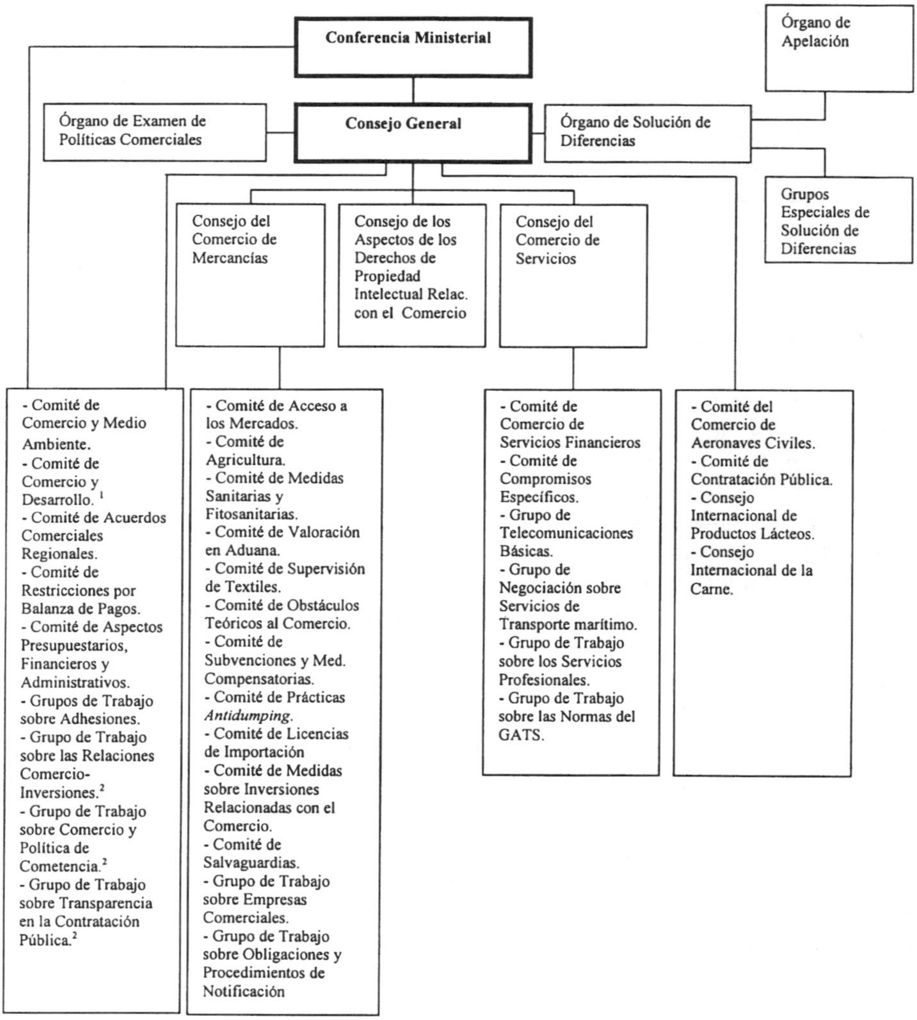

[1] Existe un Subcomité de Países Menos Adelantados, dependiente de ese Comité de Comercio y Desarrollo.
[2] Grupos de Trabajo creados a partir de las decisiones adoptadas en la Conferencia Ministerial celebrada en Singapur en diciembre de 1996.
Fuente: F. VARELA PARACHE y M. A. DÍAZ MIER, «Historia del GATT: desde sus orígenes a la situación actual», *Información Comercial Española* 770 (abril-mayo, 1998), pp.17-33.

La cumbre de ese organigrama está ocupada por la Conferencia Ministerial y por el Consejo General, que son las instancias más importantes de la OMC. El órgano supremo es la Conferencia Ministerial, que se reúne como mínimo cada dos años. En el período comprendido entre la celebración de dos conferencias ministeriales asume toda la responsabilidad el Consejo General, del que dependen los tres acuerdos multilaterales y los cuatro acuerdos plurilaterales surgidos de la ronda Uruguay:

- Los acuerdos multilaterales comprometen a todos los países miembros de la OMC. Son concretamente el GATT (en su versión de 1994), el GATS y el ADPIC.
- Los acuerdos plurilaterales sólo comprometen a aquellos países miembros de la OMC que los ratifiquen. Se trata del Acuerdo sobre Comercio de Aeronaves Civiles, el Acuerdo sobre Contratación Pública, el Acuerdo Internacional de la Carne y el Acuerdo Internacional sobre Productos Lácteos.

El Consejo General ejerce, además, las funciones de Órgano de Examen de las Políticas Comerciales y de Órgano de Solución de Diferencias, recogiendo las modificaciones que se han introducido en relación con estos dos temas en la ronda Uruguay.

En un plano inferior se encuentran los consejos encargados de la gestión de los tres acuerdos multilaterales, así como una serie de comités, subcomités y grupos de trabajo, responsables cada uno de ellos de un aspecto concreto del comercio internacional.

Cada país miembro de la OMC cuenta con un representante y con un voto tanto en la Conferencia Ministerial como en el Consejo General, por lo que, en principio, puede decirse que la Organización Mundial del Comercio dispone de un sistema de decisión más democrático que otros organismos económicos internacionales. Contrasta sobre todo con el empleado por el Banco Mundial y el Fondo Monetario Internacional, en los que la capacidad de voto depende del potencial económico de cada país. En la práctica, sin embargo, no existen tantas diferencias, ya que las economías más ricas disponen de una influencia mucho mayor sobre las decisiones de la OMC, gracias a su mayor su capacidad de presión y al elevado grado de formación y de especialización de sus funcionarios y de sus expertos en comercio internacional. En la situación opuesta se encuentran los veintinueve países miembros de la OMC que ni siquiera disponen de los recursos necesarios para costearse una representación permanente en su sede, en Ginebra[41].

Desde su creación, la Organización Mundial del Comercio ha desarrollado una intensa actividad, apoyada por la consistencia del organigrama al que se ha aludido y muy ceñida a los compromisos que sus países miembros asumieron en la ronda Uruguay.

Desde que se cerró esa ronda se han celebrado tres Conferencias Ministeriales (en Singapur, Ginebra y Seattle). En la primera de ellas se introdujeron algunos cambios en la estructura de la Organización Mundial del Comercio, aunque sin alterar lo esencial de su entramado (véase cuadro 5). Lo habitual en la corta trayectoria de la OMC ha sido, no obstante, la ausencia de variaciones y el estricto cumplimiento de lo acordado en la referida ronda.

Uno de los compromisos más importantes de cuantos se asumieron en la ronda Uruguay era el desarrollo del denominado «programa incorporado», que exigía inten-

---

[41] Véase THE ECONOMIST, «Trade and Development, White Man's Shame», 25 de septiembre, 1999, p. 109.

sificar la liberalización del comercio internacional de productos agrarios y de las transacciones de servicios. Para cumplir con dicho compromiso se proyectó un nuevo ciclo de negociaciones, en el que se pensaba, además, remodelar las facetas menos consolidadas del Acuerdo sobre Derechos de Propiedad Intelectual y Comercio y del Acuerdo sobre las Medidas en Materia de Inversión Relacionadas con el Comercio. Aprovechando los trabajos de preparación de esa nueva ronda, algunos miembros de la OMC intentaron incorporar otros temas de negociación, entre los que destacan: las relaciones entre comercio y competencia, la influencia de la contratación pública en el comercio internacional y el comercio internacional de productos electrónicos. Estados Unidos presionó, además, para que se debatiera la posibilidad de utilizar medidas de protección contra los productos fabricados por países poco respetuosas con los derechos laborales y con la conservación del medio ambiente[42].

La gran variedad de los temas planteados, así como las fuertes discrepancias respecto de ellos, complicaron enormemente la preparación de la nueva ronda. Esa preparación se vio enturbiada, además, por la férrea oposición de grupos de presión con intereses muy diversos, que se mostraron muy activos frente a la posibilidad de que se profundizara en el proceso de liberalización del comercio internacional. La suma de todas estas circunstancias adversas hizo que fracasara finalmente la Conferencia Ministerial de Seattle (celebrada en diciembre de 1999), en la que se pretendía alcanzar una acuerdo definitivo sobre el programa al que debería ajustarse el nuevo ciclo de negociaciones.

[42] Las implicaciones que tiene la utilización de la política comercial como instrumento para garantizar unas condiciones de trabajo dignas y el respeto del entorno natural se analizan más adelante. Véase *infra*, capítulo 5, apartado 3.

3. El aumento de la interdependencia comercial internacional a partir de la Segunda Guerra Mundial

3.1. LA EVOLUCIÓN DE LA APERTURA AL EXTERIOR DESDE 1945

3.1.1. La «edad de oro»

A partir de 1945 la situación de la economía mundial comenzó a restablecerse y el comercio internacional se alejó paulatinamente de la complicadísima situación provocada por la crisis de los años treinta y por el conflicto que estalló en 1939. La recuperación fue más rápida que la que sucedió a la Primera Guerra Mundial, aunque no puede hablarse de un crecimiento de la actividad económica y de las transacciones internacionales tan intenso como el que se produciría a partir de los primeros años cincuenta. Desde la conclusión de la Segunda Guerra Mundial hasta entonces se vivió una especie de período de transición, en el que se combinaron el vigor de la producción y del comercio internacional con las dificultades que impedían una reacción aún más rápida y más enérgica de esas dos magnitudes.

Los principales obstáculos estaban vinculados, aunque de forma indirecta, con la propia guerra mundial. No conviene olvidar en este sentido que, como ya se señaló en el primer capítulo, este conflicto provocó importantes cambios de fronteras y, con ellos, gran cantidad de desplazados y de refugiados. Tampoco hay que perder de vista la necesidad de adaptar los recursos consagrados hasta entonces al esfuerzo bélico, tanto materiales como humanos, a la nueva situación. A todo ello habría que añadir las graves tensiones que generó el final de la guerra en algunos países (de las que surgieron nuevos enfrentamientos) y la gran distorsión que supuso la división del mundo en dos grandes bloques.

A la altura de 1953 la situación económica ya había mejorado sensiblemente. En ese año finalizaron los conflictos más importantes que surgieron al concluir la Segunda Guerra Mundial, incluyendo la Guerra de Corea, y se consiguió recuperar el nivel que la producción tenía en prácticamente todos los países en 1939[1]. Por otra parte, el contexto internacional mejoró considerablemente a partir de entonces, ya que la muerte de Stalin en 1953 contribuyó a relajar el ambiente de tensión que ca-

[1] Véase A. MADDISON, *op. cit.*, 1997.

racterizó a las relaciones entre el bloque occidental y el oriental en la etapa inicial de la guerra fría.

La existencia de un entorno tan propicio ayuda a entender por qué el incremento de la producción se aceleró a partir de entonces hasta alcanzar cotas que no se recordaban desde las etapas más prósperas del siglo XIX. Los resultados de esa dinámica hacen que el período de expansión postbélica en su conjunto se distinga de otras etapas de la historia económica reciente por el extraordinario vigor mostrado por la actividad económica. Ese vigor, que ha llevado a muchos autores a referirse a ese período como «la edad de oro del crecimiento», fue, en cualquier caso, superado por el dinamismo mostrado por el comercio internacional en esa misma época. Como consecuencia de ello, puede decirse que esta etapa se caracterizó, además de por la intensidad del crecimiento económico, por un aumento significativo de la apertura externa (ver cuadro 6).

Cuadro 6
EVOLUCIÓN DEL PIB, DE LAS EXPORTACIONES Y DE LA TASA DE APERTURA (TOTAL MUNDIAL)

	1820-1870	1870-1913	1913-1950	1950-1973	1973-1992	1992-1999
Aumento del PIB [a]	1,0	2,1	1,9	4,9	3,0	2,7
Aumento de las exportaciones [b]	4,2	3,4	1,3	7,0	3,7	6,6
Tasa de apertura [2]	5,0	8,7	7,0	11,2	13,5	17,8

[a] Tasa media de variación anual acumulativa (en porcentaje).
[b] Porcentaje que suponen las exportaciones respecto del PIB de cada país. Véase recuadro 4. La fuente que se ha utilizado para obtener datos sobre lo ocurrido hasta 1992 sólo ofrece información sobre el comercio de mercancías. Para garantizar la coherencia de la serie las cifras correspondientes a 1998, que no se han extraído de esa fuente, sólo reflejan la tasa de apertura calculada a partir de las exportaciones de mercancías. Como consecuencia del vigoroso crecimiento experimentado por las transacciones de servicios en el transcurso de los últimos años, esas cifras no permiten captar el verdadero aumento sufrido recientemente por la interdependencia comercial.
Fuente: MADDISON, A., *La economía mundial 1820-1992. Análisis y estadísticas*, París OCDE, 1997 (para la información correspondiente al período 1820-1992). Las cifras que aparecen en la última columna se han calculado a partir de los datos sobre el PIB que aparecen en FMI (2000), *World Economic Outlook*, mayo, y de la información sobre las exportaciones de mercancías que se facilita en diferentes ediciones de GATT, *El comercio mundial* y de OMC, *Informe anual*, Ginebra.

A pesar del tiempo que ha transcurrido, resulta realmente difícil ofrecer una explicación sencilla del espectacular comportamiento de la producción durante esta fase tan singular, ya que los resultados que se registraron en ese ámbito fueron consecuencia de la combinación de numerosos factores. Dentro de éstos, los que aparecen habitualmente en las interpretaciones más difundidas son:

- La aplicación al terreno civil de los avances tecnológicos registrados en la Segunda Guerra Mundial en campos tales como la fabricación de automóviles, la industria petroquímica, la producción de materiales plásticos o la aeronáutica.
- La decidida intervención del Estado en favor de un crecimiento más intenso y más estable, especialmente en las economías de mercado más desarrolladas[2].

---

[2] Las autoridades económicas actuaron con frecuencia durante esa época como generosos proveedores de equipamientos colectivos. Se preocuparon, además, de estabilizar y de consolidar el

– La extensión de formas organizativas que permitían garantizar un aumento significativo de la productividad de la mano de obra, especialmente el trabajo en cadena[3].

El intenso vigor de la producción contribuyó, a su vez, a que el comercio internacional hiciera gala de un extraordinario dinamismo durante esa *edad de oro*. Ese dinamismo no se entendería, sin embargo, sin hacer referencia a la existencia de un marco institucional particularmente propicio, en el que habría que resaltar, por encima de cualquier otra circunstancia, la repercusión que tuvo en este ámbito la aplicación de los principios consagrados por el GATT, a la que ya se hizo referencia en el capítulo anterior.

El gran impulso liberalizador al que dio lugar el trabajo desarrollado en el marco del GATT se vio reforzado en determinadas zonas por la puesta en marcha de otras importantes iniciativas. En Europa occidental desempeñó un papel muy destacado en los primeros años de la postguerra la institución encargada de gestionar la distribución de la ayuda norteamericana en Europa occidental, es decir, la Organización Europea de Cooperación Económica (OECE)[4]. Su importante labor en favor de la liberalización de las relaciones comerciales tuvo continuidad a través de la reducción de aranceles impulsada por diferentes fórmulas de integración comercial. La iniciativa que ofreció unos resultados más importantes fue la constitución de un mercado común entre los países miembros de la Comunidad Económica Europea, aunque no puede despreciarse el avance que supuso la ratificación del Acuerdo de Libre Cambio Europeo (EFTA) y, ya fuera del contexto de Europa occidental, la creación del Consejo de Ayuda Económica Mutua (CAEM)[5].

Para completar la descripción de la mejora del marco institucional habría que aludir a la influencia positiva que tuvo el proceso de descolonización, especialmente para las aspiraciones de los países subdesarrollados. Los intercambios exteriores protagonizados por éstos se vieron favorecidos, además, por la tarea desarrollada desde 1964 por la UNCTAD, especialmente a través del Sistema de Preferencias Generalizadas[6].

El efecto favorable del dinamismo económico y del entorno institucional contó, además, con el apoyo de un clima internacional particularmente propicio para el comercio internacional, como se desprende de algunos de sus rasgos más característicos:

---

crecimiento, asumiendo el papel que les correspondía de acuerdo con el enfoque keynesiano predominante. Favorecieron, además, a los grandes grupos económicos que, con una lógica dominada por la concentración y el aumento del poder de mercado, dotaron de una gran intensidad y de un perfil muy característico al aumento de la producción. Véase B. ROSIER, *Les théories des crises économiques*, La Découverte, 1995, p. 65.

[3] La influencia de este factor recibe una atención especial por parte de algunos autores de la Escuela Francesa de la Regulación, que explican la expansión postbélica en función del papel desempeñado por *un régimen de acumulación intensivo con consumo de masas*, basado en un *modo de regulación fordista*. Pueden conocerse los fundamentos de esta interpretación consultando, por ejemplo, R. BOYER, *La teoría de la regulación*, Edicions Alfons el Magnànim, 1992.

[4] Respecto de lo sucedido con esta última institución habría que recordar que, con el propósito de fomentar un mejor aprovechamiento de esa ayuda entre los países destinatarios de ésta, la OECE intentó estimular las relaciones comerciales entre ellos instándoles a suprimir los mecanismos de protección no arancelaria que habían heredado del período anterior a 1945.

[5] Véase *infra*, apartado 3.3.2.

[6] Véase *infra*, capítulo 5, apartado 2, sección 3.

- La existencia de un entorno monetario estable, creado sobre la base de lo estipulado en los Acuerdos de Bretton Woods en 1944.
- La disponibilidad de grandes cantidades de petróleo a precios muy bajos, lo que, además de alentar la actividad económica en general, permitió que los costes de transporte se mantuvieran en niveles muy bajos.

3.1.2. El final de la «edad de oro» y sus efectos sobre el comercio internacional

Las dificultades que surgieron en los últimos años sesenta, y que alcanzaron sus tintes más dramáticos con el estallido de la crisis en el primer tramo de la década siguiente, supusieron un cambio radical respecto de la trayectoria que había seguido la actividad económica desde el final de la Segunda Guerra Mundial hasta entonces.

Al igual que sucede con el origen de la expansión que protagonizó la *edad de oro*, no resulta fácil explicar cuáles fueron las razones que se encuentran detrás del agotamiento de ésta y que provocaron finalmente el estallido de la crisis. Existen explicaciones de lo ocurrido que difieren significativamente entre sí, dependiendo de cuál sea la orientación teórica concreta y el centro de atención de sus autores. Entre esas explicaciones abundan las que se basan en aportaciones neoclásicas, keynesianas o marxistas, que recuperan lo esencial de cada una de esas tradiciones teóricas e incorporan sobre ellas interesantes matices. Junto a esas explicaciones existen también algunas interpretaciones que pueden considerarse novedosas, si bien suelen basarse, aunque sea de forma indirecta, en análisis realizados por autores que ya habían teorizado sobre la existencia de grandes ciclos económicos (las denominadas «ondas largas»)[7].

Independientemente de cuáles sean los argumentos más apropiados para ofrecer una explicación consistente del cambio en la trayectoria de la producción, lo cierto es que éste arrastró a las transacciones internacionales, como reflejan las cifras que se recogen en el cuadro 6. El comportamiento de esas transacciones acusó, además, los efectos de la transformación que sufrió el marco institucional en el que se desarrollaban los intercambios, así como el deterioro del clima económico mundial, cuyos rasgos cambiaron radicalmente respecto del período que precedió a la crisis.

En relación con el marco institucional habría que recordar que esa crisis se proyectó sobre las negociaciones que se desarrollaban en el seno del GATT, entorpeciendo de manera especial los debates que tuvieron lugar en la ronda Tokio y haciendo surgir tensiones proteccionistas que rompieron con el predominio de las políticas comerciales librecambistas aplicadas desde el final de la Segunda Guerra Mundial.

Respecto del clima económico general habría que resaltar, en primer lugar, que la oferta de petróleo dejó de ser tan abundante y tan barata a raíz de las crisis que tuvieron lugar en 1973 y en el bienio 1979-1980. Por otra parte, las relaciones monetarias dejaron de ser tan estables como lo fueron durante el período anterior, como consecuencia de la quiebra del sistema basado en los principios consagrados en Bretton Woods.

---

[7] En este grupo se podrían incluir, entre otras, las contribuciones realizadas por los teóricos franceses pertenecientes a la Escuela de la Regulación, las de autores adscritos a la corriente del capitalismo monopolista de Estado, trabajos desarrollados por radicales americanos y algunos estudios basados en interpretaciones neoschumpeterianas. Para conocer mejor cualquiera de estas aportaciones puede recurrirse a los trabajos más conocidos de sus autores más relevantes, o bien acudir a algunos repasos que se han realizado sobre los aspectos más interesantes de cada una de estas corrientes, como es el que se ofrece en B. ROSIER, *op. cit.*

Recuadro 3
COMERCIO ELECTRÓNICO Y COMERCIO INTERNACIONAL

La Comisión Europea define el comercio electrónico como «todo tipo de negocio, transacción administrativa o intercambio de información que utilice cualquier tecnología de la información y de las telecomunicaciones». Este concepto es muy amplio, ya que incluye todo tipo de transacción que recurra a esa clase de tecnologías.

Un concepto mucho más estricto, pero más acorde con la acepción más extendida, es el que emplea la OCDE, que relaciona comercio electrónico exclusivamente con la utilización de Internet. Así, de acuerdo con esta organización, el comercio electrónico «supone desarrollar una actividad económica en Internet, vender bienes y servicios que se entregan a través de los canales tradicionales, así como los productos que pueden ser digitalizados y distribuidos "en línea", como los programas informáticos».

El comercio electrónico entendido desde este último punto de vista aún no ha alcanzado cotas muy relevantes en relación con el conjunto de transacciones que se llevan a cabo en cualquier país o entre unidades residentes en diferentes países. De cara a la atención que suscita este tipo de intercambios, esa escasa trascendencia se ve compensada por su espectacular crecimiento, del que constituye una muestra clara su capacidad de duplicar su valor, en el peor de los casos, cada año y medio. También despierta un gran interés la extraordinaria versatilidad de este comercio. Como pone de manifiesto la información que se recoge en el cuadro adjunto, Internet constituye un canal de relación apto para diferentes tipos de transacciones entre empresas, consumidores y administraciones públicas.

COMERCIO ELECTRÓNICO Y APLICACIONES MÁS HABITUALES DE INTERNET

	Gobierno	**Empresas**	**Consumidores**
Gobierno	**G2G** Coordinación entre las acciones de gobiernos de diferentes países o entre las administraciones públicas de un mismo país a través de Internet	**G2B** Transmisión, vía Internet, de información por parte de las administraciones públicas a las Empresas	**G2C** Transmisión de información por parte de las administraciones públicas a los consumidores a través de Internet
Empresas	**B2G** Gestión de mercados públicos a través de Internet	**B2B** Comercio electrónico entre empresas	**B2C** Comercio electrónico entre empresas y consumidores
Consumidores	**C2G** Pago de impuestos y de tasas a través de Internet	**C2B** Comercio electrónico entre particulares y empresas	**C2C** Comercio electrónico entre particulares

Fuente: OCDE.
Los acrónimos, cuya utilización está muy extendida en la literatura especializada, se corresponden con las siglas en inglés de cada tipo de transacción.

El desarrollo del comercio electrónico probablemente supondrá en el futuro una auténtica revolución para las relaciones económicas en general. Algunos autores ya han destacado que ese desarrollo obligará a replantear nociones esenciales en el pensamiento económico, como las de mercado o empresa. En el plano concreto del comercio internacional la influencia de Internet se dejará sentir sobre todo a través de su capacidad para reducir el significado y la trascendencia de las fronteras nacionales. Es conveniente tener en cuenta que en ese entorno virtual resulta muy difícil identificar a las partes que intervienen en una transacción y concretar su lugar de implantación, lo que genera una gran incertidumbre a la hora de determinar la competencia y las normativas aplicables en caso de litigio. La incertidumbre se extiende también a la posibilidad de aplicar derechos de aduana, y, en general, a la efectividad de cualquier política comercial. Otra importante dificultad se plantea en relación con la consideración de las transacciones que se lleven a cabo. Una de las dudas que se plantea se refiere a si esas transacciones deben considerarse como si se tratara de consumo en el exterior o bien contemplarlas como un intercambio internacional (una exportación o una importación). Otra de las dudas concierne a la clasificación de los intercambios de algunos productos que pueden comerciarse a través de Internet, como la información digitalizada. La duda estriba en este caso en si catalogar la operación como un intercambio de bienes o de servicios, lo que determinará si será aplicable el GATT o bien el GATS.

Un entorno tan hostil como el que se ha descrito fue desapareciendo a medida que se superaron los efectos más agudos de la crisis y surgieron las primeras soluciones para hacer frente a los problemas más graves. La actividad económica acabó finalmente recuperándose en el transcurso de la década de los ochenta, si bien nunca más se han vuelto a alcanzar ritmos de aumento de la producción como los que caracterizaron a la *edad de oro*. El comercio internacional, que se mantuvo estancado e incluso se redujo en términos reales en algunos ejercicios concretos, también retomó gran parte del dinamismo perdido[8]. Por lo general, sus tasas de aumento han sido elevadas y se han mantenido por encima de las que reflejan el incremento del PIB, por lo que, pese a todos los problemas a generados por la crisis, la apertura al exterior ha seguido incrementándose (véase cuadro 6).

El diferencial que se observa entre el crecimiento de la producción y el del comercio internacional puede atribuirse, como en otras ocasiones, a la influencia favorable de factores de tipo técnico y de índole institucional sobre dicho comercio. Dentro de los factores del primer tipo habría que resaltar el avance que ha supuesto la introducción de mejoras realmente espectaculares en el contexto del transporte y, sobre todo, en el de las comunicaciones, especialmente a partir de los últimos años ochenta. Estas mejoras han permitido reducir de forma drástica los costes de transporte, haciendo que la distancia se convierta en un obstáculo cada vez menos importante para el comercio internacional[9]. El mundo cada vez más integrado que ha surgido de esos avances se ha visto favorecido, además, por la aparición de nuevas realidades, como el comercio electrónico, con un dinamismo y unas posibilidades que invitan a pensar en un futuro diferente para las transacciones internacionales (véase recuadro 3).

En cuanto al entorno institucional puede afirmarse que se ha convertido, pese a los problemas que han surgido en diferentes ámbitos, en un estímulo para los intercambios entre diferentes países. Este balance positivo se basa fundamentalmente en la influencia que han tenido en la trayectoria reciente del comercio internacional:

1. La mejora del marco multilateral, que se ha visto fortalecido por los acuerdos alcanzados en la ronda Tokio y, sobre todo, en la ronda Uruguay.
2. El extraordinario empuje experimentado por la integración comercial a partir de los últimos años ochenta.

3.1.3. Las diferencias entre las tasas de apertura

De acuerdo con las tendencias que se han descrito en los dos apartados anteriores, las tasas de apertura de la mayor parte de los países han aumentado significativamente desde el final de la Segunda Guerra Mundial. Bajo esa tendencia general, no obstante, se ocultan situaciones muy distintas según se trate de un país u otro (véase cuadro 7). Esas diferencias se deben fundamentalmente a la influencia de tres factores: el tamaño de los países, su nivel de desarrollo y su participación en procesos de integración comercial.

---

[8] De acuerdo con la información suministrada por la OMC, el valor de las exportaciones mundiales, expresado en términos reales, se redujo tanto en 1975 como en 1982.

[9] Puede destacarse, a modo de ejemplo, que el importe de una llamada internacional cayó un 90% entre 1970 y 1990 o que el coste por kilómetro del transporte aéreo se redujo un 60% entre 1960 y 1990. Véase PNUD, *Informe sobre el desarrollo humano*, 1997, p. 93.

Cuadro 7

EVOLUCIÓN DE LA TASA DE APERTURA EN ALGUNOS PAÍSES SELECCIONADOS[a]

	1820	1870	1913	1929	1950	1973	1992	1992[b]	1998[b]
Alemania	n.d.	15,3	26,3	19,9	6,2	23,8	32,6	22,8	25,4
Argentina	n.d.	9,4	6,8	6,1	2,4	2,1	4,9	6,5	7,8
Australia	n.d.	7,4	12,8	11,2	9,1	11,2	16,9	14,3	14,7
Canadá	n.d.	12,0	12,2	15,8	13,0	19,9	27,2	24,7	35,0
China	n.d.	0,7	1,4	1,7	1,9	1,1	2,3	15,9	19,8
Corea del Sur	n.d.	n.d.	1,8	8,3	0,6	8,2	17,8	27,5	36,0
España	1,1	3,8	8,1	5,0	3,0	5,0	13,4	17,3	19,7
Estados Unidos	2,0	2,5	3,7	3,6	3,0	5,0	8,2	9,3	8,6
Filipinas	n.d.	n.d.	1,4	3,4	2,7	3,3	6,7	29,5	37,2
Francia	1,3	4,9	7,9	8,6	7,7	15,4	22,9	18,1	20,9
Holanda	n.d.	18,1	17,8	17,2	12,5	41,7	55,3	42,0	51,0
India	n.d.	2,9	5,7	4,5	2,6	2,0	1,7	10,5	7,9
Indonesia	n.d.	0,9	2,2	3,6	3,3	5,0	7,4	21,6	35,3
Japón	n.d.	0,2	2,4	3,5	2,3	7,9	12,4	6,3	9,5
Nigeria	n.d.	n.d.	n.d.	n.d.	1,3	5,5	11,3	27,4	28,5
Reino Unido	3,2	12,8	18,3	13,3	11,4	14,0	21,4	24,5	21,6
Tailandia	n.d.	2,1	6,7	6,6	7,0	4,5	11,4	36,7	39,9

[a] Porcentaje que suponen las exportaciones respecto del PIB de cada país. Véase recuadro 4. La fuente que se ha utilizado para obtener datos sobre lo ocurrido hasta 1992 sólo ofrece información sobre el comercio de mercancías. Para garantizar la coherencia de la serie las cifras que aparecen en las dos últimas columnas, que se han tomado de otra fuente con el fin de hacer frente al problema que genera la ausencia de datos más actuales en la primera, sólo reflejan la tasa de apertura calculada a partir de las exportaciones de mercancías. Como consecuencia del vigoroso crecimiento experimentado por las transacciones de servicios en el transcurso de los últimos años, esas cifras no permiten captar el verdadero aumento sufrido recientemente por la interdependencia comercial.

[b] Al proceder de distinta fuente, los datos que aparecen en estas dos columnas no pueden compararse directamente con los que se recogen en las anteriores. Las diferencias que se aprecian entre las cifras que se recogen en las dos columnas que ofrecen datos sobre las tasas de apertura en 1992 constituyen una prueba del peligro que se corre si se asimilan sin más las cifras procedentes de la primera fuente que se ha utilizado con las de la segunda.

Fuente: Para el período 1820-1992: MADDISON, A., *La economía mundial 1820-1992. Análisis y estadísticas,* París, OCDE, 1997. La serie se ha completado con datos tomados de BANCO MUNDIAL, *Informe sobre el desarrollo mundial 1994*, Washington, 1994, y BANCO MUNDIAL, *Informe sobre el desarrollo mundial 1999-2000*, Washington, 2000.

Comenzando por el tamaño de los países, conviene reparar en que algunos tan distintos entre sí como Estados Unidos, China, India o Argentina, que sólo tienen en común una gran dimensión, presentan tasas de apertura muy reducidas (a pesar de lo que éstas han crecido en los últimos años), gracias a que su gran mercado les permite dar salida a la mayor parte de su producción sin recurrir a las exportaciones. La situación de Holanda podría tomarse como paradigma del comportamiento opuesto; como señala Maddison, dado lo reducido de su tamaño este país y otros de características similares se habrían visto obligados a «obtener la mayor parte de los beneficios que pueden generar la especialización o las economías de escala a través del comercio internacional», lo que se refleja en tasas de apertura muy elevadas[10].

---

[10] Véase A. MADDISON, *op. cit.*, p. 46.

Otro de los factores que afecta al grado de apertura de un país es, como ya se ha apuntado, su nivel de desarrollo. Tradicionalmente se ha considerado que la relación desarrollo-apertura era directamente proporcional, es decir, a un mayor nivel de desarrollo siempre se le ha asociado una mayor apertura. Esa visión tradicional ha perdido crédito, no obstante, a raíz de la experiencia reciente de algunas economías no desarrolladas.

La interpretación que prevalecía hasta hace sólo unos años se fundamentaba en la convicción de que sólo las economías avanzadas podían conseguir a través de unas intensas relaciones con el exterior diversificar su consumo mucho más allá de lo que les permitía su propia gama de productos y obtener las materias primas y los bienes intermedios de mayor calidad y menor precio[11].

Esta imagen de la relación entre apertura y desarrollo estaba avalada, además, por los resultados de los estudios más relevantes que se habían llevado a cabo para encontrar un patrón de comportamiento común en la trayectoria de las actuales economías avanzadas. Así, tanto en la caracterización que hizo Simon Kutznets del *crecimiento económico moderno* como en los trabajos sobre la *fenomenología del desarrollo* de Chenery y Syrquin, la consecución de un mayor nivel de desarrollo económico siempre estaba asociada a una intensificación de las relaciones con el exterior, especialmente a través de las exportaciones[12].

Como se ha adelantado, esa visión tradicional puede ponerse en entredicho al tomar como referencia la evolución más reciente de algunos países no desarrollados. En muchos de ellos se observa en los últimos años una vinculación creciente con el comercio internacional, que se expresa en tasas de apertura que han alcanzado niveles inusualmente altos en los últimos años[13].

En algunas economías subdesarrolladas de reciente industrialización ese aumento de la conexión con el exterior a través del comercio (un rasgo al que algunos autores estructuralistas denominan «extraversión») pone de relieve las graves limitaciones que presenta su mercado interno para sustentar un incipiente esfuerzo industrializador. Ése sería, por ejemplo, el caso de algunos de los países exportadores de Asia, como Corea del Sur. Existen, sin embargo, países subdesarrollados muy pobres con tasas de apertura altas, en las que el elevado peso relativo de las exportaciones respecto de la producción parece reflejar simplemente la extremada debilidad de su demanda interna, como consecuencia de bajos sus niveles de vida. Esta sería la situación característica de algunos países de África y de los países asiáticos de menor nivel de renta *per capita*[14].

---

[11] C. MUÑOZ, *Estructura económica internacional*, Madrid, Cívitas, ²1996, p. 206.

[12] Puede encontrarse una referencia muy completa y en español de los principales resultados obtenidos por Kutnets, Chenery y Syrquin en C. MUÑOZ, *op. cit.*, y en M. A. TODARO, *El desarrollo económico en el Tercer Mundo*, Madrid, Alianza, ³1985.

[13] Esta imagen de la evolución más reciente de las economías subdesarrolladas puede ampliarse recurriendo a C. BERZOSA *et al.*, *Estructura Económica Mundial*, Madrid, Síntesis, 1996, pp. 211 ss.

[14] En el cuadro 6 no aparece ningún país de África debido a que el estudio de Angus Maddison del que se ha tomado la parte esencial de la información no ofrece datos comparables a los que proporciona para el resto de economías que sí figuran en dicho cuadro. Para confirmar el aumento de las tasas de apertura de gran parte de las economías africanas en el transcurso de los últimos años pueden utilizarse las cifras que la edición del año 2000 del Informe sobre el desarrollo del Banco Mundial ofrece sobre la proporción que representaban sus exportaciones de bienes y servicios en relación con su PIB en 1998. A modo de ejemplo, pueden citarse numerosos países en los que esa proporción excedía del 25%, dándose incluso casos en los que se supera el nivel del 30% e incluso el del 40%. Llaman la atención situaciones concretas como las de Angola (57%), Namibia (63%) o la República del Congo (67%). BANCO MUNDIAL, *Informe sobre el desarrollo mundial 1999-2000*, Washington, 2000.

Un último factor con un efecto destacado sobre el grado de apertura de los países es su participación en mecanismos de integración económica. Las preferencias comerciales en las que se basan esos mecanismos hacen que los países que forman parte de ellos suelan tener tasas de apertura más elevadas que las de los países que se mantienen al margen de iniciativas de ese tipo. La incidencia de la integración en este plano se puede ratificar al comprobar que los mecanismos más consolidados se traducen en tasas de apertura más elevadas. Para confirmar este resultado basta con examinar el nivel que alcanzan las tasas correspondientes a los países que pertenecen actualmente a la Unión Europea y compararlo con las de países que participan en procesos de integración que se han puesto en marcha en las dos últimas décadas, como Estados Unidos o Canadá (véase cuadro 7).

La importancia que han adquirido las transacciones comerciales entre economías que se han concedido mutuamente ventajas comerciales a través de un mecanismo de integración ha llevado a algunos autores a reclamar que se separe el análisis de esas transacciones de las que tienen lugar con el resto del mundo. De acuerdo con su punto de vista no tiene demasiado sentido que la tasa de apertura refleje indistintamente la intensidad de intercambios que son «verdaderamente internacionales» y la de otros que, como consecuencia de la ausencia de aranceles e incluso de tipos de cambio, se asemejan mucho más a las relaciones comerciales internas que a esos intercambios[15]. Naturalmente, esa corrección ocasionaría una variación muy importante de la imagen de la interdependencia comercial que ofrece el examen puro y simple de tasas de apertura. Los más afectados por esa corrección serían sin duda los países de la Unión Europea, como consecuencia de la intensidad que han alcanzado las relaciones comerciales entre los propios países de la Unión.

3.2. ¿HACIA UNA ECONOMÍA GLOBALIZADA?

El término «globalización» se ha convertido en uno de los más utilizados en los análisis y en las reflexiones que se han llevado a cabo en los últimos años sobre la situación de la economía mundial. Su significado concreto difiere dependiendo del sentido con el que lo utiliza cada autor. Puede encontrarse, no obstante, una especie de denominador común, ya que en la mayor parte de los casos el término en cuestión se emplea para hacer referencia al aumento de la interdependencia generado por el avance de las relaciones internacionales en tres planos distintos: el comercio internacional, los mercados de capital y la inversión directa[16].

En el ámbito concreto de las relaciones comerciales la utilización de ese término intenta describir la intensa expansión de los intercambios a partir de las primeras décadas del siglo XIX. La segunda mitad del siglo XX podría considerarse el momento culminante de esa etapa de expansión, merced al incremento prácticamente ininterrumpido del comercio internacional, casi siempre mayor que el registrado por la producción mundial, como se ha puesto de relieve en los apartados anteriores de este capítulo.

La existencia de una economía globalizada constituye un importante motivo de controversia. Son muchos los debates que suscita esta cuestión, aunque puede afir-

[15] Este y otros problemas que afectan a la percepción del grado de interdependencia comercial se analizan en el capítulo 6 del trabajo de A. MARTINEZ GONZALEZ-TABLAS, *op. cit.*

[16] Véase A. DUBOIS, «Una globalización sesgada», *Mientras Tanto*, 70 (1997), p. 67.

marse que los más frecuentes se centran, por una parte, en la determinación del verdadero alcance de esa globalización y, por otra, en las posibles implicaciones de ese avance. Estos dos importantes debates suelen aparecer interconectados, de forma que quienes resaltan el extraordinario avance experimentado por la globalización suelen manifestarse al mismo tiempo a favor de las consecuencias de ésta. En sentido contrario, los que ponen en duda el grado de globalización que se ha alcanzado llaman habitualmente la atención sobre la posibilidad de reconducirlo, para hacer evitar sus efectos más perjudiciales.

En este apartado se recogen los principales argumentos que se manejan en la discusión sobre el alcance de la globalización, circunscribiéndolo concretamente al ámbito de las relaciones comerciales. Se trata del debate más útil que puede plantearse en un análisis que pretende reflejar la situación en la que se encuentran esas relaciones. Sin embargo, como consecuencia de lo que se acaba de señalar, ese debate no puede mantenerse totalmente al margen de la valoración de los resultados a los que ha conducido la globalización.

Los argumentos que pueden emplearse para respaldar cada una de las dos interpretaciones que se van a exponer proporcionan información relevante para valorar si realmente tiene sentido referirse a una economía globalizada desde una perspectiva comercial. Esos argumentos sirven también para reflexionar sobre la calidad de la información de que se dispone sobre el comercio internacional, así como sobre las importantes implicaciones que tiene utilizar esa información en un sentido u otro.

3.2.1. Los argumentos que confirman la existencia de una economía globalizada

La visión que predomina entre los observadores del comercio internacional es la que mantiene que el grado de interdependencia alcanzado a través de dicho comercio ha aumentado significativamente en los últimos años. De hecho, ese aumento ha sido tan importante que estaría plenamente justificado aludir a una economía globalizada desde un punto de vista comercial.

La evolución de la parte de la producción nacional que se dedica a las transacciones con el exterior puede emplearse para avalar esta interpretación. Al utilizar, por ejemplo, la noción más sencilla de la tasa de apertura, se comprueba que, partiendo de unos niveles muy modestos, esa tasa ha seguido una trayectoria creciente desde las primeras décadas del siglo XIX, alcanzando sus valores máximos en el transcurso de los últimos años (véase cuadro 6).

Para los autores que resaltan el aumento de la interdependencia comercial a escala mundial, la evolución de la tasa de apertura sólo es, en cualquier caso, una manifestación parcial y deficiente de la globalización. Para estos autores, la verdadera trascendencia de esa globalización se aprecia a través de las pruebas que denotan la existencia de un nuevo comportamiento de ese comercio y de un impacto mucho mayor de éste sobre la economía mundial[17].

Uno de los signos más representativos de ese nuevo comportamiento, propio de las transacciones que se llevan a cabo en una economía globalizada, sería la existencia de unos intercambios internacionales que sobrepasan los límites que éstos respetaban tradicionalmente. Quienes proclaman la existencia de un comercio interna-

---

[17] *Idem*, p. 72.

cional globalizado resaltan que sus fronteras se han ampliado en el transcurso de los últimos años, extendiendo su vigencia a ámbitos que, por diferentes razones, estaban fuera de su radio de influencia. El ejemplo más claro sería probablemente el gran aumento experimentado por las transacciones internacionales de servicios, un aumento que contrasta con la tradicional ausencia de este tipo de actividades de los intercambios internacionales. Podrían citarse también como ejemplos otras facetas de la realidad económica mundial que se han incluido como nuevos temas de discusión en la ronda Uruguay por la relevancia que han adquirido recientemente en el comercio internacional: derechos de propiedad intelectual e inversiones directas. Podría incluso entenderse como un síntoma de la extensión del radio de acción de ese comercio la reincorporación a su lógica general de algunas actividades que en fechas recientes y por diferentes motivos habían quedado prácticamente al margen de ésta: intercambios de productos agrarios, de textiles y de artículos de confección.

De acuerdo con el punto de vista que se está exponiendo, además de ampliar su ámbito de influencia, el comercio internacional habría adquirido nuevas características, mucho más acordes con la existencia de una realidad económica globalizada.

Las posibilidades que ofrece el elevado grado de integración que distingue a esa nueva realidad permitirían entender, por ejemplo, por qué partes concretas de un proceso productivo se localizan en lugares geográficos distintos y muy distantes entre sí. La división de la cadena del valor añadido que surge de esta práctica estimula los intercambios internacionales, ya que para elaborar un artículo es necesario que sus componentes atraviesen las fronteras de los países en los que éstos se fabrican o las de aquellos en los que se llevan a cabo tareas de montaje o de acabado. Para los autores que consideran que nos encontramos ante un comportamiento diferente del comercio internacional es aún más importante caer en la cuenta de que las transacciones masivas de mercancías semielaboradas constituyen una auténtica novedad para ese comercio, ya que en períodos anteriores predominaban de forma abrumadora las transacciones de productos acabados. Esta alteración podría constituir un síntoma de la progresiva sustitución del modelo tradicional de especialización «vertical», en el que los países exportaban productos acabados, por un nuevo patrón de relaciones comerciales, dominado por la especialización «horizontal», en el que los países intercambian los mismos productos en diferentes grados de elaboración[18].

3.2.2. Los argumentos de los escépticos

Hay autores que se muestran muy críticos con la imagen de una economía mundial integrada y, en particular, con la de una realidad global interdependiente gracias a la dinámica del comercio internacional. Sintomáticamente, estos autores se apoyan también en la información que ofrecen las tasas de apertura. De acuerdo con su punto de vista, el incremento registrado por éstas en el transcurso de las últimas décadas no puede presentarse como un síntoma del avance hacia una economía globalizada. Para llegar a esa conclusión estos autores se basan fundamentalmente en tres argumentos:

---

[18] La trascendencia que tienen los intercambios de productos en diferentes grados de elaboración en la evolución reciente del comercio internacional puede comprenderse mejor consultando el trabajo de L. FONTAGNÉ, *Biens intermédiares et division internationale du travail*, París, Economica, 1991.

1. Lo inadecuado que resulta valorar la interdependencia comercial comparando, como hace la tasa de cobertura, la evolución de las exportaciones con la del PIB. Esas dos magnitudes se calculan de forma muy diferente, lo que puede dar lugar a una sobrevaloración de esa interdependencia, y en general, a una interpretación errónea de ésta (véase recuadro 4).

Recuadro 4
LA TASA DE APERTURA Y OTRAS MEDIDAS DE LA INTERDEPENDENCIA COMERCIAL

La intensidad de las relaciones comerciales que una economía mantiene con el resto del mundo suele valorarse comparando el producto de ese país con el valor que alcanzan sus exportaciones y sus importaciones. Si se toman estas últimas y se calcula la proporción que suponen respecto del PIB del país de que se trate se obtiene la **tasa de dependencia** (M/PIB) o tasa de penetración de las importaciones. Si se hace lo propio con las exportaciones obtendríamos la versión más simple de la **tasa de apertura** o indicador del esfuerzo exportador (X/PIB).
Esta última tasa es la medida más extendida de la interdependencia comercial. Se interpreta habitualmente como la proporción (el porcentaje, si la ratio se multiplica por 100) del producto que se destina a los mercados exteriores.
Pese a que es la interpretación predominante, no puede afirmarse que sea del todo correcta. Conviene tener en cuenta que el numerador refleja el valor total de las exportaciones, sin llevar a cabo ningún tipo de ajuste. El denominador (el PIB) surge de agregar el valor añadido bruto, que se calcula, a su vez, descontando de la producción el importe de los consumos intermedios. Por tanto, es posible que un país que lleve a cabo un gran volumen de exportaciones a partir de las importaciones realizadas previamente, sin apenas incorporar valor añadido en ellas, presente tasas de apertura superiores a 1 (o a 100 si se calculan como porcentajes). De hecho, ése es el caso de los «superexportadores» como Hong Kong, Malasia o Singapur.
Muchos autores critican la información que proporciona la tasa de apertura como consecuencia de que, por la razón que se acaba de apuntar, no ofrece una imagen certera del grado de interdependencia que ha alcanzado un país, sino una visión exagerada de ésta. Esa deficiencia de la tasa de apertura y otras que podrían apuntarse invitan a pensar en la conveniencia de utilizar medidas alternativas. Una de las que suele proponerse es el grado de dispersión entre los precios que se pagan en un país y los que se pagan en los mercados internacionales. Cuanto menor es la dispersión se considera que el grado de interdependencia comercial es más elevado.

2. Obviando incluso el argumento anterior y otros que podrían emplearse en contra de la fiabilidad de la tasa de apertura, habría que reparar en que esa tasa revela que las transacciones con el exterior suponen menos del 20% del valor del PIB. El 80% restante, es decir, la inmensa mayoría de lo que se produce, no saldría de las fronteras nacionales (véase cuadro 6)[19].
3. La interdependencia económica no avanza por igual en toda la economía mundial. Como ya se ha señalado en otra parte de este mismo capítulo, existen diferencias muy importantes entre el grado de apertura que presentan unos países respecto de otros. El caso más extremo está representado por un grupo de economías pobres que no sólo tienen tasas de apertura muy bajas, sino que, además, éstas se reducen conforme pasa el tiempo. ¿Qué sentido tiene para ellos discutir sobre la existencia de una economía globalizada?[20].

[19] Las tasas se refieren a la economía mundial en su conjunto. Naturalmente, habría que variar el comentario si se hiciera referencia a países cuyas tasas de apertura se alejasen de manera significativa de los niveles medios. Véase *supra*, apartado 3.1.3.

[20] En cuarenta y cuatro países pobres, que suman más de mil millones de habitantes, la proporción que representa el comercio exterior en su PIB se ha ido reduciendo paulatinamente en los últi-

Además de basarse en un examen crítico de la información que ofrecen las tasas de apertura, los autores más escépticos con el avance de la interdependencia comercial a escala mundial fundamentan su punto de vista en una interpretación de la realidad actual que toma como referencia lo sucedido en otras etapas de la historia económica reciente.

Cuando se adopta una perspectiva temporal suficientemente amplia puede observarse que el crecimiento reciente de la tasa de apertura, al menos hasta la década de los setenta, no hizo sino reflejar la recuperación de los niveles que esa tasa alcanzaba antes de 1913 (véase cuadro 6). La constatación de ese importante detalle les sirve a estos autores para oponerse a la imagen de una realidad completamente nueva, que se diferenciaría de cualquier otra de las conocidas por el elevado grado de interdependencia alcanzado. Para esos autores, si bien es cierto que se han intensificado recientemente las relaciones comerciales de alcance internacional, no puede afirmarse, como advierte Paul Krugman, «que hayamos inventado la economía global precisamente ayer»[21]. La experiencia histórica parece mostrar que, de hecho, el nivel de interdependencia alcanzado en los últimos años no difiere significativamente del que ya se registró en otros momentos y, como ocurrió en el pasado, podría incluso reducirse si se dieran determinadas circunstancias. Por tanto, la situación no sólo no es radicalmente nueva, sino que, atendiendo a lo que ha ocurrido en otros períodos, tampoco puede asegurarse que sea irreversible[22].

A partir de todas estas consideraciones podría afirmarse que la visión de una economía globalizada responde a una interpretación exagerada e incorrecta de algunos indicios, entre los que destacan:

- El significativo incremento de productos industriales importados en muchos mercados.
- La presencia cada vez más llamativa de algunas empresas multinacionales en un elevado número de países[23].

Una valoración superficial a partir de esos indicios puede llevar a la conclusión de que, efectivamente, nos encontramos ante una situación insólita, caracterizada por un extraordinario grado de interdependencia. La conclusión no sería la misma si, en lugar de asumir esa visión superficial, se llevara a cabo una reflexión sosegada que tome en consideración:

- El reducido peso relativo que tienen las actividades industriales en el valor total de la producción y la caída paulatina de ese peso relativo.
- La existencia de importantes ramas de actividad, incluso dentro del propio sector industrial, como ocurre con el textil, que se encuentran aisladas del comercio internacional como consecuencia de la adopción de severas medidas de protección.

---

mos años. PNUD, *op. cit.*, p. 94. Estos países son la excepción al aumento que se aprecia en la evolución de la tasa de apertura de buena parte de las economías no desarrolladas. Véase *supra*, capítulo 3, apartado 1.

[21] P. R. KRUGMAN, *El internacionalismo «moderno». La economía internacional y las mentiras de la competitividad*, Barcelona, Crítica, 1997, p. 148.

[22] P. R. KRUGMAN, «Growing world trade: causes and consequences», *Brooking Papers on Economic Activity*, 1 (1995).

[23] Véase *infra*, capítulo 6.

- La escasa relevancia que tienen las multinacionales cuando se valora su participación en la actividad económica mundial o se comparan sus inversiones con las realizadas por empresas oriundas de cada país[24].

3.3. MULTILATERALISMO FRENTE A REGIONALISMO

El gran aumento de la interdependencia comercial que se ha producido en el transcurso de los últimos años se ha reflejado de una forma muy especial sobre los intercambios que cada país lleva a cabo con los de su entorno geográfico más inmediato. El principal resultado de esa dinámica ha sido el surgimiento de grandes regiones o bloques comerciales, que destacan significativamente en el marco multilateral global. La primera sección de este apartado intenta ofrecer una explicación sobre el origen de esos bloques y proporcionar un primer balance sobre lo que supone su existencia para el comercio internacional. La segunda sección pasa revista a la influencia que ejercen los mecanismos de integración comercial más importantes sobre las tres regiones comerciales que cuentan con un mayor protagonismo en la economía mundial. El apartado se cierra con una última sección en la que se intenta valorar, desde una perspectiva teórica, si la existencia de esas regiones puede convertirse en una amenaza para el marco multilateral que ha guiado el avance del comercio mundial desde el final de la Segunda Guerra Mundial.

3.3.1. El origen y la trascendencia de los bloques comerciales regionales

El gran dinamismo que han adquirido los intercambios que tienen lugar entre países que forman parte de una misma región o bloque comercial puede achacarse, al menos en parte, a la propia lógica económica. No hay que olvidar que, al recortarse la distancia, se contraen también la mayor parte de los gastos vinculados a las transacciones internacionales. Como consecuencia de ello, los países tienden a intensificar más sus relaciones comerciales con los de su entorno más próximo, lo que propicia la formación de lo que los especialistas denominan «bloques naturales»[25].

El comercio intrarregional también se ve favorecido por la existencia de mecanismos de integración comercial, ya que éstos se basan en la concesión mutua de preferencias comerciales entre países limítrofes. Muchos autores consideran que la proliferación de estos procesos, especialmente a partir de los últimos años ochenta, constituye la razón fundamental de la regionalización del comercio internacional.

---

[24] Habría que tener en cuenta los problemas que afectan a la medición del potencial de las multinacionales, a los que se hace referencia en el recuadro 9. Sobre la importancia de sus inversiones en relación con el potencial inversor interno puede consultarse B. SUTCLIFFE y A. GLYN, «Los indicadores de mundialización y sus interpretaciones erróneas», *Mientras Tanto*, 76 (1999), pp. 65 ss.

[25] Un *bloque natural* es una región –entendida como grupo de países– en la que, en ausencia de medidas de protección o de acuerdos comerciales preferenciales, los intercambios serían más intensos que con el resto del mundo. La existencia de *bloques naturales* puede demostrarse recurriendo a modelos muy sencillos, basados en la propensión que tienen las economías a llevar a cabo intercambios tanto más cuantiosos cuanto mayor es su potencial económico y menor la distancia que las separa. Por analogía con la física los modelos en cuestión se denominan «de gravedad» o «gravitacionales». Véase, por ejemplo, C. TAMARIT, «La política comercial entre bloques comerciales: ¿Integración *versus* multilateralismo?», *Papeles de Economía Española*, 66 (1996), p. 32, o J. M. SIROËN, *La régionalisation du commerce mondial*, París, La Découverte, 2000, pp. 46 ss.

Este punto de vista estaría avalado por la importante reducción sufrida recientemente por los costes de transporte y de comunicación, toda vez que dicha reducción restaría valor a la distancia y, como consecuencia de ello, al argumento basado en la formación de *bloques naturales*[26]. Otro razonamiento que puede utilizarse para respaldar ese mismo punto de vista es el protagonismo del proceso de integración más asentado (la Unión Europea) como eje del bloque comercial más importante (el bloque europeo-occidental).

Sean cuales fueren los factores que pueden justificar la regionalización del comercio mundial, conviene reparar en que constituye uno de los rasgos más característicos de la situación actual de dicho comercio. Como ponen de manifiesto las cifras que aparecen en el cuadro 8, una parte sustancial de los intercambios internacionales tiene lugar entre países que forman parte de una misma región. Las tres regiones más importantes son, indiscutiblemente y por este orden, la europeo-occidental, la asiática y la norteamericana.

Cuadro 8
COMERCIO INTRARREGIONAL E INTERREGIONAL, 1998
Miles de Millones de dólares y porcentaje respecto de las exportaciones mundiales de mercancías

ORIGEN \ DESTINO	América del Norte	América Latina	Europa occidental	Europa central y oriental[a]	África	Oriente Medio	Asia	TOTAL MUNDIAL
América del Norte	337 (6,4)	146 (2,8)	175 (3,3)	8 (0,2)	12 (0,2)	25 (0,5)	191 (3,6)	897 (17)
América Latina	148 (2,8)	57 (1,1)	41 (0,8)	3 (0,1)	3 (0,1)	3 (0,1)	18 (0,3)	276 (5,2)
Europa occidental	209 (4)	61 (1,2)	1616 (30,7)	134 (2,5)	64 (1,2)	61 (1,2)	174 (3,3)	2348 (44,5)
Europa central y oriental[a]	10 (0,2)	3 (0,1)	113 (2,1)	66 (1,3)	2 (0)	5 (0,1)	13 (0,2)	214 (4,1)
África	16 (0,3)	3 (0,1)	57 (1,1)	1 (0)	10 (0,2)	2 (0)	14 (0,3)	107 (2)
Oriente Medio	19 (0,4)	2 (0)	31 (0,6)	1 (0)	5 (0,1)	13 (0,3)	60 (1,1)	137 (2,6)
Asia	337 (6,4)	37 (0,7)	250 (4,7)	14 (0,3)	21 (0,4)	40 (0,8)	576 (10,9)	1293 (24,5)
TOTAL MUNDIAL	1077 (20,4)	309 (5,9)	2282 (43,3)	228 (4,3)	119 (2,2)	149 (2,8)	1046 (19,8)	5270 (100)

[a] Incluye los países bálticos y los miembros de la Comunidad de Estados Independientes.
Las cifras entre paréntesis expresan la proporción (en tanto por ciento) respecto de las exportaciones mundiales de mercancías.
Fuente: ORGANIZACIÓN MUNDIAL DEL COMERCIO, *Informe anual 1999*, Ginebra, 1999.

[26] El descenso de los costes de transporte alienta el comercio a larga distancia, haciendo que pierdan peso relativo las transacciones con los países más próximos frente a las que se llevan a cabo con los más alejados. Ese efecto de la disminución de los costes podría, no obstante, compensarse en la medida en dicha disminución puede alentar las transacciones con países del entorno más inmediato de productos que inicialmente sólo se intercambiaban en los mercados de cada país. Este tipo de cuestiones puede aclararse siguiendo la reflexión que se hace sobre ellas en J. M. SIROËN, *op. cit.* 46 ss.

De acuerdo con esas cifras sólo las transacciones que se llevan a cabo en el interior de la primera de ellas suponen por sí solas más del 30% del comercio mundial. Si se suman a éstas las que se efectúan, a su vez, entre los países que forman parte de la región norteamericana y de la asiática, ese porcentaje se eleva hasta el 48% (véase cuadro 8). En suma, puede afirmarse que, considerando únicamente esos tres grandes bloques comerciales, casi la mitad del comercio mundial es intrarregional, mientras que solamente la otra mitad tiene carácter interregional[27].

Una proporción tan alta como la que le corresponde al comercio intrarregional es motivo más que suficiente para tomar conciencia de la enorme trascendencia que tiene este tipo de comercio en los intercambios internacionales en su conjunto. Puede afirmarse, además, que esa trascendencia es aún mayor de lo que se desprende de esa cifra, como consecuencia de las importantes implicaciones que tiene dicho comercio.

Si se reflexiona en torno a los países que forman parte de las tres regiones a las que se ha hecho alusión se caerá rápidamente en la cuenta de que se trata en su mayor parte de economías altamente desarrolladas (con la excepción de algunas de las que forman parte del bloque asiático). Puede señalarse, por tanto, que el afianzamiento del comercio intrarregional, dada la composición que tienen actualmente los bloques comerciales más relevantes, refuerza la concentración de los intercambios internacionales en torno a un eje Norte-Norte. Si se contempla esta importante implicación desde la perspectiva de los países subdesarrollados puede destacarse, en sentido contrario, que su posición en el comercio internacional se ve debilitada por el auge adquirido por el comercio intrarregional. Esa impresión se confirma cuando se observa que los países subdesarrollados de Africa, América Latina u Oriente Medio intercambian mucho menos con países de su misma área que con algunos grupos de economías avanzadas (véase cuadro 8). Puede afirmarse, por tanto, que se mantienen, por lo general, al margen de la regionalización del comercio internacional. Su inserción exterior parece más orientada hacia el componente menos dinámico de ese comercio: las transacciones interregionales.

La magnitud alcanzada por los intercambios entre países del mismo bloque ejerce también una importante influencia sobre la eficiencia que genera el comercio internacional. Resulta muy difícil realizar aseveraciones rotundas respecto del carácter de esa influencia, ya que ésta depende de numerosos factores, entre los que se encuentran el tamaño de los bloques comerciales y la política comercial aplicada por los países que forman parte de ellos.

Con la cautela que exige la incidencia de esos factores en el resultado final, puede afirmarse, en principio, que la regionalización del comercio internacional genera ineficiencia, ya que tiende a fragmentar la economía mundial. Esa fragmentación se opone a la situación óptima que, de acuerdo con la visión más admitida en materia de política comercial, sólo se alcanza cuando se aplica el libre cambio a escala mundial.

A partir de esa consideración general pueden introducirse diferentes matices atendiendo a las distintas posibilidades que pueden darse. Así, de acuerdo con un interesante trabajo publicado en 1991 por Paul Krugman, la eficiencia se reduce siempre que se parta de pequeñas regiones o países caracterizados por un elevado nivel de apertura al exterior. Su integración en grandes bloques comerciales genera-

---

[27] Lógicamente, el porcentaje correspondiente a las transacciones intrarregionales aumentaría si se consideraran como tales los intercambios que tienen lugar en el interior de otras regiones al margen de las tres consideradas.

ría una importante sustitución de intercambios con terceros países por transacciones que tuvieran lugar con otras economías del bloque comercial, incluso a pesar de que esas transacciones redujeran el nivel de eficiencia. Si se diera esa posibilidad, predominaría el efecto negativo que la teoría de las uniones aduaneras denomina «desviación de comercio»[28].

La ineficiencia no sería tan grande, e incluso podría aumentar la eficiencia respecto de la situación inicial, si esta última se caracterizara por la existencia de un pequeño número de regiones o países que mantuvieran entre sí muy pocas relaciones. En esas circunstancias, la formación de grandes bloques comerciales que los integraran daría lugar a un volumen importante de nuevas relaciones comerciales, que acabarían desplazando a los agentes económicos menos eficientes que operaran en los pequeños mercados iniciales. Predominaría, en suma, lo que esa misma Teoría de las Uniones Aduaneras define como «creación de comercio»[29].

3.3.2. La influencia de los acuerdos de integración comercial en la regionalización del comercio mundial

Como se ha apuntado previamente, el crecimiento de los intercambios entre países de una misma región comercial puede atribuirse, por una parte, a las ventajas que ofrece la existencia de *bloques naturales* y, por otra, a la puesta en marcha de mecanismos de integración comercial. Por lo que concierne concretamente a este último factor, puede afirmarse que su influencia ha sido muy distinta en cada bloque, como corresponde a las diferencias que se observan entre las fórmulas de integración que se han utilizado en cada uno de ellos. En esta parte del texto se va a hacer precisamente un examen de las experiencias más destacadas que se han puesto en marcha en los tres bloques más importantes, intentando reflejar sus aspectos más relevantes y sus rasgos más singulares.

a) *La integración comercial en el bloque europeo*

Los países de Europa occidental son, sin duda, los que acumulan una experiencia más prolongada y más intensa en materia de integración comercial. Puede afirmarse que esa experiencia tiene su origen en la dramática situación en la que esos países se encontraban en los años que siguieron al final de la Segunda Guerra Mundial. Su base industrial había resultado devastada por los enfrentamientos, sus dirigentes se mostraban incapaces de superar el marco de relaciones bilaterales heredado del período de entreguerras y su viabilidad económica estaba lastrada por las importantes

---

[28] De acuerdo con esa teoría, la desviación de comercio consiste en la sustitución, como consecuencia de la integración, de importaciones procedentes de terceros países por otras procedentes de los socios comerciales que participan en el proceso de integración, a pesar de que estas últimas son menos eficientes. De la propia definición se desprende que se trata de un efecto negativo.

[29] La creación de comercio consiste en la sustitución de productos nacionales ineficientes por otros procedentes de los países con los que se comparte una fórmula de integración, fabricados en condiciones de mayor eficiencia. Puede encontrarse un análisis muy completo tanto del efecto de creación de comercio como del efecto de desviación de comercio, apoyado por gráficos muy sencillos y reveladores, en J. Tugores, *Economía internacional. Globalización e integración regional*, Madrid, Mac Graw Hill, [4]1999, pp. 171 ss. Por otra parte, el trabajo al que se hace alusión es concretamente el de P. R. Krugman, «Is Liberalism Bad?», en E. Helpman y E. Razin (eds.) *International trade and trade policy*, Massachusetts, MIT Press, 1991. Puede encontrarse un resumen de sus resultados en español en J. M. García de la Cruz y D. Gayo Lafée, «Regionalismo o globalidad en el comercio internacional», *Boletín Económico de Información Comercial Española*, 2496 (abril 1996), pp. 23-31.

deudas contraídas con los Estados Unidos. Este país, por su parte, tenía un enorme interés en apoyar a las economías europeas, con el doble propósito de facilitar la colocación de sus exportaciones y de frenar el avance de los partidos socialistas y comunistas, especialmente en Francia e Italia.

Las aspiraciones de esas economías europeas y los objetivos de Estados Unidos confluyeron finalmente y se concretaron en la canalización de ayuda norteamericana hacia Europa, a través del Plan Marshall.

La Organización Europea para la Cooperación Económica (OECE), creada para gestionar la distribución de esa ayuda, intentó garantizar un aprovechamiento más adecuado de ésta con la creación de una zona de libre cambio o una unión aduanera. Aunque esa propuesta no llegó a cuajar, no puede hablarse de fracaso, ya que de esa propuesta surgieron los mecanismos de integración económica con más trascendencia en las décadas siguientes:

1. Los seis países de la OECE más comprometidos con la integración (Bélgica, Francia, Holanda, Italia, Luxemburgo y la antigua República Federal Alemana) crearon en 1952 la Comunidad Europea del Carbón y del Acero (CECA) y en 1957 hicieron lo propio con la Comunidad Europea de la Energía Atómica (EURATOM) y con la Comunidad Económica Europea (CEE).
2. El resto de países de la OECE, encabezados por el Reino Unido, opusieron una gran resistencia a la propuesta de integración que realizó Estados Unidos a través de la OECE. Optaron finalmente por poner en marcha en 1960 un mecanismo que comportaba un nivel de integración mínimo, concretamente una zona de libre cambio (EFTA, siglas en inglés de Acuerdo Europeo de Libre Cambio).
3. Las economías del centro y del este de Europa que se encontraban en ese momento bajo la influencia política de la Unión Soviética respondieron a la oferta de Estados Unidos con la creación de una fórmula de cooperación económica alternativa, que podría asimilarse a un mecanismo de integración. Esta fórmula funcionó de 1949 a 1991 con el nombre de Consejo de Ayuda Económica Mutua (CAEM).

Con la ventaja que proporciona conocer la evolución posterior de estas tres iniciativas puede afirmarse que la que ha tenido un mayor éxito a la larga ha sido la primera de ellas, primero como Comunidad Económica Europea y después como Unión Europea.

Los avances de este proyecto hacia una mayor integración no se detuvieron con la creación de un mercado común a través de la Comunidad Económica Europea. Gracias a los cambios introducidos a raíz del Acta Única Europea (1986) y del Tratado de Maastricht (1992) se ha garantizado la existencia de un mercado único de mercancías, de trabajadores y de capitales. Se han sentado, además, las bases de una acción política común o coordinada en numerosos ámbitos y se han dado pasos decisivos hacia la integración monetaria total de buena parte de sus países miembros.

Al salto cualitativo que supone la profundización en el grado de integración hay que unirle el progreso cuantitativo que supone el aumento de países miembros, ya que de los seis originarios se llegó a quince países en 1995, después de sucesivas ampliaciones. La mayor parte de los que se han incorporado proceden de la EFTA, una organización que ha quedado reducida a la mínima expresión. Un antiguo miembro del CAEM (la extinta República Democrática Alemana) pasó a formar parte de la Unión Europea a través de su unificación con la desaparecida República Federal Alemana. La mayor parte de los restantes países que formaron parte del CAEM se encuentran en la actualidad a las puertas de la Unión Europea, pendientes de las próximas ampliaciones.

El alcance geográfico de esta experiencia de integración se ve reforzado, además, por los vínculos comerciales privilegiados que se han establecido con diferentes áreas:

- Se ha creado una zona de libre cambio con los países que permanecen en la EFTA (excepto Suiza) a través del Espacio Económico Europeo y se mantienen relaciones especiales con otros países del continente mediante Acuerdos de Asociación.
- Se ha creado una fórmula de cooperación especial con algunas economías ribereñas del Mediterráneo, cuyo resultado final ha sido la creación del Espacio Euro-Mediterráneo.
- Las relaciones comerciales de la Unión Europea con buena parte de los países subdesarrollados se ven favorecidas por lo dispuesto en los Acuerdos de Lomé, por el funcionamiento de un generoso Sistema de Preferencias Generalizadas y por la aplicación de numerosos Acuerdos Marco de Cooperación y otros acuerdos bilaterales[30].

b) *La integración comercial en el bloque norteamericano y en el bloque asiático*

Prácticamente todas las formulas de integración que funcionan en estos dos bloques se han puesto en marcha a partir del último tramo de la década de los ochenta, por lo que no se cuenta aún con una perspectiva suficiente para trazar siquiera un primer balance de sus resultados. Esa corta trayectoria, que contrasta con la prolongada experiencia europea en este ámbito, se ve en cierta medida compensada por la originalidad y por el carácter novedoso de sus mecanismos de integración más representativos.

1. *La integración comercial en Asia sudoriental. El caso del Acuerdo Asiático de Libre Cambio (AFTA)*

De forma similar a lo que ocurrió en Europa, el origen de la integración comercial en el Sudeste de Asia también respondió a una iniciativa de los Estados Unidos. Este país intentó en 1967, a través de la creación de la Sociedad de Naciones del Sudeste Asiático (ASEAN), constituir una alianza eminentemente política para evitar el avance del comunismo.

El compromiso alcanzado en 1967 apenas tuvo trascendencia económica, pero en 1977 se decidió crear una zona de preferencias comerciales entre los miembros fundadores de la ASEAN (Filipinas, Indonesia, Malasia, Singapur y Tailandia). Posteriormente, esta iniciativa tan modesta se extendió a otros países del mismo entorno geográfico, hasta doblar el número de miembros iniciales[31]. También se ha avanzado a partir de entonces hacia un mayor grado de integración, especialmente desde 1992.

---

[30] Para ampliar el conocimiento de todas estas posibilidades puede consultarse F. BRUNET, *Curso de integración europea*, Madrid, Alianza, 1999, pp. 382 ss.

[31] Se han incorporado sucesivamente Brunei (en 1984), Vietnam (en 1995) y Birmania, Laos y Camboya (en 1997). Llama la atención la adhesión de antiguos países comunistas que, como Vietnam, estuvieron en el origen del temor que condujo a la creación de esta fórmula de cooperación.

En ese año se creó el Acuerdo Asiático de Libre Cambio, cuyo objetivo es, como su propio nombre indica, establecer una zona de libre cambio entre los países miembros de la ASEAN. Coincidiendo con el planteamiento lento y gradual de todo el proceso previo, se abrió un prolongado período transitorio con el fin de garantizar que ese resultado se alcanzará sin problemas en el año 2003[32]. Una vez que alcance ese horizonte temporal existirá, no obstante, la posibilidad de utilizar aranceles (con un nivel máximo del 5% para cualquier producto) y medidas de protección extraordinarias para los productos más sensibles. Al establecer una comparación con los intensos progresos en materia de integración en otras zonas (en especial, en Europa), esas excepciones parecen reflejar que la voluntad de integración en Asia es realmente débil. Para algunos observadores, sin embargo, esas excepciones han de considerarse una manifestación del carácter flexible que debe exigírsele a la integración comercial para que pueda adaptarse a economías tan peculiares como las de la cuenca asiática del Pacífico[33].

2. *La integración comercial en América del Norte. El Acuerdo de Libre Cambio Norteamericano (NAFTA)*

También en este caso pueden encontrarse similitudes con el origen de la integración comercial en Europa, ya que la iniciativa partió también de Estados Unidos. Otro rasgo similar es la existencia de un primer paso en forma de integración sectorial: la CECA en el caso europeo y el Acuerdo del Automóvil (firmado por Estados Unidos y Canadá en 1965) en el caso norteamericano.

A partir de la experiencia acumulada merced a ese mecanismo de integración sectorial, estos dos países alcanzaron un acuerdo para el establecimiento de un área de libre cambio, que entró en vigor en 1988. Respecto de otros acuerdos similares, el que ratificaron Canadá y Estados Unidos presenta algunos rasgos originales:

- Afecta a los productos agrícolas, que suelen excluirse de la mayor parte de iniciativas de integración de este tipo.
- Garantiza la libre movilidad de servicios y de inversiones, adelantándose a lo que se establecería después a escala multilateral en la ronda Uruguay[34].

En 1992 se decidió extender a México el acuerdo de libre cambio, aunque las medidas encaminadas a alcanzar ese objetivo no entraron en vigor hasta 1994, como consecuencia del rechazo que provocó esta iniciativa en algunos sectores de la población de Estados Unidos. La aceptación final de la incorporación de México se produjo gracias a la inclusión de algunas disposiciones que añaden nuevas peculiaridades a este mecanismo de integración comercial. Las más importantes suponen la creación de mecanismos de supervisión para garantizar, especialmente en

---

[32] Para conocer en profundidad todos estos detalles puede recurrirse al análisis que se hace de este proceso de integración en S. PLAZA, *Los bloques comerciales en la economía mundial*, Madrid, Síntesis, 1997, pp. 348 ss.

[33] Desde este punto de vista se considera que se trata de rasgos singulares que intentan adaptar la integración a una realidad tan especial como la de las economías asiáticas. Se destaca, por ejemplo, que algunas de ellas, por la propia concepción de su política comercial, apenas si utilizan aranceles, por lo que les resulta muy difícil avanzar por la senda de la integración comercial siguiendo unas pautas similares a las que han seguido, por ejemplo, los países de Europa occidental. Véase DEPARTAMENTO DE ASUNTOS ECONÓMICOS Y SOCIALES INTERNACIONALES DE LAS NACIONES UNIDAS, *Estudio económico y social mundial*, 1998, p. 80.

[34] Véase J. M. SIROËN, *op. cit.*, p. 21.

México, la conservación del medioambiente y un adecuado respeto de los derechos laborales[35].

3. *La integración transoceánica. El caso del Foro de Cooperación Económica de Asia y el Pacífico (APEC)*

Los procesos de integración se ponen en marcha habitualmente entre un número reducido de países próximos entre sí. Existen, sin embargo, algunas experiencias recientes que parecen romper con esa constante, iniciando una tendencia que puede constituir un síntoma de cuál puede ser el futuro de la integración comercial. El ejemplo más representativo de esta nueva tendencia es la denominada integración transoceánica, cuyo máximo exponente es el Foro de Cooperación Económica de Asia y el Pacífico. En este Foro no sólo participan la mayoría de los países de los bloques asiático y norteamericano, sino que lo hacen, además, otras economías que comparten con ellos una de las zonas más dinámicas y más interesantes en la evolución reciente del comercio internacional (el área del Pacífico).

El origen de esta iniciativa de integración se encuentra en una serie de cumbres informales que se celebraron desde 1984 a 1989 entre los países de la ASEAN y un grupo de países desarrollados ribereños del Pacífico[36]. En 1989, por iniciativa australiana, esos países constituyeron la APEC, con el doble propósito de impulsar la liberalización multilateral a escala mundial y de representar en otras instituciones internacionales los intereses del área.

En 1994 se decidió dar un giro radical al proyecto, transformando la APEC en un mecanismo de integración comercial. La participación de un gran número de países (actualmente veintiún miembros, incluyendo China) y las enormes diferencias que existen entre ellos obligó a plantear el avance de la integración comercial de forma muy diferente a como se había hecho en otros casos. Así, en vez de tomar como referencia un calendario común para poner en marcha las preferencias que constituyen la esencia de la integración comercial, en la APEC cada país elabora su propio programa de liberalización[37]. Por otra parte, esa gran variedad de situaciones ha dado lugar a una concepción de la integración muy flexible y realmente modesta en cuanto a sus objetivos, siguiendo una línea de actuación que recuerda mucho la adoptada por los países de la AFTA.

La flexibilidad se traduce en la existencia de un organigrama muy sencillo, que requiere de muy poco personal y que garantiza un funcionamiento muy ágil de todas las instancias. Esa agilidad se intenta reforzar con la participación activa de la iniciativa privada, representada desde el principio en varios grupos de trabajo y desde 1995

---

[35] Este tipo de disposiciones, que respondían a las presiones de sindicatos y de grupos ecologistas de Estados Unidos, se plantearon para desbloquear la aplicación del NAFTA y para mantener ciertas garantías sobre los métodos de producción y de trabajo utilizados en México, sobre todo de los empleados en su industria maquiladora.

[36] Los fundadores de la APEC fueron los seis países que participaban en ese momento en la ASEAN (los miembros originales más Brunei, que se incorporó en 1984, tras independizarse de Gran Bretaña) y los cinco países de la cuenca del Pacífico que formaban parte de la OCDE (Canadá, Estados Unidos, Australia, Nueva Zelanda y Japón).

[37] Con los programas de liberalización se intenta hacer frente al problema que supone la participación de países que prácticamente no utilizan aranceles ni cuotas (como es el caso de Singapur), junto con otros que mantienen un elevado grado de protección. Estas grandes diferencias no dejan, pese a todo, de causar problemas, ya que la supresión de obstáculos al comercio favorece a los países que ya tienen unas transacciones con el exterior muy liberalizadas, lo que genera desde el inicio un desequilibrio en el reparto de los beneficios procedentes de la integración. Véase DEPARTAMENTO DE ASUNTOS ECONÓMICOS Y SOCIALES INTERNACIONALES DE LAS NACIONES UNIDAS, *op. cit.* pp. 80 ss.

en un Comité Consultivo de Hombres de Negocios, incorporado desde ese momento al organigrama de la APEC. La existencia de objetivos muy modestos se concreta en un compromiso de crear una zona de libre cambio en el año 2010, un horizonte que se amplía todavía más (hasta diez años) para las economías menos desarrolladas.

3.3.3. *Los efectos de la integración comercial frente a los del multilateralismo desde un punto de vista teórico*

La repercusión de la integración comercial sobre la regionalización del comercio internacional y la compatibilidad de ésta con la liberalización multilateral han sido un importante motivo de controversia durante toda la década de los noventa. La intensidad del debate que se ha suscitado en torno a esta cuestión contrasta con la firmeza con la que el GATT, el principal valedor de esa liberalización multilateral, ha apostado por los acuerdos de integración regional. Esa apuesta, confirmada después por la OMC, sólo encaja con el punto de vista de quienes defienden que la supresión de obstáculos al comercio entre grupos concretos de países es plenamente compatible con la liberalización multilateral y no discriminatoria promovida por el GATT. Frente a ese punto de vista se sitúan quienes sólo se muestran partidarios de esa liberalización multilateral, ya que consideran que permite alcanzar mejores resultados que la integración comercial y están convencidos, además, de que esta última no hace sino poner en peligro la consecución de dichos resultados.

a) *Los argumentos de los partidarios del regionalismo*

Los autores que se muestran a favor de la integración regional destacan la contribución de ésta al grado de liberalización con el que actualmente se desarrollan los intercambios entre distintos países. De acuerdo con esta interpretación, los mecanismos de integración regional habrían aprovechado la tendencia del comercio internacional a la formación de *bloques naturales*, impulsando un proceso de liberalización de las relaciones comerciales casi tan relevante como el promovido por el GATT a escala multilateral.

Los excelentes resultados alcanzados gracias a la combinación de las dos iniciativas liberalizadoras (regional y multilateral) pueden refrendarse con la ayuda de argumentos teóricos. Los más sencillos son los que ofrece la ya referida Teoría de las Uniones Aduaneras, que se basan en el análisis de los efectos estáticos que tiene la participación en un mecanismo de integración comercial. Quienes se muestran partidarios de ese tipo de mecanismos recurren a esa teoría para destacar las ventajas que puede proporcionar el aprovechamiento de la creación de comercio. Esas ventajas, de acuerdo con su punto de vista, son más importantes que la pérdida de eficiencia que puede generar la desviación de comercio. Además, las consecuencias negativas de dicha desviación de comercio podrían verse compensadas a través de dos efectos positivos:

1. La mejora de la relación de intercambio que puede producirse si los países integrados llegan a constituir un mercado tan importante que les permita forzar a sus eventuales proveedores a reducir los precios de sus productos[38].

---

[38] Si, manteniéndose constantes los precios de las exportaciones de un país o grupo de países, se reducen los precios de sus importaciones, aumentará el cociente entre ambos (la relación de precios

2. Los beneficios que, indirectamente o desde un punto de vista dinámico, puede generar la integración. Puede citarse, a modo de ejemplo, la posibilidad de aprovechar las economías de escala que surgen en determinadas actividades si la integración da lugar a un mercado de grandes dimensiones[39].

Estos argumentos teóricos pueden reforzarse aún más con ayuda del Teorema Kemp-Wan, que establece que los países que participan en un mecanismo de integración comercial (concretamente en una unión aduanera) siempre pueden encontrar un nivel de protección exterior común que mejore su bienestar, sin ocasionar ningún perjuicio a otras economías. Como consecuencia de ello, si se determina correctamente ese nivel de protección, la integración comercial aumentará el bienestar de esos países y, al no afectar negativamente a otros, incrementará el bienestar mundial en su conjunto[40].

b) *Los argumentos de los partidarios del multilateralismo*

La interpretación de lo sucedido en el transcurso de los últimos años por parte de quienes se muestran críticos con el avance del regionalismo se apoya fundamentalmente en los buenos resultados ofrecidos por la labor desempeñada por el GATT. Esos buenos resultados se opondrían, de acuerdo con su punto de vista, a las dramáticas consecuencias que trajo consigo un comercio internacional fragmentado y basado en la discriminación, como el que caracterizó al período de entreguerras[41]. Los partidarios del multilateralismo temen que el avance de la integración comercial (especialmente el que se ha producido a partir de los últimos años ochenta) pueda llevar a una situación tan adversa como la que se vivió en esa época.

Teóricamente, su renuncia a promover ese tipo de integración se sustenta en la defensa de la política comercial que la doctrina clásica y la neoclásica consideran óptima: la liberalización multilateral y no discriminatoria. Frente a ésta, la liberalización promovida por los acuerdos de integración comercial representa una opción menos interesante, como consecuencia de la eventual existencia de desviación de comercio. Los autores más críticos con el avance del regionalismo consideran que los

---

o términos de intercambio netos). Esta variación supone, al menos en principio, una mejora para el país o los países en cuestión, ya que tendrán que pagar menos por sus importaciones en relación con lo que ingresan por la venta de sus productos en el exterior. Este tipo de cuestiones, sobre las que se volverá en el quinto capítulo del libro, pueden vincularse con la elección de la protección que maximiza el bienestar o Teoría del Arancel Óptimo. Véase *infra*, capítulo 5, apartado 2. Para conocer los fundamentos de esa teoría puede consultarse, por ejemplo, J. TUGORES, *op. cit.*, p. 58 ss., y, si se desea profundizar más, P. R. KRUGMAN y M. OBSTFELD, *Economía internacional, teoría y política*, Madrid, Mac Graw Hill, [4]1999, pp. 150 ss.

[39] La integración comercial también puede favorecer indirectamente a los países que se integran a través de un aumento de la competencia o de una reducción de las posibilidades de llevar a cabo discriminaciones de precios. Pueden generarse incluso beneficios desde una perspectiva dinámica, como ponen de manifiesto las nuevas teorías del crecimiento. Todos estos efectos de la integración pueden conocerse mejor consultando el texto de J. TUGORES, *op. cit.*, pp. 163 ss.

[40] Puede encontrase una reflexión interesante sobre este resultado, así como una demostración gráfica, en R. TAMARIT, *op. cit.*, pp. 23-39. Este texto ofrece, además, una excelente oportunidad para ampliar la visión que se ofrece en este apartado del libro sobre las ventajas y los inconvenientes del regionalismo. Respecto de la contribución de Kemp y Wan, ésta puede comprenderse mucho mejor recurriendo al trabajo de J. BHAGWATI, «Regionalism and multilateralism: an overview», en J. de Melo y A. Panagariya (eds.) *New Dimensions in International Integration*, Cambridge, Cambridge University Press, 1993.

[41] En esa época no eran las fórmulas de integración económica el origen de la fragmentación, sino la proliferación de tratados comerciales bilaterales y de acuerdos preferenciales entre las metrópolis y sus colonias. Véase *supra*, capítulo 1, apartado 3.

bloques comerciales más importantes en la actualidad son particularmente proclives a la sustitución de relaciones con terceros países por intercambios entre economías que forman parte de ese bloque, aunque sea a costa de sacrificar el nivel de eficiencia. Esta conclusión se basa en el carácter sumamente cerrado de los acuerdos de integración comercial que constituyen el núcleo esencial de esos bloques. Las manifestaciones más claras de ese carácter son, por una parte, su tendencia a reforzar la protección respecto del resto del mundo y, por otra, su habitual rechazo a la incorporación de nuevos miembros[42].

Los partidarios del multilateralismo consideran, además, que los bloques tienden a renunciar a la liberalización, ya que la protección puede ofrecerles una situación ventajosa. Para llegar a esa conclusión basta con pensar que, al igual que ocurre con un mercado nacional grande, un bloque comercial también puede ejercer presión sobre sus proveedores a través de la protección, obligándoles a reducir los precios de sus productos, lo que mejoraría la relación de intercambio del bloque en cuestión.

Las ventajas que obtendría una región comercial a través de la protección en estas circunstancias no se trasladarían a la economía mundial en su conjunto, ya que, empleando los mismos argumentos, empeoraría la relación de intercambio del resto del mundo. Puede incluso que el balance para la economía mundial fuera negativo, teniendo en cuenta que el incremento de la protección de un bloque comercial puede dar lugar a represalias por parte de otros bloques, lo que generaría finalmente una pérdida de bienestar global. Los más perjudicados por ésta serían los países que quedaran al margen del proceso de regionalización, cuya estrategia óptima en esas circunstancias (sobre todo si se trata de países pequeños) consistiría en entrar a formar parte de uno de los bloques comerciales existentes. Aplicando este razonamiento podría afirmarse que el reciente avance de los procesos de integración tendría más relación con el temor a quedar fuera de ellos (el «argumento del seguro») que con el reconocimiento de las ventajas que esos procesos pueden ofrecer[43].

---

[42] Véase S. Plaza, *op. cit.*, p. 27.

[43] Para conocer mejor este tipo de cuestiones puede recurrirse, por ejemplo, al análisis que se hace de ellas en C. Tamarit, *op. cit.*, pp. 28 ss., y S. Plaza, *op. cit.*, pp. 18 ss.

4. La evolución reciente de la composición del comercio internacional

El intenso aumento del grado de apertura y la consolidación de grandes bloques comerciales no han sido las únicas transformaciones importantes que ha sufrido el comercio internacional desde 1945. Si se analiza ese comercio desde el punto de vista de su composición por productos puede constatarse que ha tenido lugar, además, una variación sustancial en ese ámbito.

En este capítulo se repasan de una forma somera los cambios más significativos que se han producido en dicha composición. El repaso comienza con un análisis general de la reorientación sufrida por la división internacional del trabajo tradicional, también conocida como *Gran División Internacional del Trabajo*. Después de ese análisis global se lleva a cabo un estudio detallado de dos variaciones concretas particularmente importantes: el aumento de los intercambios internacionales de servicios y la consolidación del comercio intra-industrial. El capítulo concluye con un breve resumen de las principales aportaciones teóricas que se han realizado con el propósito de ofrecer una explicación coherente de todas las alteraciones a las que se ha hecho referencia.

4.1. LA TRANSFORMACIÓN DE LA DIVISIÓN INTERNACIONAL DEL TRABAJO TRADICIONAL

A pesar de su gran importancia, las variaciones que se produjeron en el comercio internacional en el último tramo del siglo XIX y en el período comprendido entre las dos guerras mundiales no afectaron significativamente a la división internacional del trabajo. Como consecuencia de ello, en el inicio de la segunda mitad del siglo XX ésta seguía ajustándose a un esquema simple, cuyo eje fundamental eran los intercambios de manufacturas por productos sin transformar entre economías avanzadas y economías subdesarrolladas.

A raíz de los intensos cambios que han tenido lugar después de la Segunda Guerra Mundial ese esquema tan sencillo ha perdido gran parte de su vigencia. En este apartado se ofrece una aproximación a la nueva situación que se ha generado, comenzando por un examen de lo ocurrido con la composición de las exportaciones de los países más avanzados y continuando por lo sucedido, a su vez, con la especialización de aquellos que no han conseguido superar definitivamente el umbral del desarrollo.

4.1.1. La evolución de las ventajas comparativas de las economías más avanzadas

En las dos décadas que siguieron al final de la Segunda Guerra Mundial, los países más desarrollados reforzaron la posición que ocupaban en la división internacional del trabajo tradicional. Profundizando en la trayectoria que les condujo a esa posición, estos países consolidaron su condición de exportadores de manufacturas, procediendo, además, a una sustitución progresiva de las menos complejas (que fueron deslocalizadas en países menos desarrollados) por otras más intensivas en capital y con un mayor contenido en tecnologías más modernas.

Este cambio en la especialización de las economías más avanzadas contribuyó a que las manufacturas industriales aumentaran su peso relativo en el comercio mundial, sobre todo gracias al incremento de la presencia de productos de las industrias electromecánicas, muchos de ellos surgidos de las ramas más características de la expansión postbélica (véase cuadro 9)[1].

Cuadro 9
COMPOSICIÓN DEL COMERCIO MUNDIAL, 1955-1998 (%)[a]

	1955	1963	1973	1978	1980	1985	1990[b]	1995[b]	1998[b]
Comercio total									
· Productos agrarios	n.d.	29,0	21,0	16,0	15,0	14,0	12,2	11,8	10,5
· Productos minerales	n.d.	16,0	17,0	21,0	29,0	22,0	14,3	10,5	9,5
· Manufacturas	n.d.	52,0	61,0	60,0	55,0	62,0	70,6	74,4	76,1
Comercio de manufacturas									
· Hierro y acero	10,2	9,2	8,2	7,2	7,0	5,8	4,4	4,0	3,5
· Productos químicos	11,8	11,9	12,1	12,8	13,9	13,6	12,3	12,9	12,5
· Otras semimanufacturas	10,7	8,8	8,3	8,3	8,4	7,2	11,0	10,6	10,0
· Ind. electromecánicas	46,9	51,7	54,1	55,7	54,4	57	50,7	52,3	54,0
· Textiles y vestido	13,2	11,4	10,3	8,7	8,7	8,7	8,9	8,5	8,3
· Otros bienes de consumo	7,2	7,0	7,0	7,3	7,6	7,7	12,6	11,7	11,7

[a] Porcentajes de participación en el valor total de las exportaciones mundiales (en la parte superior del cuadro) y en el de los intercambios de manufacturas (en la parte inferior).
[b] La distinción entre diferentes tipos de manufacturas no se corresponde exactamente con la utilizada en años anteriores como consecuencia de un cambio en la metodología empleada por la Organización Mundial del Comercio respecto de la empleada con anterioridad por el GATT.
Fuente: GATT, *Matrices du commerce mondial par régions et par catégories de produits, 1955-1976*, Ginebra, 1978; GATT, *El comercio mundial, 1991-1992*, Ginebra, 1993; OMC, *Informe anual, 1996*, Ginebra, 1997; y OMC, *Informe anual, 1999*, Ginebra, 2000.

El estallido de la crisis en los primeros años setenta originó un cambio significativo en la evolución de la especialización de los países más desarrollados. El temor a que los efectos de dicha crisis repercutieran de forma muy intensa sobre determinados estratos

[1] Véase *supra*, capítulo 3, apartado 1.

de la población y sobre algunas áreas geográficas concretas llevó a las autoridades de gran parte de estos países a proteger con un celo extraordinario actividades tradicionales, como la agricultura, la ganadería y las ramas más características de las primeras etapas del desarrollo industrial (la siderurgia y la producción textil, fundamentalmente).

Como consecuencia del giro proteccionista, ese tipo de actividades ha mantenido cierta relevancia en la estructura productiva y en la composición de las exportaciones de los países más adelantados. La participación que alcanzan esas ramas tradicionales en esa composición, aunque no es muy elevada, resulta realmente llamativa, ya que contrasta con la extraordinaria incidencia de la crisis sobre esas actividades y con la falta de competitividad de las empresas de las economías más ricas frente a las de los países menos desarrollados, que cuentan con una dotación factorial mucho más adecuada para las ramas en cuestión.

Por lo que concierne concretamente a la agricultura y a la ganadería, conviene resaltar que la introducción de severas medidas de protección y su mantenimiento posterior ha supuesto un importante estímulo para la producción de las economías más adelantadas, de forma que en la actualidad no sólo son capaces de satisfacer sus propias necesidades, sino que se han erigido en los principales exportadores mundiales (véase cuadro 10). La posición dominante que algunos de ellos ostentan en el mercado mundial de productos agrícolas constituye posiblemente la manifestación más expresiva del extremo al que se ha llegado aplicando esa estrategia. Esa posición da fe, además, de lo lejos que se encuentra el comercio internacional actual de la lógica que regía la vieja división internacional del trabajo.

Cuadro 10
PRINCIPALES EXPORTADORES MUNDIALES DE PRODUCTOS AGRÍCOLAS

País	Exportaciones en 1998 [a]	Participación en las exportaciones mundiales (%)		
		1980	1990	1998
1. Estados Unidos	69,9	17,1	14,3	12,6
2. Francia	41,1	6,9	9,0	7,4
3. Países Bajos	34,7	5,7	7,7	6,3
4. Canadá	30,0	5,0	5,4	5,4
5. Alemania	29,6	4,2	5,9	5,4
6. Bélgica- Luxemburgo	20,5	2,4	3,2	3,7
7. Reino Unido	19,5	3,1	3,6	3,5
8. España	17,5	1,4	2,3	3,2
9. Italia	17,1	2,1	2,9	3,1
10. Brasil	17,1	3,4	2,4	3,1
TOTAL (10 países)	297,0	51,3	56,7	53,7

[a] Miles de millones de dólares corrientes.
Fuente: ORGANIZACIÓN MUNDIAL DEL COMERCIO, *Informe anual 1999*, Ginebra, 1999.

En la trayectoria reciente de la especialización industrial de las economías desarrolladas ha influido también de forma muy significativa el patrón tecnológico que se ha difundido a partir de la década de los ochenta. Ese nuevo patrón ha favorecido a través de dos vías diferentes la instalación de empresas industriales de todo tipo en los países más ricos, incluso de las ramas más banalizadas tecnológicamente:

- Por un lado, las innovaciones tecnológicas que se han incorporado han reducido considerablemente los requerimientos de mano de obra de numerosos procesos productivos, recortando las ventajas que los países menos desarrollados podían ofrecer gracias a sus bajos salarios en sectores intensivos en trabajo.

- Por otra parte, la creciente flexibilidad de esos procesos ha abierto la posibilidad de fabricar una variedad cada vez mayor de artículos, lo que permite satisfacer mejor la demanda de productos diferenciados de las economías más avanzadas. La posibilidad de ofrecer una gama completa de productos limita el atractivo de las importaciones de artículos completamente distintos (comercio inter-industrial)[2].

La doble lógica que se acaba de describir justifica la reducción de los procesos de deslocalización de las ramas industriales menos complejas hacia países escasamente desarrollados en el transcurso de los últimos años[3]. No conviene perder de vista, en cualquier caso, que el contenido esencial del esquema de ventajas comparativas de las economías más avanzadas no se basa en su capacidad para colocar en los mercados internacionales manufacturas procedentes de estas ramas industriales tradicionales. De hecho, el núcleo esencial de sus ventajas comparativas está constituido por actividades de servicios y por otras ramas industriales más avanzadas, como la mecánica o la química, que cuentan con una demanda internacional estable y muy elevada, como se deduce de su participación en el comercio internacional (véase cuadro 9)[4]. Dentro de esas ramas, cada país desarrollado trata de encontrar las actividades concretas que garanticen un mejor aprovechamiento de sus ventajas tecnológicas y de las posibilidades que les ofrecen sus grandes escalas de producción. Trata también de ajustarlas al máximo a la configuración concreta de los gustos de sus consumidores y de los de otras economías desarrolladas de características similares[5].

4.1.2. La evolución de las ventajas comparativas de las economías no desarrolladas

En la división internacional del trabajo tradicional, a los países económicamente menos avanzados les correspondía el papel de exportadores de mercancías sin elaborar, especialmente de productos agrarios y de minerales. Como ya se puso de re-

---

[2] Este argumento se ha tomado de E. M. MOUHOUD, *Changement technique et division internationale du travail*, París, Economica, 1991, p. 291.

[3] Algunos países ricos han llegado incluso a recuperar (relocalizar) actividades que previamente habían trasladado a otros países menos avanzados tecnológicamente. *Idem*, p. 10.

[4] Esta conclusión estaría avalada por los estudios que se han llevado a cabo sobre la trayectoria más reciente de las ventajas comparativas de estos países. Véase CEPII, *Compétitivité des nations*, París, Economica, 1998, pp. 92 ss.

[5] Este modo de actuar se corresponde con la distinción que estableció la Science Policy Research Unit de la Universidad de Sussex a mediados de la década de los años ochenta entre cuatro tipos de actividades económicas: intensivas en conocimiento científico, intensivas en economías de escala, intensivas en diferenciación de productos y actividades tradicionales. De acuerdo con el comentario que se ha realizado sobre la especialización de los países más desarrollados, éstos mantendrían cierta presencia en el comercio internacional del último tipo de actividades, pero el componente esencial de sus ventajas comparativas residiría en los tres primeros grupos. El estudio del que parte esa distinción es el de K. PAVITT, «Sectoral patterns of technical change: towards a taxonomy and a theory», *Research Policy* 3 (1984), pp. 343-373. Puede encontrarse un resumen y una aplicación muy sencilla de esa tipología en un trabajo publicado en español: P. GUERRERI, «Tecnología y comercio internacional», *Revista de Economía* 9 (1991), pp. 65-72.

lieve en el primer capítulo, este tipo de artículos era el que predominaba en la composición del comercio internacional desde que éste se convirtió en una realidad consolidada, es decir, desde las primeras décadas del siglo XIX. A partir de la Segunda Guerra Mundial, sin embargo, el protagonismo de esos productos se fue debilitando en beneficio de las manufacturas industriales, que con el paso del tiempo se convirtieron en el componente mayoritario de ese comercio (véase cuadro 9).

El avance de ese tipo de productos respondió al ya referido aumento del potencial industrial de las economías más desarrolladas durante la expansión postbélica, aunque también se vio impulsado por la puesta en marcha de importantes iniciativas industrializadoras en países no desarrollados a partir de la década de los cincuenta. La inserción de este último grupo de países siguió dependiendo de las mercancías sin transformar, si bien en la mayor parte de ellos esas iniciativas contribuyeron a que la composición de sus exportaciones adquiriese una mayor variedad.

Uno de los avances más claros en ese sentido se dio en las economías que apostaron por la planificación centralizada tras la Segunda Guerra Mundial. La industrialización de estas economías se produjo en el transcurso de un período muy breve gracias a una estrategia basada en el desvío masivo de recursos hacia las actividades del sector secundario. Aunque esa estrategia no tuvo una gran incidencia en la composición del comercio mundial, no puede dejar de destacarse el impulso que supuso para la industria pesada de esas economías, cuya capacidad de producción aumentó considerablemente y se reflejó muy pronto en sus transacciones con el exterior[6].

En los países subdesarrollados que no optaron por la planificación también se aprecia un importante esfuerzo industrializador en los primeros años de la segunda mitad del siglo XX, aunque no tan intenso. Por su orientación, ese proceso puede relacionarse con el que permitió en su momento a los países más avanzados abandonar su condición de economías agrarias. De esa relación se deduce que la producción y las exportaciones de esos países no se concentraron tanto en torno a la industria pesada, sino que ésta compartió protagonismo con actividades de la industria ligera presentes en las primeras fases de cualquier proceso de desarrollo guiado por criterios de mercado, como, por ejemplo, la producción textil.

El reflejo del aumento del potencial industrial sobre las relaciones exteriores de los países no desarrollados en su conjunto supuso una variación muy importante respecto de la distribución tradicional de las ventajas comparativas. Para algunos autores se trataba de un síntoma de la ruptura definitiva con el pasado y del inicio de la transición hacia una nueva división internacional del trabajo[7]. La confianza que se depositó en la consolidación de una nueva realidad con esas características se desvaneció, no obstante, a medida que surgieron contradicciones y problemas cada vez más importantes, que condujeron finalmente al bloqueo de todo el proceso en los primeros años setenta.

El colapso de las iniciativas de especialización se produjo como consecuencia de las importantes deficiencias que ya se arrastraban y por la existencia, además, de un entorno externo muy desfavorable para los países subdesarrollados. De la influencia

---

[6] La apuesta por una industrialización acelerada, basada en el desarrollo prioritario de la industria pesada, trataba de traducir la prioridad que Marx le concedía a la fabricación de bienes de producción (sección I) frente a la de bienes de consumo (sección II). Puede ampliarse el conocimiento de las consecuencias que tuvo la aplicación de este argumento consultando, por ejemplo, E. PALAZUELOS, *Las economías postcomunistas de Europa del Este*, Madrid, Abacus, 1996, pp. 94 ss.

[7] El texto más conocido de cuantos recogen esa interpretación es el de F. FRÜBEL, J. HEINRICHS y O. KREYE, *La nueva división internacional del trabajo*, Madrid, Siglo XXI, 1980.

de ese marco sólo escaparon los países exportadores de petróleo, gracias al espectacular aumento registrado por el precio del crudo en los mercados internacionales en los primeros años setenta. Las restantes economías subdesarrolladas se vieron afectadas negativamente por la influencia que tuvo ese acontecimiento sobre la estructura de precios relativos y sufrieron, además, las consecuencias de la adopción de severas medidas proteccionistas por parte de los países más ricos, los efectos de la quiebra del sistema monetario internacional y el impacto del estancamiento de la actividad económica a escala mundial.

En los primeros años ochenta empeoró aún más el entorno internacional para estos países a raíz de una nueva subida de los precios del petróleo y de un severo deterioro de su solvencia financiera, que en muchos casos concluyó con la suspensión del pago de la deuda externa. Esta última circunstancia tuvo una importante incidencia sobre las posibilidades de mejorar su especialización, ya que hizo que los países no desarrollados como grupo se vieran prácticamente privados del acceso a los recursos financieros procedentes del resto del mundo, lo que limitó las posibilidades de éxito de las ambiciosas iniciativas de industrialización iniciadas años atrás.

Cuadro 11
PRINCIPALES EXPORTADORES MUNDIALES DE MÁQUINAS DE OFICINA Y EQUIPOS DE TELECOMUNICACIONES

País:	Exportaciones en 1998 [a]	Participación en las exportaciones mundiales (%)		
		1980	1990	1998
1. Estados Unidos	113,9	20,2	17,3	16,7
2. Japón	85,0	21,1	22,4	12,5
3. Singapur[b]	57,6	3,2	6,4	8,5
4. Reino Unido	43,3	6,4	6,4	6,3
5. Taiwán	38,4	3,2	4,7	5,6
6. Hong Kong[b, c]	36,6	2,0	1,6	0,6
7. Malasia[b]	34,6	1,4	2,7	5,1
8. Alemania	34,2	9,9	7,5	5,0
9. Corea del Sur	31,8	2,0	4,8	4,7
10. Holanda	30,4	4,0	3,4	4,5
TOTAL (10 países)	505,8	73,4	77,2	69,5

[a] Miles de millones de dólares corrientes.
[b] Incluye re-exportaciones.
[c] Las re-exportaciones no se han tenido en cuenta a la hora de calcular la participación en las exportaciones mundiales.
Fuente: ORGANIZACIÓN MUNDIAL DEL COMERCIO, *Informe anual 1999*, Ginebra, 1999.

A medida que transcurrió la década de los ochenta y, sobre todo, en el primer tramo de la década de los noventa, el contexto económico internacional dejó de ser tan negativo para los intereses de las economías no desarrolladas[8]. Los estudios que se han realizado sobre la evolución de sus ventajas comparativas ponen de manifiesto, no obstante, que sólo un grupo muy reducido de éstas (algunos países del sudeste de Asia y de América Latina) ha conseguido variar significativamente su inserción exterior, aprovechando las características del nuevo escenario internacional. Su

[8] Habría que excluir de ese balance general a los países exportadores de petróleo, que sufrieron las consecuencias de la caída de los precios del crudo a partir de 1984.

principal logro, especialmente en el caso de las economías de Asia sudoriental, ha sido la incorporación a su estructura de ventajas comparativas de algunos productos industriales que durante los últimos años han disfrutado de una demanda internacional muy dinámica[9]. A modo de ejemplo puede citarse el potencial exportador adquirido por países como Singapur, Taiwán, Hong Kong o Malasia en una rama tan representativa de las tendencias más recientes de esa demanda como la ofimática y las telecomunicaciones (véase cuadro 11).

El avance de estos países en la producción y en la exportación de manufacturas tan complejas constituye una clara manifestación de ruptura con el esquema en el que se basaba la división internacional del trabajo tradicional. El alcance de esa ruptura no debe hacer olvidar que se trata, en cualquier caso, de un acontecimiento puntual, que no es representativo de lo sucedido en todos los países subdesarrollados. La inserción exterior de la mayor parte de los que cuentan con una economía de mercado sigue dependiendo de los productos sin transformar y de ramas industriales tradicionales, como la siderurgia y la producción de textiles y de artículos de confección, que, como refleja el cuadro 9, tienen una presencia cada vez menor en el comercio internacional[10]. Por su parte, las economías planificadas, convertidas en economías en transición desde los primeros años noventa, tampoco han mejorado significativamente su estructura de ventajas comparativas. Prácticamente todas ellas mantienen un tipo de especialización «intermedia», que no encaja con la que caracteriza a los países propiamente subdesarrollados, pero que tampoco se aproxima con claridad hacia la que predomina en los más adelantados[11].

4.2. LA INCORPORACIÓN DE LOS SERVICIOS AL COMERCIO INTERNACIONAL

4.2.1. La expansión del comercio internacional de servicios

Hasta fechas muy recientes las actividades del sector terciario desempeñaron un papel marginal en prácticamente todos los países. En la mayor parte de los casos ha habido que esperar a que la industria se consolidara y adquiriera cierto grado de madurez para que, finalmente, los servicios se desarrollaran y acabaran convirtiéndose en la base de la actividad productiva[12].

---

[9] Esa interpretación es la que parece desprenderse de los estudios empíricos que han analizado la evolución más reciente de las ventajas comparativas a escala mundial. Véase CEPII, *op. cit.*

[10] Aplicando la distinción que establece la Science Policy Research Unit de la Universidad de Sussex podría afirmarse que sólo en un grupo concreto de países subdesarrollados se aprecia un avance sustancial en la exportación de productos intensivos en conocimiento científico (grupo al que corresponde la informática y los productos electrónicos). Sin embargo, el componente fundamental de la especialización de la mayor parte de los países subdesarrollados se basa en las actividades tradicionales. Véase P. GUERRERI, *op. cit.*, p. 65. Puede consultarse también la información que se ofrece en CEPII, *op. cit.*, pp. 100 ss.

[11] Ese tipo de especialización es el resultado de una combinación que ya se daba en el período en el que estas economías mantuvieron vigente la planificación: sus ventajas comparativas se asemejan a las de los países más ricos en sus relaciones con las economías subdesarrolladas, mientras que sucede todo lo contrario en sus intercambios con los países más desarrollados. Véase R. SANDRETTO, *op. cit.*, p. 16.

[12] La excepción la constituyen determinados países subdesarrollados en los que las actividades industriales nunca alcanzaron una gran relevancia. El sector terciario ha adquirido recientemente un peso relativo muy grande en la producción y en el empleo de muchos de ellos como consecuencia de la pujanza de algunas actividades de servicios, predominantemente de carácter informal, que contrasta con la extrema debilidad de su agricultura, su ganadería y, sobre todo, de su industria.

En el comercio internacional la expansión de los servicios se ha producido con un gran retraso. Hasta la segunda mitad del siglo XX las transacciones de servicios entre diferentes países apenas si conocían un mínimo desarrollo y sólo gracias al aumento que experimentaron desde entonces (especialmente a partir de la década de los ochenta) han alcanzado en los últimos años un valor que se aproxima al 25% del importe total del comercio internacional de mercancías. Esa proporción contrasta, en cualquier caso, con la participación de los servicios en el valor total de la producción, que en numerosos países ronda el 60%.

La escasa representación del sector servicios en el comercio internacional hasta fechas muy recientes se debe sobre todo a la naturaleza de las actividades que tradicionalmente han formado parte de él. Se trata de actividades que se ajustan a la vieja distinción entre bienes y servicios, en función de la cual los primeros se consideran realidades tangibles, que pueden almacenarse, en tanto que los servicios no son tangibles y han de producirse en el momento de ser consumidos, por lo que no son susceptibles de acumulación. Los servicios que se ajustan a esa caracterización requieren de una relación directa e inmediata entre productores y consumidores, lo que reduce mucho la posibilidad de establecer relaciones comerciales de carácter internacional[13].

A medida que ha pasado el tiempo las actividades de servicios han conocido una intensa expansión, liberándose de los estrictos límites que supone una caracterización tan rígida. Esa importante transformación es el resultado de la conjunción de numerosos factores, entre los que merece la pena destacar los cuatro siguientes:

1. La aparición de nuevos servicios. El núcleo fundamental del sector terciario estuvo constituido durante siglos por las ya referidas actividades que exigen coincidencia en el tiempo y en el espacio de productores y consumidores. El coste asociado al eventual desplazamiento de cualquiera de ellos para efectuar la transacción desincentiva el comercio internacional. La aparición de nuevos servicios que no precisan ni de la movilidad del productor ni del consumidor elimina, sin embargo, cualquier dificultad de ese tipo[14].
2. La desregulación de numerosas actividades. Por sus peculiares características, buena parte de las ramas del sector terciario tradicionalmente eran objeto de una regulación muy estricta por parte de las autoridades en casi todos los países[15]. La corriente liberalizadora que se ha impuesto en muchos de ellos a partir de la crisis de la década de los setenta ha hecho que se relaje significativamente esa regulación, lo que ha estimulado la apertura de esas ramas a la competencia exterior.

---

[13] El origen y las implicaciones de esta concepción de los servicios pueden conocerse mejor consultando, por ejemplo, el trabajo de C. E. GARCÍA, «La internacionalización de los servicios: modalidades y tendencias reflejadas en la balanza de servicios», *Papeles de Economía Española* 66 (1996), pp. 144-157.

[14] Un caso representativo de la primera categoría sería la prestación de un servicio de peluquería. Como ejemplos de actividades del sector terciario que no requieren del desplazamiento de productores ni de consumidores pueden citarse los servicios de telecomunicaciones o la transmisión electrónica de datos. Sobre esta última conviene advertir, no obstante, que no está clara su condición de intercambio de bienes o de servicios. Véase recuadro 3.

[15] La intervención de las autoridades económicas en este tipo de actividades encuentra su justificación en la existencia de importantes fallos de mercado que desaconsejan el funcionamiento libre de la competencia. Uno de los más relevantes es la existencia de un marco de competencia imperfecta como consecuencia de situaciones de monopolio natural asociadas a importantes economías de escala, como las que surgen en ramas como las telecomunicaciones. Véase, por ejemplo, A. SAPIR, «Dimensión de los diferentes sectores en la industria de servicios», *Revista del Instituto de Estudios Económicos* 3 (1994), pp. 81-115.

3. El desarrollo de nuevas tecnologías. A diferencia de las actividades industriales, los servicios eran considerados muy poco proclives a la introducción de mejoras tecnológicas. Esa imagen se ha ido diluyendo conforme se han aplicado nuevas tecnologías (sobre todo, tecnologías de la información) en el sector terciario. La introducción de avances realmente espectaculares en el transcurso de los últimos años en algunas ramas como el transporte, las telecomunicaciones o las finanzas ha estimulado enormemente la internacionalización de ese tipo de actividades y ha propiciado, además, un desarrollo mucho más fluido del comercio internacional de otros servicios.
4. La tendencia hacia la diferenciación de los productos. Frente al comercio internacional más tradicional, dominado por los intercambios de productos homogéneos, el nuevo comercio internacional tiene como protagonistas destacados a los productos diferenciados. Los rasgos que distinguen a unos productos de otros tienen habitualmente su origen en características intangibles, que muchas veces surgen de actividades de servicios, como el *marketing* o la publicidad[16].

4.2.2. El comercio internacional de servicios y otras formas de internacionalización

La peculiar naturaleza de las actividades de servicios complica mucho la posibilidad de establecer una definición certera de éstas, lo que explica que incluso las definiciones más admitidas presenten problemas por su falta de concreción. Esos problemas tienen su origen en la gran heterogeneidad de esas actividades, de forma que si se intenta precisar en la definición se corre el riesgo de excluir a ramas concretas de un sector tan dispar[17].

La gran heterogeneidad de los servicios ayuda a comprender por qué algunas de esas ramas resultan apropiadas para el desarrollo de intercambios internacionales, mientras que otras apenas se prestan al comercio entre unidades residentes en diferentes países[18]. Las ramas del sector terciario más proclives a las transacciones de carácter internacional responden básicamente a dos caracterizaciones:

- Actividades que no requieren ni del desplazamiento de los consumidores ni de los productores. Los ejemplos más característicos son los servicios de telecomunicaciones y los vinculados con la transmisión electrónica de datos[19].
- Actividades que precisan del desplazamiento de los consumidores, pero no de los proveedores. Se trata, por lo general, de servicios vinculados a un bien que carece de movilidad o cuya movilidad resulta muy costosa, lo que encaja, por ejemplo, con actividades como el turismo.

---

[16] Véase C. E. GARCÍA, *op. cit.*, p. 144.

[17] Los problemas vinculados a la definición de las actividades de servicios pueden conocerse mejor con ayuda de la reflexión que se hace sobre ellos en el reciente trabajo de F. GONZÁLEZ GÓMEZ, *Comercio internacional de servicios: revisión conceptual y especial referencia al caso español*, Granada, Universidad de Granada, 1999, pp. 23 ss.

[18] El planteamiento de esta parte del capítulo se inspira en gran medida en el que se adopta, a su vez, en el trabajo ya citado de F. GONZÁLEZ GÓMEZ, *op. cit.*, pp. 25 ss.

[19] En la literatura económica este tipo de actividades se denominan habitualmente «servicios separados», aunque también es posible encontrar denominaciones como «servicios a larga distancia» o «servicios despersonalizados».

Junto a las ramas del sector terciario que se ajustan a esas dos posibilidades existen otras que, por su propia naturaleza, difícilmente pueden ser objeto de comercio entre distintos países, lo que no excluye, sin embargo, el eventual desarrollo de otras relaciones internacionales[20].

La prestación de servicios a extranjeros por parte de las administraciones públicas de un país o por parte de sus instituciones sin ánimo de lucro constituye un ejemplo claro de lo que se acaba de señalar. Este tipo de transacciones no puede considerarse en sentido estricto comercio internacional de servicios, sino transferencias entre unidades residentes y unidades no residentes, por lo que aparecerán reflejadas en la sub-balanza de transferencias y no en la de servicios.

Tampoco se recogen en la balanza de pagos como comercio internacional de servicios las transacciones que requieren del desplazamiento de los factores de producción, tanto si se trata de trabajo como de capital. Si la prestación de servicios requiere del desplazamiento temporal de la mano de obra de un país a otro la operación realizada se consignará como una renta del trabajo, no como un intercambio comercial[21]. Si el servicio requiere de la movilidad del capital tampoco puede hablarse de comercio internacional de servicios. La transferencia de capital será considerada generalmente como una inversión directa, mientras que el cobro por los servicios prestados por la entidad constituida con ese capital figurará en la balanza de pagos como una renta del capital[22].

4.2.3. El comercio internacional de servicios frente al comercio internacional de bienes

Los escasos servicios que tradicionalmente eran objeto de transacciones internacionales solían estar vinculados al comercio de bienes. Éste es el caso del transporte o de los seguros, cuyo desarrollo era complementario al de los intercambios de mercancías y dependía estrictamente de él. La reciente expansión de las actividades incluidas en el sector terciario ha dado lugar, como se ha reseñado previamente, a un aumento muy importante de la variedad de éstas. Una de las consecuencias de esa mayor variedad ha sido la aparición de nuevas relaciones entre los bienes y los servicios, lo que ha supuesto el fin de la estrecha dependencia que existía entre ambos en el ámbito del comercio internacional. En esa nueva gama de relaciones destacan:

---

[20] Las diferentes categorías de relaciones que pueden tener lugar, a las que se hace referencia en los siguientes párrafos, se corresponden con las distintas posibilidades que recoge el *Quinto manual de balanza de pagos* publicado por el Fondo Monetario Internacional. La metodología en la que se basa dicho Manual se expone de forma clara y sintética, por ejemplo, en BANCO DE ESPAÑA, *Balanza de pagos de España, 1997*, 1998, pp. 7 ss.

[21] Ésta será, por ejemplo, la forma en la que se recoja la internacionalización de algunos servicios prestados transitoriamente a empresas extranjeras como, por ejemplo, los de asesoría, consultoría, trabajos de ingeniería o servicios de asistencia técnica. Si el desplazamiento de los trabajadores no es temporal (excede del plazo de un año) la operación realizada ni siquiera tendrá la consideración de internacional, ya que, desde la perspectiva de la contabilidad nacional, los trabajadores desplazados pasarán a ser considerados residentes en el país en el que se encuentran.

[22] Existen transferencias de capital que no requieren de inversión directa en sentido estricto. Se trata de los casos en los que el control que ejerce la empresa matriz sobre sus filiales no se concreta en una participación importante en el capital de éstas, sino que se lleva a cabo a través de las denominadas «nuevas formas de inversión». Véase *infra*, capítulo 6, recuadro 9.

- Servicios que pueden convertirse en sustitutivos del intercambio de bienes. Este sería el caso del *leasing*, un servicio que ocupa el lugar que podría corresponderle a una exportación o a una importación de mercancías[23].
- Servicios independientes del comercio internacional de bienes. Dentro de este grupo figuran algunas actividades que han adquirido una importante presencia en el sector terciario en el transcurso de los últimos años, como sucede con el turismo y con los servicios profesionales.

La variedad de servicios y su mayor autonomía respecto del comercio internacional de mercancías se refleja en las diferencias que se observan entre las corrientes que predominan en dicho comercio y las que constituyen el eje fundamental de las transacciones de servicios. Como pone de manifiesto el cuadro 12, los principales proveedores y los mercados más importantes son, a grandes rasgos, los mismos, predominando en ambos casos los países más desarrollados. Se aprecian, no obstante, interesantes síntomas de disparidad ocultos tras esa aparente similitud.

Cuadro 12
COMERCIO INTERNACIONAL DE MERCANCÍAS Y DE SERVICIOS EN 1999

Principales exportadores	Mercancías			Servicios		
	Puesto[a]	Porcentaje[b]	Saldo[c]	Puesto[a]	Porcentaje[b]	Saldo[c]
Estados Unidos	7	12,4	–364,9	1	18,8	69,4
Alemania	2	9,6	67,9	4	5,7	–50,4
Japón	3	7,5	108,7	6	4,5	–54,1
Francia	4	5,3	12,9	3	5,9	20,1
Reino Unido	5	4,8	–52,3	2	7,6	20,0
Canadá	6	4,2	18,2	12	2,4	–4,7
Italia	7	4,1	14,8	5	4,8	1,8
Países Bajos	8	3,6	15,2	8	4,0	6,6
China	9	3,5	29,2	14	2,0	–5,5
Bélgica-Lux.	10	3,3	14,7	9	2,8	2,1
Hong-Kong [d]	11	3,1	–6,9	10	2,6	13
Corea del Sur	12	2,6	24,5	15	1,9	–1,7
México	13	2,4	–11,5	25	0,9	–2,1
Taiwán	14	2,2	10,6	21	1.1	–8,4
Singapur [d, e]	15	2,0	3,6	16	1.7	3,6

[a] Lugar que ocupa cada país en la lista de principales exportadores.
[b] Proporción que representan las exportaciones de cada país en las exportaciones mundiales (en tanto por ciento).
[c] Miles de millones de dólares de 1999.
[d] La información sobre exportaciones de mercancías incluye reexportaciones.
[e] La información sobre importaciones de mercancías considera también las destinadas a la reexportación.
Fuente: Elaboración propia a partir de la información suministrada en: OMC, *Informe anual, 2000,* Ginebra, 200.

Tomando como referencia el comercio internacional de servicios, lo que más llama la atención es la escasa relevancia que tienen como exportadores dos potencias in-

[23] Naturalmente, sería preciso que la operación se realizara entre unidades residentes en diferentes territorios económicos. Sólo en ese caso el *leasing* sería una alternativa a la exportación o a la importación de mercancías.

dustriales de la talla de Alemania y de Japón. En ambos casos nos encontramos con participaciones en el valor total de las ventas mundiales de servicios sensiblemente inferiores a las que esos mismos países ostentan en las exportaciones de mercancías. La debilidad relativa de su posición en el ámbito de los intercambios de actividades del sector terciario se refleja también en los cuantiosos saldos negativos que presentan sus respectivas sub-balanzas de servicios. Una situación muy similar, aunque no tan acusada, se da también en otras economías desarrolladas como Canadá y en países asiáticos como China, Taiwán o Corea del Sur. En relación con estos últimos puede afirmarse que el espectacular avance que han experimentado sus exportaciones en los últimos años se ha apoyado fundamentalmente en su gran competitividad en los mercados de bienes, ya que su potencial en el comercio internacional de servicios está muy lejos del alcanzado por los países más desarrollados.

La menor relevancia de cualquiera de las economías que se han citado se ve contrarrestada por el protagonismo que tienen en el comercio internacional de servicios algunos países europeos, entre los que destacan Francia y el Reino Unido, y, sobre todo, Estados Unidos. Respecto de este país conviene resaltar, sobre todo, el contraste que se aprecia entre el enorme déficit que arroja su sub-balanza de mercancías y el cuantioso, aunque sustancialmente menor, superávit que registra la de servicios. Destaca asimismo la gran diferencia que se observa entre su participación en el comercio internacional de servicios (cercana al 19%) y en el de bienes (inferior al 12,5%). Todos estos datos ayudan a comprender su destacado papel en todas las iniciativas que se han emprendido para liberalizar este tipo de intercambios, especialmente su intervención decisiva en las discusiones que dieron lugar al Acuerdo General sobre Comercio Internacional de Servicios en 1995[24].

4.3. EL ORIGEN Y EL DESARROLLO DEL COMERCIO INTRAINDUSTRIAL

4.3.1. El descubrimiento de transacciones internacionales de productos similares

Algunos trabajos publicados a partir de 1960 detectaron ciertos síntomas que parecían revelar un comportamiento anómalo en la composición del comercio internacional. La irregularidad que ponían de manifiesto consistía concretamente en la existencia de intercambios de mercancías muy parecidas entre diferentes países[25]. Los trabajos en cuestión intentaban valorar las consecuencias de la liberalización de las relaciones comerciales a la que habían conducido los mecanismos de integración que habían puesto en marcha algunos países de Europa occidental tras la Segunda Guerra Mundial. Se esperaba, atendiendo a lo que postula la versión neoclásica de la Teoría Pura del Comercio Internacional, que esa liberalización hubiese impulsado la

---

[24] Véase *supra*, capítulo 2, apartado 4.

[25] Esos mismos síntomas ya se habían detectado en algunos estudios que salieron a la luz en los primeros años cuarenta, pero que pasaron prácticamente desapercibidos para los especialistas. Entre los análisis más representativos de esa época sobresale el publicado en 1943 por Frenkel, en el que se ponía de manifiesto la tendencia de los países de elevada renta *per capita* a exportar y a importar mercancías similares. Destaca también un estudio realizado por Hirschman en 1945, en el que se llamaba la atención sobre la pérdida de relevancia del viejo modelo de comercio internacional basado en el intercambio de alimentos y materias primas por manufacturas. Véase P. K. M. THARAKAN (ed.), *Intra-Industry Trade: Theory, evidence and Extensions*, Londres, Mac Millan, 1989, pp. 2 ss.

especialización de los países que participaban en dichos mecanismos, permitiendo un mejor aprovechamiento de su dotación factorial. Lo que se constató fue, sin embargo, que, lejos de acentuar su especialización, esos países mostraban una curiosa propensión a intercambiar entre sí productos similares, es decir, tendían a llevar a cabo transacciones intra-industriales[26].

Prácticamente todos los estudios que se han realizado a partir de entonces en torno al comercio intra-industrial no han hecho sino confirmar la existencia de este tipo de relaciones. De hecho, lo que se ha constatado desde los primeros años sesenta hasta la actualidad ha sido el aumento de su importancia respecto de los tradicionales intercambios de productos diferentes (el comercio inter-industrial). Este resultado es aún más claro en las transacciones entre países desarrollados y, dentro de éstas, en las que se llevan a cabo entre los que participan en un mismo mecanismo de integración comercial.

4.3.2. La compleja distinción entre comercio inter-industrial y comercio intra-industrial

De lo que se ha apuntado previamente parece desprenderse que el comercio intra-industrial es un concepto con un perfil claro, que resulta sencillo de definir y fácil de diferenciar del comercio inter-industrial. Esa imagen es, sin embargo, el resultado de una primera reflexión, pero no puede mantenerse cuando se lleva a cabo un análisis mínimamente riguroso. Esto es lo que se constata, sobre todo, cuando se reflexiona en torno al concepto de «industria» en el que se basa el significado del comercio intra-industrial o cuando se tienen presentes las características de la información que se utiliza para determinar la existencia y la intensidad de este tipo de comercio.

a) *Problemas conceptuales: definición de «industria» y de «comercio intra-industrial»*

Existen diferentes acepciones del concepto de «industria», de las que surgen, a su vez, distintas variantes de la noción de comercio intra-industrial. Los dos tipos de acepciones más relevantes se distinguen en función de las características de los productos a las que conceden más importancia:

- Si se tienen en cuenta fundamentalmente las características de la oferta, se considerará que una industria estará formada por actividades que utilizan los mismos *inputs* o que siguen un proceso productivo análogo. Las transacciones internacionales de los productos generados por esas actividades se considerarán, desde este punto de vista, comercio intra-industrial.
- Si se toman como referencia básica las características de la demanda se asumirá que una industria reúne a las actividades que producen bienes o servicios que satisfacen unas necesidades similares. Sólo los intercambios internacionales de este tipo de bienes o servicios serán considerados, desde esta perspectiva, comercio intra-industrial. Sin abandonar la referencia de la demanda existe la posibilidad de concretar aún más, teniendo en cuenta las distintas va-

[26] Uno de los primeros estudios de este tipo que se publicaron y el más conocido de todos ellos analizaba las tendencias del comercio entre los países del Benelux (Bélgica, Holanda y Luxemburgo). Se trata concretamente del trabajo de P. J. VERDOORN, «The intra-block trade of Benelux», en E. A. G. Robinson (ed.), *Economic consequences of the size of nations*, Londres, Mac Millan, 1960, pp. 291-329.

riedades de productos entre las que el consumidor puede elegir (diferenciación horizontal) o los diferentes niveles de calidad por los que puede optar (diferenciación vertical). En el primer caso únicamente se ajustarían al concepto de comercio intra-industrial las transacciones internacionales de productos de una misma variedad, mientras que en el segundo se requerirá que los bienes o servicios tengan un grado de calidad equivalente.

La selección de una u otra acepción del concepto de «industria» es muy relevante, ya que no todos conducen a una misma percepción del comercio intra-industrial. A modo de ejemplo, si se toma como referencia la demanda, el intercambio entre dos países de calzado de piel y de calzado sintético será considerado comercio intra-industrial, ya que, en principio, ambos cubren las mismas necesidades. No lo sería, sin embargo, desde el lado de la oferta, ya que se trata de productos que utilizan diferentes *inputs* y siguen procesos productivos distintos.

b) *Las dificultades derivadas de los datos empleados*

Una información muy agregada, es decir, que distinga entre muy pocas actividades, nunca permitirá tener una buena percepción del comercio intra-industrial. Si, tomando un caso extremo, sólo dispusiéramos de datos sobre dos tipos de bienes (mercancías sin transformar y manufacturas, por ejemplo), obtendríamos una visión exagerada de ese tipo de comercio, ya que prácticamente todos los países exportan e importan simultáneamente esas dos categorías de productos. Estaríamos, por tanto, tomando por comercio intra-industrial transacciones que realmente reflejan intercambios de productos distintos.

Como consecuencia de los problemas a los que conduce la agregación de los datos siempre es aconsejable emplear la información más desagregada de que se disponga. Sólo así podremos aproximarnos al estudio de «industrias» homogéneas desde el punto de vista de la oferta o desde la perspectiva de la demanda. El respeto de esta máxima no eliminará, en cualquier caso, el problema de la agregación, ya que ninguna estadística sobre comercio internacional se presenta con un grado de detalle que permita determinar con exactitud la existencia de intercambios de productos fabricados de forma idéntica o que respondan a unas mismas necesidades. Como prueba de lo que se acaba de señalar, la clasificación más utilizada en la elaboración de estas estadísticas (la Clasificación Uniforme del Comercio Internacional, más conocida por sus siglas, CUCI) ofrece, con su mayor grado de desagregación, poco más de 9.000 categorías de productos, mientras que un supermercado de tamaño medio suele poner a disposición de sus clientes más de 30.000 referencias distintas[27].

Algunos autores han llevado hasta el extremo las consecuencias de las dificultades que plantea la ausencia de datos suficientemente detallados, de forma que, a su juicio, la imagen que se tiene del comercio intra-industrial es básicamente fruto de una información que no es capaz de distinguir entre productos que realmente son diferentes entre sí. De acuerdo con este punto de vista, el comercio intra-industrial no sería, por tanto, un rasgo relevante de la evolución reciente del comercio internacional, sino más bien el resultado de una «ficción estadística»[28].

---

[27] Este ejemplo se ha tomado de J. L. MUCCHIELLI, *Principes d'Économie Internationale*, París, Economica, 1987, p. 272.

[28] Uno de los textos más conocidos y más influyentes de cuantos insisten en este problema es el

4.3.3. La percepción del comercio intra-industrial en la práctica

Al tiempo que han surgido estudios que parecen confirmar la existencia de comercio intra-industrial y que ponen de relieve el aumento de su importancia, se han perfeccionado los instrumentos empleados para identificar y cuantificar su presencia.

Los índices utilizados en los primeros trabajos eran realmente deficientes, como se refleja en el hecho de que sólo pudieran emplearse para determinar la importancia del comercio intra-industrial en sectores concretos. Puede citarse como ejemplo representativo de este tipo de índices el utilizado en el trabajo pionero de Verdoorn sobre los efectos de la integración en la unión económica entre Bélgica, Holanda y Luxemburgo (el Benelux)[29]. En este trabajo, publicado en 1960, el índice utilizado era concretamente:

$$V_i = \frac{X_i}{M_i}$$

En esta expresión, X_i y M_i representan las exportaciones y las importaciones de un país para un sector i determinado. Este índice, que puede tomar valores entre cero e infinito, proporciona una medida muy primaria del comercio intra-industrial. Dada su construcción, únicamente permite afirmar que estamos en presencia de comercio intra-industrial si los valores del índice se aproximan a la unidad, ya que reflejaría que el país analizado lleva a cabo simultáneamente exportaciones e importaciones de productos de la rama i por un valor similar. Habría que admitir el predominio del comercio inter-industrial, por el contrario, en la medida en que ese índice se aproxime a cero o a infinito, ya que pondrá de manifiesto que el país en cuestión sólo exporta o importa productos de esa rama.

Uno de los principales defectos de este índice y de otros que se utilizaron en los trabajos publicados en la misma época es su incapacidad para reflejar la importancia del comercio intra-industrial en el conjunto de transacciones exteriores de un país. En el caso concreto del índice de Verdoorn eso no es posible porque de la agregación para n sectores de dicho índice no surgiría una medida del comercio intra-industrial, sino la tasa de cobertura del país que se analiza[30].

Una segunda generación de índices permitió superar ese problema. Uno de los más difundidos de dicha generación fue el propuesto por Bela Balassa en un trabajo que apareció en 1966[31]. El índice en cuestión se ajusta a la siguiente fórmula:

$$B_i = \frac{|X_i - M_i|}{X_i + M_i}$$

Dada su construcción, el índice de Balassa toma valores comprendidos entre cero y uno. Si el montante de las exportaciones que realiza un país de un producto de la rama i equivale al de sus importaciones de productos de esa misma rama el índice

---

ya clásico de R. E. LIPSEY, «Review of Grubel, H. G. and Lloyd, P. G. intra-industry trade», *Journal of International Economics* 6 (1975), pp. 312-314.

[29] P. J. VERDOORN, *op. cit.*

[30] La tasa de cobertura refleja la proporción en que las exportaciones de un país son capaces de cubrir el valor de sus importaciones. Habitualmente se expresa como porcentaje de las importaciones, es decir, el cociente que surge al dividir las exportaciones por las importaciones se multiplica por 100.

[31] B. BALASSA, «Tariff reductions and trade in manufactures among the industrial countries», *The American Economic Review* 56 (1966), pp. 466-473.

tomará el valor cero, que expresará el mayor grado de comercio intra-industrial. En el extremo contrario, si el país sólo exporta o importa productos de esa rama su comercio será inter-industrial en el sentido más estricto y el índice tomará el valor uno.

El índice de Balassa sí puede calcularse para un conjunto de ramas o incluso para el comercio exterior de toda una economía. Para ello basta con calcular la media aritmética de los índices correspondientes a cada una de las ramas, es decir:

$$B = \frac{1}{n} \sum_{i=1}^{n} \frac{|X_i - M_i|}{X_i + M_i}$$

Muy similar al índice anterior es el creado por Grubel y Lloyd en 1975, cuya expresión para un sector *i* concreto es la siguiente:

$$G_i = 1 - \frac{|X_i - M_i|}{X_i + M_i}$$

El índice de Grubel y Lloyd también permite valorar la importancia del comercio intra-industrial para un conjunto de sectores o para toda una economía. Estos dos autores propusieron que se calculara con este fin la media ponderada de los índices sectoriales[32].

Independientemente de si se trata del índice sectorial o del global, la fórmula propuesta por Grubel y Lloyd vuelve a oscilar entre cero y uno, pero esta vez refleja de forma directa la importancia del comercio intra-industrial, ya que cuanto mayor sea su valor (cuanto más se acerque a la unidad) mayor será también la importancia de ese tipo de comercio[33]. Además de la ventaja que supone la sencillez de esa interpretación directa, el índice de Grubel y Lloyd destaca porque la *ratio* que trata de captar la importancia de ese comercio para toda la economía, al incluir ponderaciones, refleja mejor que el índice de Balassa la importancia relativa de cada industria en el comercio exterior. Gracias a esas y a otras ventajas a las que podría hacerse referencia el índice creado por Grubel y Lloyd es el más difundido de cuantos se utilizan para determinar la importancia del comercio intra-industrial, con una gran diferencia sobre todos los demás[34].

---

[32] El índice en cuestión apareció por primera vez en H. GRUBEL Y P. J. LLOYD, *Intra-industry trade. The theory and measurement of international trade in differenciated products*, Londres, Macmillan, 1975. Al calcular la media ponderada para un conjunto de sectores el índice en cuestión se ajustaría a la siguiente fórmula:

$$G = \frac{\sum_{i=1}^{n} G_i \,(X_i + M_i)}{\sum_{i=1}^{n} (X_i + M_i)}$$

[33] Pueden encontrarse trabajos en los que las expresiones que figuran en el texto se multiplican por 100, por lo que los índices varían entre 0 y 100 en lugar de hacerlo entre 0 y 1. Es relativamente frecuente que los resultados obtenidos de esta forma se interpreten como el porcentaje que representa el comercio intra-industrial en el valor total de los intercambios.

[34] La gran difusión alcanzada por el índice creado por Grubel y Lloyd en 1975 no supone que no se hayan realizado esfuerzos con posterioridad para mejorar la medición del comercio intra-industrial. Una parte de esos esfuerzos se ha encaminado hacia la creación de índices que corrijan algunos defectos que presenta el ya referido índice de Grubel y Lloyd. Otros han tratado de ofrecer fórmulas que permitan incorporar la distinción entre bienes diferenciados horizontal y verticalmente. Puede encontrarse una interesante reflexión sobre la primera alternativa en J. KOL y B. M. MENNES, «Intra-industry specialisation: some observations on concepts and measurement», *Journal of International Economics* 21 (1986), pp. 173-181, y en S. VONA, «On the measurement of intra-industry trade: some further thoughts», *Weltwirtschaftliches Archiv* 127, 3 (1991), pp. 678-700. Para conocer mejor las aplicaciones de la segunda alternativa, que se ha desarrollado con posterioridad, pueden consultarse,

Utilizando precisamente ese índice, el cuadro 13 ofrece una imagen de la evolución del comercio intra-industrial en los intercambios exteriores de manufacturas de una muestra representativa de países desarrollados. La impresión general que se desprende de un primer examen de los datos que se recogen en ese cuadro confirma el aumento del comercio intra-industrial, prácticamente sin interrupción, desde que fue descubierto en los análisis que comenzaron a publicarse en los primeros años sesenta. Por períodos, el aumento parece concentrarse en la década que siguió a ese descubrimiento. Sin embargo, a partir de 1970 el incremento de los índices de Grubel y Lloyd se ralentizó, de lo que podría deducirse que desde entonces se ha moderado el aumento del comercio intra-industrial.

Cuadro 13
COMERCIO DE PRODUCTOS MANUFACTURADOS EN ALGUNOS PAÍSES DESARROLLADOS SELECCIONADOS. ÍNDICE DE GRUBEL Y LLOYD [a]

País	1961	1965	1970	1975	1980	1985	1991	1991[b]
Alemania [c]	0,32	0,41	0,54	0,53	0,60	0,60	0,68	0,76
Estados Unidos	0,29	0,36	0,35	0,40	0,46	0,48	0,47	0,53
España	0,13	0,18	0,30	0,36	0,47	0,47	0,55	0,59
Francia	0,46	0,60	0,67	0,68	0,70	0,71	0,68	0,75
Italia	0,44	0,46	0,51	0,52	0,53	0,54	0,55	0,60
Japón	0,20	0,15	0,23	0,20	0,22	0,19	0,31	0,35
Reino Unido	0,30	0,48	0,56	0,65	0,71	0,71	0,68	0,75

[a] Valores del índice sintético de Grubel y Lloyd calculados para el máximo nivel de desagregación disponible de la Clasificación Uniforme del Comercio Internacional (CUCI), es decir, cinco dígitos. Los datos correspondientes a 1991 no son estrictamente comparables con los anteriores, ya que no proceden exactamente de la misma fuente. En todas las columnas, excepto en la última, el índice se ha calculado tomando las transacciones de cada uno de los países con el resto del mundo.
[b] Valores que toma el índice de Grubel y Lloyd para los intercambios con las economías desarrolladas.
[c] La información corresponde a la desaparecida República Federal Alemana.
Fuente: Para el período 1961-1985 J. L. MUCCHIELLI, *Économie Internationale*, París, Économica, 1987, que toma, a su vez, los datos, de la base NEXT de la OCDE. Para 1991 J. REQUEIJO, *Economía Mundial. Un análisis entre dos siglos*, Madrid, Mac Graw Hill, 1995, que emplea también datos suministrados por la OCDE.

La información que se recoge en el cuadro 13 también pone de manifiesto la influencia de los procesos de integración, vinculados al comercio intra-industrial desde el momento en que se detectó. A través de los valores que toma el índice de Grubel y Lloyd parece deducirse que ese tipo de comercio tiene una incidencia sensiblemente mayor en las transacciones exteriores de países que participan en fórmulas de integración comercial, como sucede con los de la Unión Europea, que en los que se mantuvieron prácticamente al margen de este tipo de compromisos durante el período al que corresponde la información, como sucede con Estados Unidos y, sobre todo, con Japón.

por ejemplo, J. MARTÍN y V. ORTS, «Naturaleza y causas del comercio intra-industrial», *Ekonomiaz* 36 (1996), pp. 78-101, y E. GORDO y C. MARTÍN, «Integración económica, comercio intra-industrial y costes de ajuste», *Revista de Economía Aplicada* 12, 4 (1996), pp. 151-164.

Recuadro 5
LA PARADOJA DE LEONTIEF

Aprovechando su dominio de la metodología *input-output* (de la que fue el creador) y su conocimiento de la economía estadounidense, Wasily Leontief decidió poner a prueba la validez del Teorema Heckscher-Ohlin en 1954. Para ello, tomó datos correspondientes a 1946 y comparó el capital y el trabajo incorporados en las exportaciones norteamericanas con los incorporados, a su vez, en los productos que competían con sus importaciones. Ese ingenioso planteamiento le permitía contrastar la capacidad explicativa de dicho Teorema sin la necesidad de trabajar directamente con la intensidad factorial de esas importaciones, una intensidad que no conocía, ya que no disponía de información suficiente sobre los países que abastecían a los Estados Unidos.

El estudio realizado por Leontief puso de manifiesto que la relación capital/trabajo asociada a las exportaciones de Estados Unidos era inferior a la que le correspondía a los productos sustitutivos de sus importaciones, lo que cuestionaba la capacidad explicativa de las dotaciones relativas de factores, ya que en ese momento Estados Unidos era el país con el mayor *stock* de capital del mundo.

El resultado obtenido por Leontief fue vivamente criticado por numerosos autores, que aducían problemas en la metodología utilizada para llegar a él y ponían en duda la fiabilidad y la representatividad de la información utilizada en su estudio, teniendo en cuenta sobre todo que se trataba de una etapa muy peculiar (el período inmediatamente posterior al final de la Segunda Guerra Mundial). La legitimidad de esas críticas puede ponerse en entredicho al comprobar lo que pusieron de manifiesto análisis similares, pero en los que se utilizaba una metodología más depurada y se empleaba información correspondiente a períodos posteriores. Como puede apreciarse en el cuadro, esos estudios no respaldan el cumplimiento del teorema Heckscher-Ohlin. De hecho, predominan los estudios que confirman el resultado obtenido inicialmente por Leontief.

A lo largo de los años se han ofrecido diferentes explicaciones de ese resultado, la mayor parte de ellas muy sugerentes, pero, al mismo tiempo, de escasa consistencia. Una de las que ha alcanzado mayor difusión se basa en la necesidad de reconocer que, junto con el capital y el trabajo, la producción requiere del empleo de recursos naturales. Esta apreciación, consistente con la modificación que Vanek propone introducir en el Teorema Heckscher-Ohlin, puede ofrecer una justificación de la paradoja de Leontief, ya que en las importaciones de Estados Unidos han tenido y tienen un gran peso relativo los productos intensivos en recursos naturales, para cuya producción se requiere mucho más capital que trabajo. Esta apreciación exigiría que, a la hora de hacer un contraste de la validez de ese Teorema se excluyeran los recursos naturales. Como puede observarse a partir de los datos que figuran en el cuadro que se adjunta esta propuesta tampoco conduce a resultados concluyentes.

CONTENIDO FACTORIAL DEL COMERCIO DE LOS ESTADOS UNIDOS
RELACIÓN CAPITAL /TRABAJO
(Miles de $ por trabajador y año)

Autor y año del estudio	Leontief (1954)	Leontief (1956)	Baldwin (1971)	Stern Markus (1981)
A. Importaciones[a]	18,1	13,7 (10,1)	18 (11,9)	14,2 (17,3)
B. Exportaciones[a]	14	13 (11,5)	14,2 (11,5)	15 (18,7)
Imports./exportas. (A/B)[a,b]	1,3	1 (0,88)	1,27 (1,04)	0,95 (0,93)

[a] Las cifras que aparecen entre paréntesis reflejan el contenido factorial de los productos intercambiados, excluyendo los recursos naturales, como propone Vanek.

[b] Cociente entre la relación capital/trabajo de las importaciones (A) y de las exportaciones (B). Teniendo en cuenta la dotación relativa de factores de Estados Unidos este cociente debería tomar valores muy inferiores a la unidad para que se cumplieran las previsiones del Teorema Heckscher-Ohlin.

Fuente: M. CHACHOLIADES, *Economía Internacional*, Madrid. Mac Graw Hill, [2]1992.

A partir de los datos que incluye el cuadro 13 también puede constatarse la incidencia del nivel de desarrollo en el peso relativo del comercio intra-industrial. Esa influencia podría ser el origen de las diferencias que se observan entre los valores de los índices correspondientes a países del Norte y del Sur de la Unión Europea. Esa misma influencia parece estar detrás de la diferencia que se observa entre los valores que arroja el índice de Grubel y Lloyd cuando solamente se tienen en cuenta las transacciones con otras economías desarrolladas y los que toma para el conjunto de intercambios exteriores de manufacturas. A través de las cifras que se recogen en el cuadro 13 puede comprobarse que los valores correspondientes al primer cálculo son siempre superiores a los que se obtienen con el segundo.

4.4. EL PENSAMIENTO ECONÓMICO ANTE LOS CAMBIOS EN LA ESPECIALIZACIÓN: ¿HACIA UNA NUEVA TEORÍA DEL COMERCIO INTERNACIONAL?

La profunda transformación sufrida por la composición por productos de los intercambios entre agentes económicos de diferentes países en el transcurso de los últimos años ha generado una situación muy difícil de conciliar con la explicación más extendida del comercio internacional hasta mediados de siglo, basada en las diferencias entre las dotaciones relativas de factores.

El primer contratiempo importante para esa explicación, una de las aportaciones más consolidadas de la tradición teórica neoclásica, fue la publicación en 1954 de un conocido estudio realizado por Wasily Leontief, en el que se ponía de manifiesto que las exportaciones de Estados Unidos eran más intensivas en mano de obra que sus importaciones, a pesar de que se trataba del país relativamente mejor dotado de capital en esa época, a gran distancia del resto (véase recuadro 5).

Desde que ese trabajo puso de relieve la debilidad de la explicación del comercio internacional en función de los factores de producción no han dejado de aparecer síntomas de su incapacidad para ofrecer una justificación consistente del nuevo comportamiento de ese comercio. Al margen de lo que puso de manifiesto la denominada «paradoja de Leontief», conviene tener en cuenta que el comercio internacional tiende a concentrarse en las economías desarrolladas, a pesar de que, al menos en principio, disponen de dotaciones factoriales similares. Por productos, el predominio corresponde de forma cada vez más clara a los artículos manufacturados, un tipo de mercancías para el que resulta muy difícil establecer las diferencias en la intensidad factorial. Esa dificultad alcanza sus mayores cotas en aquellos casos en los que las manufacturas intercambiadas son prácticamente idénticas, es decir, cuando estamos en presencia de comercio intra-industrial[35].

Estas importantes contradicciones entre la Teoría Pura del Comercio Internacional en su versión neoclásica y el nuevo perfil del comercio internacional han dado lugar a un interesante debate teórico. Entre la gran diversidad de opciones que han surgido de ese debate puede establecerse una división entre dos grandes alternativas. La primera está constituida por un grupo de aportaciones que conserva el marco teórico neoclásico, pero introduce en él algunas modificaciones con el propósito de reflejar las nuevas características del comercio internacional. La segunda alternativa es la que adoptan las contribuciones que rompen con aspectos fundamentales de ese marco

[35] Véase O. BAJO, *Teorías del Comercio Internacional*, Barcelona, Antoni Bosch, 1991, pp. 63 ss.

teórico, para así ofrecer una visión más amplia, aunque también más compleja, de las transacciones internacionales.

4.4.1. Las adaptaciones de la visión clásica y neoclásica del comercio internacional

En los primeros años sesenta comenzaron a publicarse una serie de trabajos que, sin renunciar a la tradición teórica anterior, trataban de ofrecer una explicación de los cambios que se estaban produciendo en las transacciones. Desde el primer momento se fue consolidando una división entre los trabajos que ponían el acento en el aprovechamiento de las dotaciones factoriales, enlazando con la tradición neoclásica, y los que, recuperando la visión original ricardiana, buscaban la justificación del comercio internacional en la utilización de tecnologías diferentes.

a) *El enfoque neofactorial*

Los trabajos que pueden incluirse dentro de este enfoque coinciden con el Teorema Heckscher-Ohlin en una cuestión esencial: el comportamiento del comercio internacional puede explicarse a partir de las diferencias relativas entre las dotaciones de factores. El punto fundamental de divergencia entre los dos planteamientos radica en el número de *inputs* a considerar, ya que, mientras el referido Teorema parte de una distinción elemental entre capital y trabajo, el enfoque neofactorial considera necesario asumir la existencia de una mayor variedad de *inputs*.

Una de las opciones a la que más se ha recurrido a la hora de asumir una mayor gama de factores consiste en distinguir entre varias categorías de trabajo. Este planteamiento se fundamenta en las grandes diferencias de productividad que existen entre esas categorías, que desaconsejan contemplarlas como si formaran parte de una realidad homogénea[36]. La consideración de diferentes categorías de trabajo abre, además, la posibilidad de resolver la paradoja de Leontief. Como señaló en su momento el descubridor de la paradoja, es razonable que Estados Unidos mostrara una tendencia a exportar bienes intensivos en trabajo a pesar de su relativa escasez de mano de obra, gracias a la mayor productividad de esa mano de obra respecto de la de sus proveedores.

También forman parte del enfoque neofactorial los trabajos que no sólo tienen en cuenta la existencia de diferentes categorías de trabajo, sino que reconocen que la producción requiere, además, de otros factores, como, por ejemplo, la tierra o, en un sentido más general, los recursos naturales. La consideración de toda una gama de n factores llevaría, en la línea de lo que señaló en su momento Jaroslav Vanek, a reinterpretar el Teorema Heckscher-Ohlin y a generalizar sus conclusiones. De acuerdo con esa reinterpretación, a la que, por analogía, se conoce como Teorema Heckscher-Ohlin-Vanek, cada país que participa en el comercio internacional trata de exportar los bienes que incorporan los servicios de los factores relativamente más abundantes en ese país e intenta importar aquéllos que surgen de los que son relativamente más escasos[37].

---

[36] Una alternativa similar a la anterior consiste en diferenciar entre trabajo cualificado y no cualificado, suponiendo que el último de ellos es, a su vez, el resultado de combinar trabajo no cualificado y capital. Esta línea de trabajo se fundamenta en los análisis basados en el concepto de «capital humano». Véase, por ejemplo, J. L. MUCCHIELLI (1987), *op. cit.*, pp. 167 ss.

[37] La propuesta de Vanek puede emplearse también para justificar la paradoja de Leontief. Véase recuadro 5.

Otro importante grupo de trabajos que puede vincularse con el enfoque neofactorial es el que se basa en la incorporación de factores específicos. En estos análisis se considera que, junto a los *inputs* que pueden utilizarse indistintamente en cualquier sector (los únicos que tiene en cuenta el planteamiento neoclásico convencional), existen otros que sólo pueden emplearse específicamente en determinadas actividades. La introducción de factores específicos amplía la capacidad explicativa de la Teoría del Comercio Internacional, especialmente si lo que se desea es profundizar en cuestiones vinculadas con la distribución de la renta[38].

b) *El enfoque neotecnológico*

La perspectiva neotecnológica puede entenderse como un intento de recuperar las raíces ricardianas de la Teoría Pura del Comercio Internacional. Conviene recordar en este sentido que David Ricardo concedía una extraordinaria importancia a las diferencias entre las tecnologías empleadas por distintos países a la hora de explicar el comportamiento de los intercambios que tuvieran lugar entre ellos[39].

El primer estudio relevante que adoptó este punto de vista y que alcanzó una difusión importante fue un trabajo publicado por Michael Posner en 1961. Adoptando un planteamiento similar al empleado por este autor, aunque más perfilado, Raymon Vernon formuló a mediados de la década de los sesenta la teoría más conocida de cuantas pueden incluirse en el enfoque neotecnológico: la Teoría del Ciclo del Producto[40]. De acuerdo con ella, las mercancías pasan por tres fases:

1. Surgen en un país de elevado nivel de desarrollo tecnológico como artículos nuevos.
2. Una vez que se difunde la tecnología que se utiliza para fabricar dichos artículos éstos adquieren la condición de productos estandarizados y son elaborados y exportados a partir de entonces por países de nivel de desarrollo intermedio.
3. Finalmente, en la última fase de su ciclo de vida, pasan a ser productos maduros, que son fabricados en economías atrasadas desde un punto de vista tecnológico, desde donde se exportan a los países más avanzados.

El reconocimiento de la existencia de un ciclo vital para cada producto ofrece interesantes ventajas a la hora de explicar el comportamiento del comercio internacional. Una de las más importantes es la posibilidad de justificar el origen y el desarrollo de comercio intra-industrial. De acuerdo con la Teoría del Ciclo del Producto, el intercambio de mercancías similares escondería simplemente transacciones de artículos que satisfacen necesidades análogas, pero que pertenecen a generaciones tecnológicas diferentes.

La trascendencia que han alcanzado recientemente las nuevas tecnologías en la actividad económica general y en el comercio internacional en particular han propiciado la aparición de construcciones teóricas que, de una forma u otra, siguen el camino abierto por ese enfoque neotecnológico. Entre las más recientes destacan:

---

[38] Este tipo de cuestiones pueden conocerse consultando, por ejemplo, el capítulo 3 de P. R. KRUGMAN y M. OBSTFELD, *op. cit.*

[39] A partir de la reforma introducida en este plano por la tradición neoclásica sólo algunas aportaciones aisladas, como las de Schumpeter o las de Kindleberger pusieron de relieve el interés de las relaciones entre tecnología y comercio internacional.

[40] Las aportaciones desarrolladas por estos dos autores se explican con detalle en O. BAJO (1991), *op. cit.*, pp. 67 ss.

- Los trabajos desarrollados desde una perspectiva evolucionista, entre los que sobresalen los estudios realizados por autores como Dosi, Pavit o Soete. El planteamiento adoptado en esos estudios se aleja de forma significativa de la tradición neoclásica en la que, de una u otra forma, se basan todos los análisis a los que se ha hecho referencia en esta parte del capítulo. A pesar de ello, pueden vincularse con el enfoque neotecnológico porque intentan mostrar, desde diferentes perspectivas, el nexo que puede establecerse entre ese comercio, la tecnología y el crecimiento[41].
- Ese mismo nexo constituye el centro de atención de una de las líneas de investigación más novedosas y más prometedoras de cuantas se encuentran abiertas en la actualidad en el campo del comercio internacional, en la que destacan, entre otras, las contribuciones de Romer, Grossman y Helpman. Desde ópticas no siempre coincidentes, estos autores tratan de identificar las condiciones en las que el comercio internacional puede convertirse en un estímulo para el crecimiento económico a largo plazo[42].

4.4.2. El comercio internacional en un marco de competencia imperfecta

Los intensos cambios sufridos por el comercio internacional desde el final de la Segunda Guerra Mundial, especialmente en lo que concierne a la especialización, han llevado a una serie de economistas a considerar que la nueva situación que ha surgido es incompatible con el rígido marco de hipótesis en el que se basaba la Teoría Pura del Comercio Internacional de raíz neoclásica.

Uno de los principales elementos de ruptura de esos autores con el citado marco es el reconocimiento de la existencia de economías de escala[43]. Este cambio tiene una gran trascendencia sobre la forma en la que se concibe la competencia, ya que la existencia de economías de escala puede conducir a situaciones en las que las grandes empresas adquieren una posición ventajosa sobre las pequeñas, lo que da lugar a mercados copados por un grupo reducido de ellas (oligopolio) o incluso por una sola (monopolio)[44]. Dicho cambio conlleva, por tanto, el fin de la limitación que suponía analizar el comercio internacional únicamente en un marco de competencia perfecta.

---

[41] Puede encontrarse un repaso de los aspectos fundamentales de estos estudios en S. BARCENILLA VISÚS y C. LÓPEZ PUEYO, «Tecnología y comercio desde el enfoque evolucionista: una aplicación regional», *Ekonomiaz* 36 (1996), pp. 58-77.

[42] En O. BAJO, «Teorías del comercio internacional: una panorámica», *Ekonomiaz* 36 (1996), pp. 23 ss. se ofrece una visión sintética de lo que pretenden ese tipo de trabajos. Esa visión puede ampliarse recurriendo, por ejemplo, a J. N. BHAGWATI, A. PANAGARIYA y T. N. SRINIVASAN, *Lectures on International Trade*, Massachusetts, MIT Press, 1998, pp. 527 ss.

[43] Esta presunción se opone a la consideración tradicional de que cualquier incremento de los factores empleados en un proceso productivo conduce a un aumento estrictamente proporcional de la cantidad producida (rendimientos constantes) y no mayor (rendimientos crecientes o economías de escala) o menor (rendimientos decrecientes o deseconomías de escala).

[44] Esta posibilidad sólo se dará cuando existan economías de escala que permitan a las empresas en cuestión reducir el coste unitario a medida que aumente su producción. No tiene por qué darse, sin embargo, cuando las economías de escala surgen al caer ese coste como consecuencia del aumento de la demanda internacional, ya que esta situación es compatible con la existencia de un gran número de empresas y con un régimen de competencia perfecta. Estas dos alternativas se corresponden con la distinción entre economías de escala internas y economías de escala externas que se presenta a continuación.

Dentro de las economías de escala pueden distinguirse dos variantes con consecuencias diferentes sobre el comercio internacional:

- Economías internas: surgen gracias a la reducción del coste de cada unidad producida como consecuencia del mejor aprovechamiento de la capacidad de que dispone cada empresa cuando aumenta la producción.
- Economías externas: se originan merced al efecto beneficioso que tiene sobre ese coste unitario el aumento del mercado mundial, al margen de lo que suceda en cada empresa.

Las economías externas pueden emplearse para justificar el comercio internacional en ausencia de diferencias entre las dotaciones factoriales de los países, por lo que resultan útiles para explicar la existencia de intercambios entre economías similares, como los que tienen lugar actualmente entre las más desarrolladas. Para proporcionar esa justificación basta con asumir que, en presencia de economías de escala derivadas del tamaño del mercado mundial, cada país encuentra más ventajas en especializarse al máximo en la producción de un grupo limitado de mercancías que en intentar producir todas ellas. El comercio internacional desempeñaría un papel esencial en ese marco, ofreciendo a los consumidores de esos países la oportunidad de acceder a los artículos que no sean fabricados por los productores nacionales[45].

La existencia de economías internas ofrece aún mayores posibilidades para explicar las nuevas características del comercio internacional, por lo que no resulta extraño que la mayor parte del trabajo teórico que se ha desarrollado en los últimos años partiendo de un marco de competencia imperfecta se haya basado precisamente en el reconocimiento de este tipo de rendimientos crecientes. La mayor parte de las aportaciones que siguen esta línea combina la hipótesis de existencia de economías de escala internas con el supuesto de que se intercambian productos diferenciados.

Este novedoso marco de hipótesis es consistente, por una parte, con la existencia de numerosas actividades en las que la presencia de costes fijos muy elevados (gastos en I+D, grandes campañas de publicidad, etc.) exige grandes escalas de producción para garantizar una fabricación eficiente. Ese mismo marco también es compatible con el intercambio de artículos muy similares entre sí. De hecho, esos artículos pueden considerarse sustitutos muy cercanos, ya que sólo difieren en algunas características muy concretas (diferenciación vertical) o en su nivel de calidad (diferenciación horizontal)[46].

Una de las limitaciones más importantes de cuantas afectan a ese tipo de estudios es su escasa capacidad para reflejar estructuras de mercado realmente representativas. Se trata de trabajos que asumen que cada variedad de un producto es fabricada por una sola empresa en régimen de monopolio y que entre esas empresas se esta-

[45] La existencia de economías externas tiene también una gran utilidad para comprender por qué determinados países concentran históricamente la producción mundial de algunos bienes o servicios. El aprovechamiento de ese tipo de rendimientos crecientes habría permitido a esos países mantener las ventajas originadas por un acontecimiento histórico concreto, incluso en aquellos casos en los que los productores de otros países cuenten con una estructura de costes más favorable. Puede encontrarse una explicación clara de este argumento, apoyada en un sencillo planteamiento gráfico y en el ejemplo que constituye la industria cinematográfica de Estados Unidos en P. R. KRUGMAN y M. OBSTFELD, *op. cit.*, pp. 105 ss.

[46] La mayor parte de esos estudios adoptan concretamente la hipótesis de que los productos están diferenciados horizontalmente. Véase *supra*, capítulo 4, apartado 3.

blece una dinámica de competencia monopolística. Esta dinámica es, sin embargo, poco habitual, siendo mucho más frecuente la existencia de un número reducido de empresas que compiten entre sí en un mismo sector, una situación que se aproxima mucho más a una dinámica de competencia oligopolística[47].

Existen trabajos recientes que reflejan ese último tipo de competencia. Se trata, por lo general, de análisis que, llevando hasta sus últimas consecuencias el concepto de comercio intra-industrial, asumen que un pequeño grupo de empresas fabrica en diferentes países mercancías exactamente iguales (productos homogéneos). Entre esas empresas se establece un régimen de competencia oligopolística a escala mundial, cuya formalización resulta realmente compleja, por lo que los modelos en los que se emplea no han encontrado, por lo general, muy buena aceptación.

Han alcanzado mucha más difusión los estudios que, siguiendo la línea de trabajo abierta por Helpman y Krugman en 1985, intentan unificar en un mismo marco todas las aportaciones que se han realizado desde la perspectiva de la competencia imperfecta, así como los análisis del comercio internacional acordes con la tradición anterior, es decir, compatibles con la competencia perfecta[48]. En ese marco global, que para algunos constituye el germen de una Nueva Teoría Pura del Comercio Internacional, los resultados no son tan claros como los que obtenían los estudios de corte neoclásico, aunque sí mucho más coherentes con las características que reúne el comercio internacional actual. Estas características se reflejarían en los referidos modelos a través de una combinación entre comercio inter-industrial y comercio intra-industrial. El primer tipo de intercambios respondería a la vieja lógica basada en la existencia de ventajas comparativas y predominaría en las relaciones entre países de características distintas. El comercio inter-industrial, por su parte, se explicaría a partir de la existencia de economías de escala y de productos diferenciados y su importancia sería proporcional a la similitud que existiera entre los países que comerciaran[49].

---

[47] Este argumento se ha tomado de P. R. KRUGMAN y M. OBSTFELD, *op. cit.*, p. 107.

[48] El trabajo que abrió esta perspectiva fue concretamente el de E. HELPMAN y P. R. KRUGMAN, *Market Structures and Foreign Trade. Increasing Returns, Imperfect Competition and the International Economy*, Massachusetts, MIT Press, 1985.

[49] La fidelidad de esos modelos a la dinámica más reciente del comercio internacional también se expresa a través de su disposición a admitir la existencia de grandes empresas multinacionales. Véase *infra*, capítulo 6, apartado 3, sección 2, y O. BAJO (1991), *op. cit.*, p. 90.

5. Comercio internacional y desarrollo económico

La posición marginal que tradicionalmente han ocupado las economías más atrasadas en los intercambios internacionales se corresponde con el escaso interés que esas mismas economías han suscitado en los debates teóricos sobre el origen, la naturaleza y las consecuencias de dichos intercambios. Las dos secciones que abren el primer apartado de este capítulo tratan de dejar constancia de ese escaso interés, así como de las reflexiones que, desviándose de la tendencia dominante, han abordado explícitamente las relaciones entre comercio internacional, crecimiento y desarrollo económico. El apartado se completa con otra sección dedicada a los problemas que se les plantean a los países subdesarrollados a la hora de elegir su política comercial en ese contexto marcado por la ausencia de referentes teóricos claros.

El resto del capítulo está consagrado a los temas que más preocupan a las economías pobres en relación con sus transacciones con el exterior. Esta parte del capítulo comienza con un apartado que se centra en el que puede considerarse su motivo tradicional de inquietud: la trayectoria de los precios de sus exportaciones. El apartado final pasa revista, a su vez, a los que pueden convertirse en sus principales centros de atención en el futuro: por una parte, las relaciones entre comercio internacional y medio ambiente y, por otra, la conexión que puede establecerse entre ese comercio y las condiciones de la mano de obra.

5.1. COMERCIO, CRECIMIENTO Y DESARROLLO. TEORÍA Y POLÍTICAS

5.1.1. El debate teórico

a) *El comercio y el desarrollo en la tradición teórica ortodoxa*

La mayor parte de los análisis que se han llevado a cabo desde una perspectiva ortodoxa en torno a las transacciones entre diferentes países adoptan un planteamiento estrictamente estático, que no es compatible con el punto de vista que se requiere para apreciar las relaciones entre comercio internacional y desarrollo.

La tradición clásica constituye un ejemplo representativo de lo que se acaba de señalar, ya que siempre se preocupó de justificar la existencia de comercio internacional en presencia de ventajas absolutas o de ventajas comparativas, pero sin prestar apenas atención al modo en que se generan esas ventajas o a lo que puede suceder en el momento en que éstas varíen. Ese planteamiento se proyectó sobre la mayor parte de los autores neoclásicos, que también intentaron justificar la existencia de comercio internacional a partir de las condiciones que presentan los países en el instante mismo en el que realizan los intercambios, concretamente a partir de las características de su dotación factorial[1].

Otro importante obstáculo al que se enfrentan los países subdesarrollados en relación con el pensamiento ortodoxo sobre comercio internacional radica en que éste se ha volcado tradicionalmente en el análisis de las condiciones de la oferta. El desinterés respecto de las características de la demanda tiene una gran trascendencia para ese tipo de países, ya que sólo si se tienen en cuenta esas características puede conocerse el reparto de las ganancias que genera el comercio internacional, una cuestión que constituye una de las principales preocupaciones de las economías más pobres[2].

El enfoque adoptado por los principales economistas clásicos y neoclásicos vuelve a ser un reflejo fidedigno de esta limitación teórica. Conviene recordar en este sentido que los autores clásicos más relevantes intentaron encontrar el origen de las ventajas absolutas o comparativas en las características de la oferta. Adam Smith consideraba concretamente que las ventajas en cuestión emanaban de las diferencias que existían entre los países en función del grado de eficiencia de su producción. David Ricardo, por su parte, postulaba que dichas ventajas surgían de las distintas tecnologías empleadas en cada uno de ellos. Los autores neoclásicos prescindieron de las aportaciones de estos autores en este plano, pero, pese a todo, la mayor parte de ellos siguió buscando la justificación del comercio internacional en la configuración de la oferta de esos países, especialmente en su mayor o menor abundancia relativa de factores de producción.

Para encontrar contribuciones ortodoxas que rompan con las dos importantes limitaciones a las que se ha aludido es preciso apartarse de las corrientes y de los autores más conocidos, tanto en la tradición clásica como en la neoclásica. Así, dentro de la corriente clásica puede hacerse referencia a una vertiente, cuyo principal representante fue John Stuart Mill, que situó a la demanda en el núcleo de su análisis. Las aportaciones realizadas desde esa vertiente tuvieron continuidad a través de la obra de autores neoclásicos tan relevantes como Marshall o Edgeworth[3].

Dentro de la tradición neoclásica existen también algunas contribuciones puntuales que escapan del estricto marco estático que ésta asumió habitualmente. Una de las más conocidas es la que analiza las consecuencias de una variación de la cantidad de factores de producción, cuyo resultado más importante es el conocido Teo-

---

[1] Véase *supra*, capítulo 1, apartado 4.

[2] El desprecio con el que habitualmente se contempla todo lo relacionado con la demanda en las reflexiones más ortodoxas sobre comercio internacional constituye una deficiencia cuyo alcance va mucho más allá de lo que puede suponer su ignorancia para los intereses de las economías más atrasadas. Como señala Peter Lindert en su manual sobre economía internacional, refiriéndose a «la tentación de ser más concreto asociando los flujos comerciales únicamente al lado de la oferta», «Conocer la oferta sin la demanda sirve de poco. Sería igual que pretender cortar con tijeras de una sola hoja o aplaudir con una sola mano». P. H. LINDERT, *Economía Internacional*, Barcelona, Ariel, 1994, p. 49.

[3] La mayor parte de los manuales de economía internacional ofrece una visión del comercio exterior que incluye la presentación formal de las demandas recíprocas sugerida por Marshall y Edgeworth. Véase, por ejemplo, D. R. APPLEYARD y A. J. FIELD, *Economía Internacional*, México, Irwin, 1995, pp. 135 ss., o P. R. KRUGMAN y M. OBSTFELD, *op. cit.*, pp. 75 ss.

rema de Rybzcynski. De acuerdo con este teorema, en un país pequeño con sólo dos factores y dos productos, el aumento de uno de los factores generará un incremento de la fabricación del bien que lo utiliza intensivamente y conllevará un retroceso de la cantidad producida del otro bien[4].

Aunque, dado el estricto marco de hipótesis en el que se basa, el Teorema de Rybzcynski tiene un interés eminentemente teórico, no carece de trascendencia real, ya que abre la posibilidad de reflexionar sobre los problemas que, en contra de lo que se desprende de la mayor parte de análisis teóricos, puede provocar la especialización en la práctica. Una de las reflexiones más interesantes de cuantas se han realizado en esta línea sugiere que un crecimiento rápido e intenso de un factor de producción (provocado, por ejemplo, por el descubrimiento de importantes reservas de un recurso natural) puede originar consecuencias indeseadas. Para llegar a esa conclusión debe tenerse en cuenta que la mayor disponibilidad de ese *input* puede disparar la producción y las exportaciones de los productos que lo utilicen de forma intensiva, pero puede conllevar al mismo tiempo un retroceso muy severo de otras actividades, dando lugar a lo que se conoce como «enfermedad holandesa»[5].

Otro interesante desarrollo en esta misma línea es el que asume que la especialización puede generar un aumento de la oferta internacional de los productos exportados tan grande que provoque una caída en los precios de éstos. Es posible incluso que esa caída sea tan intensa que sus efectos compensen los beneficios generados por la propia especialización, como demostró Jadish Bhagwati en la década de los cincuenta en su análisis sobre el «crecimiento empobrecedor». Más allá de su interés teórico, esa posibilidad puede considerarse factible, pensando sobre todo en la especialización de algunas economías subdesarrolladas que dependen de un único producto o de un grupo muy reducido de ellos, y cuyo potencial exportador es tan grande que podría influir significativamente en el nivel mundial de precios[6].

b) *Las relaciones comercio-crecimiento-desarrollo en el pensamiento heterodoxo*

Conforme nos alejamos de la línea de pensamiento ortodoxa aumenta la posibilidad de encontrar reflexiones teóricas sobre la influencia de las transacciones internacionales en el desarrollo económico. No puede decirse, sin embargo, que esas reflexiones formen parte de una construcción consistente y sin fisuras. Tampoco puede decirse que esas aportaciones sean el resultado de una preocupación permanente por las relaciones entre comercio internacional y desarrollo económico. De hecho, hasta la segunda mitad del siglo XX la mayor parte de los economistas más críticos con el pensamiento convencional apenas si analizaron esas relaciones y cuando lo hicieron no ofrecieron una visión clara sobre ellas.

La obra de autores tan relevantes como Marx o Keynes puede citarse como prueba de lo que se acaba de señalar. En el caso de Marx conviene destacar que su preocupación fundamental fueron las economías capitalistas más industrializadas, no las

---

[4] Puede encontrarse una sencilla explicación y una demostración gráfica de este teorema, por ejemplo, en D. R. APPLEYARD y A. J. FIELD, *op. cit.*, pp. 276 y 277.

[5] Esta denominación tiene su origen en la identificación del problema en cuestión con el proceso de desindustrialización que tuvo lugar en Holanda a raíz del descubrimiento de importantes reservas de gas natural en el Mar del Norte.

[6] Suele ponerse como modelo la situación de la economía brasileña en la década de los treinta. Sus exportaciones de café eran en ese momento el componente fundamental de sus ventas en el exterior y constituían una parte muy importante de la oferta mundial de este producto. Véase P. H. LINDERT, *op. cit.*, p. 70.

más pobres. Por otro lado, su interpretación de las relaciones entre comercio y desarrollo no estuvo exenta de contradicciones, como lo muestra el hecho de que lanzase ataques muy duros contra los excesos del colonialismo y, al mismo tiempo, elogiase su capacidad para forzar la desaparición de relaciones de producción de tipo precapitalista. Keynes, por su parte, realizó una contribución trascendental al pensamiento económico, pero muy difícil de aplicar en países en los que las rigideces institucionales son tan importantes como las que suelen existir en las economías más pobres. Su postura sobre el binomio comercio-desarrollo tampoco está libre de contradicciones, como lo muestra el aplomo con el que defendía que la India continuara con su especialización en productos básicos y la inquietud que le causaban, al mismo tiempo, los efectos negativos que tenía la trayectoria del precio de estos productos sobre las economías subdesarrolladas[7].

La primera contribución crítica consistente y con un alcance realmente importante fue la que realizó Raúl Prebisch a partir del estudio que publicó en 1950 sobre el lento ritmo de aumento de los precios de los productos exportados por los países subdesarrollados.

El pensamiento estructuralista latinoamericano, siguiendo esa aportación seminal, creyó encontrar la explicación de la trayectoria de esos precios en las diferencias existentes entre la estructura productiva de las economías desarrolladas («el centro») y de las subdesarrolladas («la periferia»)[8]. De acuerdo con su visión, el centro del sistema económico mundial y su periferia tendían a especializarse en la exportación de manufacturas y de productos sin transformar, respectivamente. Esa disposición complementaria de la división internacional del trabajo no tendría efectos favorables para las economías más pobres, en contra de lo que consideraban los autores clásicos y neoclásicos más representativos. Según los estructuralistas latinoamericanos esa disposición reforzaba, de hecho, el subdesarrollo de la periferia, ampliando su distancia respecto del centro.

Esta importante conclusión, cuya rotundidad no tiene precedentes si excluimos las aportaciones realizadas por los teóricos del imperialismo, tuvo una gran influencia en los análisis económicos heterodoxos que alcanzaron una mayor difusión en los años sesenta y en los años setenta del siglo XX[9]. Entre las corrientes que recogieron el mensaje estructuralista merece una mención especial el enfoque de la dependencia, que acentuó el tono crítico del discurso que habían mantenido hasta entonces Prebisch y el resto de autores vinculados a la Comisión Económica de las Naciones Unidas para América Latina (CEPAL). Como reflejo de ese tono, uno de los autores más destacados de este enfoque resumía la noción de dependencia como la situación en la que «la economía de ciertos países está condicionada por el desarrollo y la expansión de otra economía a la que está sometida»[10].

El pensamiento estructuralista también se transmitió a las corrientes heterodoxas más relevantes en ese momento en Europa, influyendo en la obra de autores tan importantes como Arghiri Emmanuel o Samir Amin, creadores, respectivamente, de la Teoría del Intercambio Desigual y de la Teoría del Desarrollo Desigual. El primero de ellos se distinguió por poner en duda la inmovilidad del capital entre diferentes países, rechazando el punto de vista que los neoclásicos mantenían a este respecto. Esta alteración en el marco de hipótesis de la Teoría Pura del Comercio Internacional, combinada con la extensión al

---

[7] Véase P. BUSTELO, *Teorías contemporáneas del desarrollo económico*, Síntesis, 1998, pp. 81 ss.

[8] Véase *infra*, apartado 5.2.

[9] El lector interesado en este tipo de cuestiones puede emplear como texto de referencia el clásico libro de J. M. VIDAL VILLA, *Teorías del imperialismo*, Anagrama, 1976.

[10] La definición corresponde a Theotonio Dos Santos. Véase A. L. HIDALGO, *El pensamiento económico sobre desarrollo. De los mercantilistas al PNUD*, Huelva, Universidad de Huelva, 1998, p. 110.

plano internacional del argumento marxista de la tendencia a la igualación de las tasas de ganancia, le permitía probar la existencia de un intercambio desigual entre los países que participaban en el comercio internacional[11]. La obra de Samir Amin, por su parte, destacó por su reconstrucción desde un punto de vista crítico de las relaciones centro-periferia a lo largo de la historia. En los años ochenta este mismo autor sobresalió también por su propuesta de acabar con los efectos negativos de esas relaciones sobre los países más pobres, recurriendo para ello a la «desconexión» de la economía mundial[12].

Las contribuciones heterodoxas en torno a las relaciones entre comercio internacional y desarrollo económico han decaído significativamente desde los años setenta, alejándose del auge que alcanzaron a través de los autores y de las corrientes que se han citado. No puede pasarse por alto, con todo, que en los últimos años se han producido algunas reflexiones interesantes, vinculadas por lo general a las críticas que suscita la apertura radical al exterior que muchos países subdesarrollados han emprendido por iniciativa del FMI y de otras instituciones internacionales. Entre ese grupo de reflexiones críticas destacan las que vuelven de nuevo la vista al estructuralismo, como las realizadas por economistas anglosajones como Lance Taylor o las que han llevado a cabo algunos autores que continúan vinculados a la CEPAL[13].

5.1.2. La política comercial en los países subdesarrollados

El escaso interés de la tradición teórica ortodoxa por la vinculación comercio-desarrollo y las enormes divergencias entre esa tradición y las aportaciones realizadas desde planteamientos heterodoxos encajan con la ausencia de una orientación clara y coherente en la política comercial en las economías subdesarrolladas. El rumbo de esa política ha variado mucho dependiendo de las circunstancias concretas de cada país y del momento en que se ha aplicado dicha política. En medio de ese panorama tan complejo sólo puede destacarse un alejamiento progresivo de las estrategias basadas en la sustitución de importaciones y en la intervención exhaustiva del Estado en el comercio exterior, que han sido desplazadas por iniciativas articuladas en torno al estímulo de las exportaciones y el respeto de los criterios de mercado[14].

---

[11] El origen de esa desigualdad estaría concretamente en las diferencias que debían existir entre los salarios para que se igualaran las tasas de ganancia entre los países que comerciaran. Aquellos en los que existieran menores niveles salariales (mayor tasa de plusvalía, utilizando la terminología marxista) recibirían precios inferiores al valor de lo producido, mientras que sucedería justamente lo contrario en los países en los que los salarios fueran mayores.

[12] La primera aportación se recoge fundamentalmente en S. AMIN, *La acumulación a escala mundial: crítica de la teoría del subdesarrollo*, México, Siglo XXI, 1970 y en S. AMIN, *El desarrollo desigual: ensayo sobre las formaciones sociales de capitalismo periférico*, Barcelona, Fontanella, 1976. La iniciativa de la «desconexión» se expresa, por su parte, en S. AMIN, *La desconexión. Hacia un sistema mundial policéntrico*, Madrid, IEPALA, 1985.

[13] Este último grupo de autores ha destacado en los últimos años por su intento de promover una «transformación productiva con equidad». Esta noción se desarrolla en CEPAL, *Transformación productiva con equidad. La tarea prioritaria del desarrollo de América Latina y el Caribe en los años 90*, CEPAL, 1990. Puede encontrarse un comentario sobre esta y otras aportaciones recientes dentro de las nuevas orientaciones del estructuralismo –incluyendo alusiones a la labor de Lance Taylor– en P. BUSTELO (1998), *op. cit.*, pp. 245 ss. Las críticas a las estrategias adoptadas por el FMI se comentan en la parte final de la siguiente sección de este mismo capítulo.

[14] Esta imagen tan simple de una realidad que, sin duda, es mucho más compleja, requiere de muchos matices. La imagen en cuestión se basa en el análisis que se lleva a cabo en el artículo de A. KRUEGER «Trade Policy and Economic Development: how we learn», *American Economic Review* 87 (1997), pp. 1-22. Una acertada síntesis de ese análisis puede encontrarse en el reciente trabajo de L. A. WINTERS «La po-

a) *La sustitución de importaciones y la defensa de la industria naciente*

Aunque en los primeros años cincuenta destacados autores ortodoxos como Viner difundían mensajes similares a los que en su momento propagaron Adam Smith o David Ricardo, prácticamente todos los países subdesarrollados apostaban en esa época por políticas comerciales proteccionistas. El objetivo fundamental de esas políticas era crear el clima adecuado para que surgiera un sector industrial capaz de contribuir a la diversificación de las exportaciones de esos países.

A la hora de adoptar esa estrategia, los responsables económicos tuvieron en cuenta los trabajos que comenzaron a publicarse sobre las consecuencias negativas de una especialización centrada en los productos básicos[15]. Tuvieron presente, además, la trayectoria de las economías que hasta ese momento habían alcanzado cierto grado de desarrollo, en las que la industrialización desempeñó un papel trascendental. Su modelo fue concretamente el de países como Alemania, Estados Unidos o Japón, que también recurrieron a la protección para impulsar el crecimiento de sus respectivos sectores industriales en las primeras fases de su proceso de modernización, haciendo valer el argumento de «defensa de la industria naciente» (véase recuadro 6).

Como quiera que la industrialización de las economías más atrasadas precisaba de un esfuerzo intenso y muy organizado, sus autoridades se emplearon a fondo en la coordinación de las intervenciones económicas. Esa estrategia se basó en la experiencia acumulada por los poderes públicos de algunos países en tiempos de la Segunda Guerra Mundial, así como en el perfeccionamiento de las técnicas de planificación en la Unión Soviética y en otras economías de Europa central y oriental.

La intervención coordinada de las autoridades económicas también se proyectó sobre el comercio internacional, lo que generó un importante conflicto con los principios que pretendía implantar el GATT. Para resolver ese conflicto se reclamó la instauración de un régimen excepcional, que eximiera a los países subdesarrollados del cumplimiento de esos principios. La puesta en marcha del sistema de preferencias generalizadas, al que se aludió en el capítulo 2, puede considerarse la culminación de esas aspiraciones.

b) *De la sustitución de importaciones a la promoción de exportaciones*

El predominio abrumador de las políticas comerciales basadas en la protección del mercado nacional de productos industriales se fue debilitando a medida que se acumularon pruebas en su contra. Siguiendo a Alan Winters puede afirmarse que las pruebas más importantes fueron:

1. Las reflexiones que desde los primeros años sesenta pusieron de manifiesto la superioridad teórica de la liberalización comercial sobre las iniciativas basadas en la regulación estricta de las transacciones con el exterior.
2. La aparición de estudios empíricos que ponían de relieve las graves distorsiones causadas por la intervención del Estado en las economías que habían optado por la sustitución de importaciones.
3. Los buenos resultados alcanzados a partir de los primeros años setenta por algunas economías del este de Asia que se habían distinguido por no recurrir a políticas comerciales tan proteccionistas como las empleadas en la mayor parte de países subdesarrollados[16].

---

litique commerciale comme politique de développement: bilan et perspectives d'une expérience semiséculaire», *Document préparé pour la Table Ronde sur le Commerce et le Développement*, OCDE, 2000.

[15] Véase *infra*, capítulo 5, apartado 2, sección 1.

[16] L. A. WINTERS, *op. cit.*, pp. 6 ss.

Recuadro 6
LA DEFENSA DE LA INDUSTRIA NACIENTE

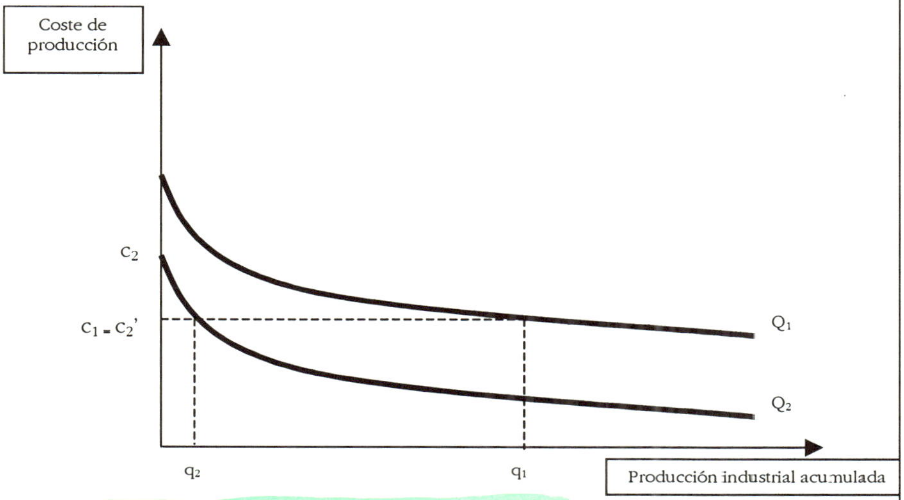

La necesidad de favorecer el desarrollo de la industria nacional a través de la protección del mercado interno es uno de los argumentos a los que más han recurrido las economías que se encuentran en las primeras fases de su desarrollo. Muy probablemente los primeros en utilizarlo fueron los autores alemanes y los responsables económicos de este país, que pretendían, a través de la protección, impulsar el desarrollo de un sector industrial viable, capaz de competir a medio plazo con el británico.

Una de las mejores formas de entender la lógica económica que subyace bajo este argumento proteccionista consiste en asumir que la experiencia en la producción industrial reduce el coste de producción, como se refleja en el gráfico. El país 1, que ya ha alcanzado cierto grado de desarrollo, es capaz de fabricar manufacturas industriales a un coste c_1, gracias a que su producción ya ha alcanzado un valor q_1. El país 2 es, en principio, más competitivo, ya que para cualquier nivel de producción el coste de fabricación de las manufacturas industriales es menor. A pesar de su mayor eficiencia, si este país se plantea comenzar a fabricar ese tipo de mercancías se enfrentará a un coste de producción c_2, mucho mayor que c_1, lo que hará que sus manufacturas no sean competitivas en los mercados internacionales. El argumento de defensa de la industria naciente puede utilizarse ante esa situación para justificar la protección del mercado industrial del país 1 hasta que alcance un nivel de producción como q_2, en el que el coste de producción se iguala al del país 1. A partir de dicho nivel, ese país podría desmantelar la protección y ofrecer en otros mercados productos industriales a precios más competitivos que el país 1, aprovechando que dispone de una estructura de costes más favorable.

La gran capacidad de persuasión de este argumento proteccionista explica el atractivo que ha tenido a lo largo de la historia económica reciente en un gran número de países. Se enfrenta, sin embargo, a la duda que plantean quienes piensan que, ante una situación como la que se ha descrito, no sería necesaria la intervención del Estado, ya que la iniciativa privada podría soportar por sí misma la desventaja que supone producir a un coste superior por falta de experiencia, si esa desventaja se compensa después con una mayor eficiencia en la producción. Algunos autores aducen que no es razonable esperar un comportamiento de ese tipo en la iniciativa privada de los países más pobres, como consecuencia de los fallos de mercado que se producen en éstos. Habría que pensar, por ejemplo, que el imperfecto funcionamiento de sus mercados de capitales impide a los inversores privados de esos países disponer de los recursos suficientes para afrontar el período de aprendizaje que se requiere para garantizar la competitividad en los mercados exteriores.

Al tiempo que se difundían estas pruebas en contra de la estrategia de sustitución de importaciones, ésta se desacreditaba a sí misma como consecuencia del progresivo deterioro de la situación económica de muchos países que habían apostado por ella[17]. Desde el interior de estos países y, sobre todo, desde el exterior, comenzó a reclamarse un cambio drástico en el modelo de desarrollo y, en particular, un giro radical en su política comercial. Ese cambio no tardó en llegar, avalado por la visión teórica y por la capacidad de financiación de las instituciones internacionales a las que recurrieron esas economías en busca de ayuda.

El patrón liberalizador respaldado por estas instituciones (el Banco Mundial y, sobre todo, el Fondo Monetario Internacional) ha acabado implantándose, con variaciones mínimas, en la mayor parte de las economías subdesarrolladas. Su extraordinaria difusión no debe entenderse, sin embargo, como una prueba del acuerdo que suscita su eficacia para promover el desarrollo. De hecho, el debate en torno a la política comercial más adecuada continúa con toda su intensidad, centrándose en la actualidad en cuestiones como:

1. La falta de consistencia del «modelo asiático», teniendo en cuenta que se trata de países que realmente no han prescindido del intervencionismo y de la protección y que, por otra parte, no siempre han obtenido resultados económicos brillantes.
2. La renuncia definitiva a la industrialización de muchos países si se abandona la aspiración de fomentar el crecimiento de un sector industrial propio en cada uno de ellos.
3. Las dificultades para garantizar que todas las ventas en el exterior de los países subdesarrollados pueden encontrar salida en los mercados exteriores si en todos ellos se implanta simultáneamente un mismo modelo, basado en el estímulo de las exportaciones.
4. Las consecuencias adversas que tiene, tanto en el orden económico como en el social, una liberalización tan drástica del comercio exterior y una reducción tan profunda de la presencia del Estado en la economía como las que propugna el FMI[18].

5.2. EL DESAFÍO TRADICIONAL: LOS PRECIOS DE LAS EXPORTACIONES DE LOS PAÍSES SUBDESARROLLADOS

Una de las principales fuentes de inquietud de las economías más pobres en relación con el comercio internacional ha sido la trayectoria de los precios de los bienes y servicios que han conseguido colocar en los mercados exteriores. En este apartado se van a analizar

---

[17] Conviene advertir que el progresivo agravamiento de la situación de estos países no sólo se debió a los resultados a los que condujo el diseño de su política comercial. No hay que pasar por alto la influencia de otros factores de orden interno como, por ejemplo, el inadecuado funcionamiento del marco institucional, los problemas generados por la ausencia de reformas importantes en la propiedad de la tierra, la inhibición del Estado en materia de investigación y desarrollo o la ausencia de una política industrial coherente. Puede encontrarse una amplia referencia a este tipo de deficiencias, con un análisis que establece continuas comparaciones con lo sucedido en algunas economías del sudeste de Asia, en P. BUSTELO, *La industrialización en América Latina y Asia oriental. Un estudio comparativo de Brasil y Taiwán*, Madrid, Editorial Complutense, 1994.

[18] Puede conocerse mejor la visión crítica respecto de la política comercial aplicada habitualmente por el FMI, basada en lo que algunos autores denominan teoría neoliberal del desarrollo, consultando, por ejemplo, P. BUSTELO (1998), *op. cit.*, pp. 245 ss., o P. LENAIN, *Le FMI*, París, La Découverte, 1996, pp. 47 ss.

por separado los problemas que plantea la evolución a largo plazo de esos precios –los vinculados a la relación de intercambio– y los inconvenientes que surgen de sus intensas oscilaciones a corto y a muy corto plazo. Con el propósito de realizar un análisis completo y sistemático se va a dedicar una sección al estudio de cada uno de esos dos tipos de problemas. La que cierra el apartado se centra, a su vez, en el esfuerzo que se ha realizado a través de la cooperación internacional para hacer frente tanto a unos como a otros.

5.2.1. El deterioro de la relación de intercambio: manifestaciones y justificación

Los escasos autores clásicos y neoclásicos que reflexionaron en torno a la retribución recibida por los países exportadores de productos básicos consideraban que, con el tiempo, éstos se favorecerían de las mejoras de productividad en las economías de mayor nivel de desarrollo industrial. Así, de acuerdo con el punto de vista expresado por la tradición teórica vinculada a John Stuart Mill, el precio de las exportaciones realizadas por estas últimas economías tendería a mantenerse o incluso caería gracias a la incorporación de mejoras técnicas en la producción de manufacturas. Con los productos básicos sucedería justamente lo contrario, como consecuencia de las dificultades para mejorar la productividad de las actividades primarias. El efecto conjunto de estas dos tendencias sería el deterioro de la relación de intercambio de los países especializados en la elaboración de manufacturas y la mejora de esa relación en aquellos que exportaran productos básicos.

La mayor parte de los estudios empíricos que se han realizado sobre la evolución a largo plazo de la relación de intercambio de los países subdesarrollados, comenzando por los realizados de forma simultánea pero independiente por Prebisch y Singer en 1950, obligan a poner en duda esas previsiones. Según revelan estos estudios, el ritmo de crecimiento de los precios de sus exportaciones (dominadas por los artículos sin transformar) casi siempre ha sido inferior al de los precios de las mercancías que han importado.

a) *La constatación del problema*

Los análisis que se han efectuado sobre la trayectoria de los términos de intercambio de las economías subdesarrolladas arrojan resultados diferentes dependiendo, entre otros factores, de los países que se consideran, del periodo que se toma como referencia y de los índices que se emplean para llevar a cabo el estudio (ver recuadro 7). En cualquier caso, puede afirmarse que, en general, ponen de manifiesto que la capacidad adquisitiva de las exportaciones de esas economías en relación con sus importaciones se ha reducido. Este importante resultado parece respaldar el punto de vista de quienes sospechan que el comercio internacional lleva a dichas economías a pagar cada vez más, en términos relativos, por los productos que adquieren en el exterior, con el consiguiente efecto negativo sobre el equilibrio de su sub-balanza comercial y sobre sus posibilidades de desarrollo[19].

[19] El deterioro de la relación de intercambio podría llegar a compensar los beneficios que estos países obtuvieran a través del comercio internacional, lo que daría lugar a una dinámica de *crecimiento empobrecedor* como la que se ha descrito en el primer apartado del capítulo. Véase, por ejemplo, C. MUÑOZ y S. SOSVILLA, «La polémica sobre la evolución real de intercambio de los países subdesarrollados», *Revista de Economía Aplicada* 1 (1993), p. 169.

Recuadro 7
LAS MEDIDAS DE LOS TÉRMINOS DE INTERCAMBIO

Los términos de intercambio pretenden cuantificar la capacidad de compra de las exportaciones de un país, tomando como referencia sus importaciones. Habitualmente, esos términos de intercambio se analizan a partir de la **relación de precios o términos de intercambio netos,** es decir, mediante una comparación entre un índice de precios que refleja la estructura de las exportaciones del país que se analiza y otro que recoge la estructura de sus importaciones. De esta comparación surge un índice compuesto que se ajusta a la siguiente expresión:

$$ITN = \frac{\text{Índice de precios por exportación}}{\text{Índice de precios a la importación}} \times 100$$

Cuando un índice de este tipo aumenta suele considerarse un síntoma positivo, ya que se interpreta que, si aumentan más los precios de las exportaciones de un país que los precios de sus importaciones, puede adquirirse una cantidad cada vez mayor de éstas por unidad exportada. Siguiendo un razonamiento equivalente se asume habitualmente que una caída de este índice constituye un resultado negativo. Esta interpretación de los términos de intercambio netos se enfrenta, no obstante, a lo sucedido en determinados países desarrollados, en los que esa relación se ha reducido como consecuencia de que los precios de sus exportaciones se han mantenido prácticamente invariables durante años gracias a la aplicación de mejoras técnicas y a la adopción de estrategias comerciales muy agresivas. Esas circunstancias no se han dado en las economías subdesarrolladas, en las que la caída de la relación de intercambio obedece al escaso ritmo de aumento de los precios de las materias primas, como se explica en el texto.

Otra forma de reflejar la relación de intercambio consiste en comparar los ingresos por exportación (el producto de las cantidades por los precios) con un índice de precios de las importaciones. De esa comparación surgen los **términos de intercambio del ingreso,** que se ajustan a una expresión como ésta:

$$TII = \frac{\text{Índice de ingresos por exportación}}{\text{Índice de precios a la importación}} \times 100$$

La principal ventaja que ofrece esta forma de reflejar la relación de intercambio estriba en que permite cuantificar la capacidad de importación de un país basada en sus exportaciones, y no sólo en la relación que puede establecerse entre los precios de éstas y los de sus importaciones. Esa característica permite analizar la elasticidad de demanda de los productos exportados, es decir, su respuesta ante las variaciones en los precios.

A la hora de valorar la capacidad adquisitiva de las exportaciones en relación con las importaciones también tienen un gran interés los **términos de intercambio factoriales,** que comparan la cantidad de factores que se han incorporado en las exportaciones con las que incluyen, a su vez, las importaciones. Debido a las dificultades que conlleva construir un indicador de estas características, lo habitual es que sólo se elabore para el factor trabajo, utilizando para ello una fórmula como ésta:

$$TIF = \frac{\text{Trabajo incorporado en las exportaciones}}{\text{Trabajo incorporado en las importaciones}} \times 100$$

La interpretación de un indicador de estas características es relativamente compleja, ya que depende del comportamiento de la productividad en el país que se analiza en relación con la de los países de los que importa. A cambio de esa mayor complejidad, este indicador proporciona una información muy rica, que ofrece un gran interés a la hora de valorar el carácter más o menos equitativo de los intercambios. Ese interés es aún mayor si lo que interesa es adoptar una perspectiva consistente con el punto de vista clásico o con una óptica marxista, basada en el valor incorporado por el trabajo. Al margen de todas esas consideraciones puede apuntarse que, en general, un aumento del resultado obtenido índice puede tomarse como un síntoma negativo, toda vez que pone de manifiesto que se requiere una mayor cantidad de esfuerzo por cada unidad de trabajo incorporado en las importaciones. Lógicamente, lo contrario puede afirmarse cuando los valores que toma el índice se reducen conforme pasa el tiempo.

Recuadro 8

UN SIGLO DE DETERIORO DE LA RELACIÓN DE INTERCAMBIO DE LAS ECONOMÍAS SUBDESARROLLADAS EXPORTADORAS DE PRODUCTOS BÁSICOS

Una forma de reflejar los términos de intercambio netos para todos los países subdesarrollados especializados en la exportación de materias primas consiste en comparar un índice de precios de este tipo de productos con otro que refleje la trayectoria de los precios de las manufacturas exportadas por los países desarrollados. El gráfico que aparece en la parte inferior del recuadro recoge justamente esa idea, con la particularidad de que el índice de precios de los productos básicos no tiene en cuenta lo sucedido con el petróleo, con el fin de eliminar la distorsión que puede originar la peculiar trayectoria de las cotizaciones de este producto en determinados momentos.

Como puede observarse a través del gráfico, los términos de intercambio expresados de esa forma se han ajustado a una trayectoria decreciente, como pone de manifiesto la línea recta que representa la tendencia a largo plazo. Esa trayectoria puede interpretarse como una reducción de la capacidad adquisitiva de las exportaciones de productos básicos de los países subdesarrollados, y, en última instancia, como un deterioro de sus términos de intercambio.

La evolución concreta de los valores que se han obtenido, representada por la línea más gruesa, pone de manifiesto que esa trayectoria decreciente sólo se ha abandonado puntualmente, coincidiendo con enfrentamientos bélicos (las dos guerras mundiales y la Guerra de Corea) o con fases de crisis, como la de la primera mitad de los setenta. Una vez que han concluido estos períodos, marcados por la escasez de materias primas y por el consiguiente aumento de sus precios, se ha recuperado la tendencia a largo plazo.

TÉRMINOS DE INTERCAMBIO NETOS DE LOS PAÍSES SUBDESARROLLADOS EXPORTADORES DE MATERIAS PRIMAS

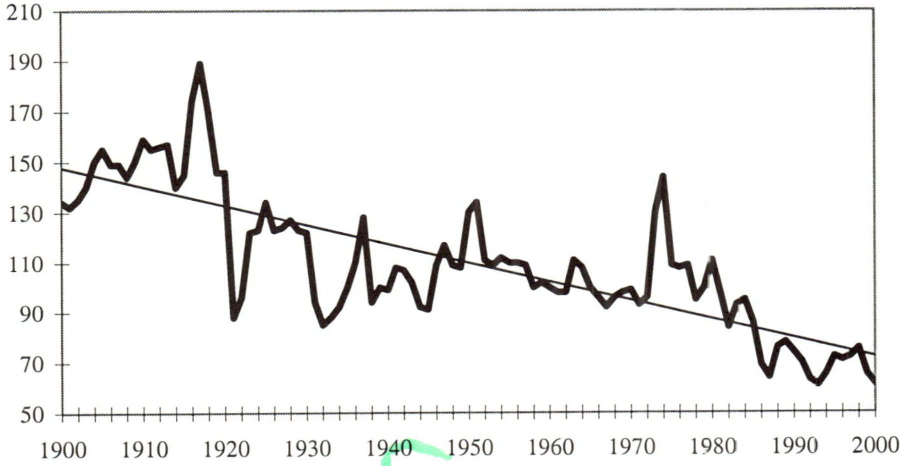

Fuente: Los datos correspondientes al período 1900-1992 se han tomado de C. REINHART y P. WICKHAM, «Commodity prices: cyclical weakness or secular decline?», *IMF Staff Papers* 1, 1 (1994). La información posterior se ha elaborado siguiendo el mismo método que se utiliza en ese trabajo a partir de las cifras ofrecidas en FMI, *Perspectivas de la economía mundial*, junio de 2000.

La tendencia en la que se basa esta conclusión se aprecia desde el último tercio del siglo XIX hasta la actualidad, sin que pueda encontrarse información suficientemente fiable para valorar lo ocurrido con anterioridad. Esa tendencia sólo se ha quebrado en momentos concretos, tras los que siempre se ha vuelto a recuperar la trayectoria predominante a largo plazo (véase recuadro 8).

Por su actualidad y por su carácter excepcional merece la pena destacar la forma en la que se ha retomado esa trayectoria a partir de los años setenta. La caída experimentada a partir de entonces por los precios del petróleo en particular y por el conjunto de materias primas en general ha supuesto el inicio de una de las etapas más duras de cuantas han vivido las economías subdesarrolladas en lo que concierne a su relación de intercambio. Únicamente los escasos países de este grupo que han conseguido diversificar sus exportaciones han conseguido evitar los efectos de la dramática caída de esa relación[20]. Muchos observadores interesados en la evolución del comercio mundial, entre los que se encuentran las principales instituciones internacionales, admiten que los términos de intercambio del resto de economías subdesarrolladas se encontraban en el umbral de la década de los años noventa en una de las peores situaciones desde el final de la Segunda Guerra Mundial, y puede que incluso desde el comienzo del siglo. Los ejercicios posteriores de esta década no han supuesto una mejora sustancial. De hecho, en los últimos años han abundado los momentos críticos, como los provocados por las intensas caídas de los precios de las materias primas en el tramo final de 1997 y durante el año 1998. Únicamente los exportadores de petróleo han recuperado parte de lo perdido en el transcurso de esos últimos ejercicios gracias al rebote de los precios del crudo a partir de los acuerdos adoptados por la OPEP en marzo de 1999[21].

b) *Posibles justificaciones de la caída de la relación de intercambio de los países exportadores de productos básicos*

De la misma forma que puede decirse que son bastante claros los síntomas del deterioro de los términos de intercambio de los países exportadores de artículos sin elaborar, no puede decirse que exista una explicación consistente y generalmente admitida sobre el origen de ese fenómeno. Las interpretaciones que pueden ofrecerse varían según los argumentos a los que se conceda más o menos relevancia. Dentro de éstos, los más habituales son los relacionados con las características de la demanda de los productos básicos y los que se basan en la forma en la que se produce el reparto de las mejoras de la productividad en las economías desarrolladas y en las subdesarrolladas.

La característica de la demanda de los productos básicos a la que se le concede una mayor trascendencia a la hora de explicar la evolución de los términos de intercambio de los países subdesarrollados es su sensibilidad ante variaciones en la renta. Como apunta la conocida como *Ley de Engel*, una gran parte de las mercancías sin transformar cuentan con una baja elasticidad-renta, es decir, su demanda se incrementa en menor medida de lo que lo hacen los niveles de renta. Como consecuencia

[20] Véase *supra*, capítulo 4, apartado 1.

[21] La valoración de la situación a la que se llegó en los primeros años noventa puede completarse consultando, por ejemplo, B. DASGUPTA, *Structural ajustment, global trade and the new political economy of development*, Zed Books, 1998, pp. 186 ss., o C. REINHART y P. WICKHAM, «Commodity prices: cyclical weakness or secular decline?», *IMF Staff Papers* 1, 2 (1994), p. 178. Los detalles sobre lo sucedido en los últimos ejercicios de la década pueden conocerse a partir de la información que se facilita en DEPARTAMENTO DE ASUNTOS ECONÓMICOS Y SOCIALES INTERNACIONALES DE LAS NACIONES UNIDAS (1998), *op. cit.*, pp. 75 ss., y en DEPARTAMENTO DE ASUNTOS ECONÓMICOS Y SOCIALES INTERNACIONALES DE LAS NACIONES UNIDAS, *Estudio Económico y Social Mundial*, 1999, pp. 22 ss.

de ello, el crecimiento económico se traduce en incrementos cada vez más débiles del consumo de estos productos, por lo que parece razonable que sus precios aumenten, por lo general, por debajo de la media.

Otro rasgo de la demanda de los productos básicos que puede ayudar a explicar el descenso de la relación de intercambio de los países que centran en ellos su especialización es la repercusión de los avances técnicos. Una de las consecuencias de esos avances es la aparición de artículos sintéticos y de productos reciclados, cuya competencia reduce el consumo de las materias primas originales y, por tanto, limita las posibilidades de crecimiento de sus precios. Los avances técnicos hacen que mejore, además, la eficiencia de los procesos productivos, lo que permite reducir la utilización de materias primas por unidad producida. También en este caso la consecuencia es el debilitamiento de la demanda y, con ello, la moderación de los precios.

Para otros autores la clave de la caída de la relación de intercambio de los países exportadores de productos sin elaborar no se encuentra en la naturaleza de dichos productos, sino en las características de las economías que se especializan en su fabricación. Ésta era, por ejemplo, la conclusión a la que llegaron Prebisch y Singer en sus análisis pioneros sobre la trayectoria a largo plazo de la relación de intercambio de los países subdesarrollados. De acuerdo con su interpretación, en estos países las mejoras de productividad tienden a traducirse en reducciones de los precios de los artículos en los que se aplican esas mejoras, especialmente cuando se trata de materias primas. En las economías más ricas, sin embargo, la presión de los sindicatos y el grado de oligopolización de la producción –sobre todo en el caso de las manufacturas– hacen que los incrementos de productividad se dediquen a aumentar la retribución de los trabajadores y del capital, en lugar de destinarse a rebajar los precios de los artículos que se fabrican. La consecuencia de este doble comportamiento sería un mayor aumento de los precios de las mercancías elaboradas por las economías más ricas, en detrimento de la relación de intercambio de las menos desarrolladas, especializadas en productos básicos[22].

5.2.2. La inestabilidad de los precios de los productos básicos

Existen una serie de problemas que guardan relación con los que se han expuesto anteriormente, pero que son de naturaleza distinta, ya que están vinculados a la evolución a corto plazo de los precios de las materias primas en lugar de estarlo a su tendencia a largo plazo. Esos problemas surgen de la inestabilidad que habitualmente preside esa evolución a corto plazo, cuyos principales perjudicados (aunque no los únicos) son los países subdesarrollados, debido al gran peso relativo que ese tipo de productos tiene en sus exportaciones.

a) *La trascendencia del problema*

Los precios de los artículos sin transformar experimentan habitualmente grandes oscilaciones en períodos muy breves. Este fenómeno resulta perjudicial desde diferentes puntos de vista:

---

[22] Las tesis de Prebisch y Singer pueden conocerse mucho mejor recurriendo a la exposición que se hace de ellas en C. MUÑOZ y S. SOSVILLA, *op. cit.*, pp. 170 ss. Es aún más recomendable para lectores interesados en el tema recurrir a sus aportaciones originales: R. PREBISCH, *The economic development of Latin America and its principal problems*, Naciones Unidas, 1950, y H. SINGER, «The distribution of gains between investing and borrowing countries», *American Economic Review* (1950).

- Perturba la iniciativa de los productores, que no disfrutan de la certidumbre necesaria para adoptar determinadas decisiones que, como las vinculadas con la inversión, requieren de un horizonte temporal largo y estable. Los súbitos cambios en los precios acaban desalentando la inversión, lo que retrasa la introducción de innovaciones y, en última instancia, reduce las posibilidades de crecimiento de la producción.
- Genera incertidumbre en los consumidores de esos productos, que se ven obligados a adaptarse a las frecuentes variaciones de los precios. Si se trata de productos alimenticios y los afectados son consumidores que forman parte de los estratos más bajos de la sociedad de los países pobres, este efecto adquiere sus tintes más dramáticos. La reducida capacidad adquisitiva de esos consumidores hace que no estén en condiciones de acumular renta o alimentos, lo que les coloca en una situación crítica en los momentos en que los precios de estos productos aumentan súbitamente.
- Afecta a la dinámica económica en su conjunto, ya que obliga a realizar continuas reasignaciones de recursos y fuerza a todos los agentes aversos al riesgo (sean productores o consumidores) a asumir los costes que suponen las operaciones de cobertura que pueden reducir los efectos de las variaciones inesperadas de los precios.
- Ocasiona importantes daños en el medio natural. El caso más estudiado es el deterioro causado en los países subdesarrollados por la sobreexplotación del suelo en los períodos en los que los precios de algunos productos agrícolas se incrementan significativamente. Las superficies son abandonadas en el momento que cambia la tendencia de los precios, en unas condiciones que las hacen inútiles para su nueva puesta en cultivo[23].

La inestabilidad a corto plazo de los precios de los productos básicos no ha sido tan analizada como la tendencia de éstos a largo plazo. Puede afirmarse que, si bien existe constancia de esa inestabilidad desde tiempo inmemorial, sobre todo en el caso de los productos agrícolas, no se dispone de estudios detallados sobre su dimensión real y sus efectos hasta este siglo. Los trabajos que se han elaborado sobre lo sucedido desde entonces hasta los primeros años setenta ofrecen evidencias suficientes de la existencia de grandes oscilaciones a corto plazo de los precios de las materias primas[24]. A partir de entonces puede afirmarse que esas oscilaciones han aumentado significativamente, dando lugar a lo que algunos especialistas han denominado «los años locos de las materias primas». En este complicado período han sido relativamente frecuentes variaciones tan espectaculares como las sufridas por el precio del café entre los últimos meses de 1975 y los primeros de 1977, en los que pasó de 400 libras la tonelada a 4.260 libras[25]. Aunque no tan intensas, también son muy ilustrativas

[23] Estos efectos de la inestabilidad de los precios de las materias primas, especialmente de los productos agrícolas, pueden conocerse mejor consultando el trabajo recientemente publicado por C. ARAUJO y J. M. BOUSSARD, «La stabilisation des prix aux producteurs agricoles: approches micro-économiques», *Revue Tiers Monde* 160 (septiembre-diciembre, 1999), pp. 901-928.

[24] Existen trabajos que han analizado de forma exhaustiva lo sucedido desde el inicio del siglo XX hasta entonces y que corroboran esa conclusión, como, por ejemplo, el estudio de P. L. SCANDIZZO y D. DIAKOSAWAS, *Instability in the terms of trade of primary commodities*, Roma, FAO, 1987.

[25] Para hacer aún más complicada la situación, el efecto de esas extraordinarias fluctuaciones de los precios se ha visto amplificado en muchos casos por las oscilaciones de los tipos de cambio, como consecuencia de la aparición de un régimen de cambios flexible precisamente a partir de los primeros años setenta. Esta cuestión, así como el verdadero alcance de las oscilaciones a corto plazo

las oscilaciones sufridas recientemente por el precio del petróleo. Una materia prima con una relevancia tan importante en la economía mundial llegó a cotizar por encima de los 23 dólares el barril en 1997, cayó por debajo de los 10 dólares en los últimos meses de 1998 e inició una espectacular remontada en 1999 que le permitió superar los 32 dólares en los últimos meses del año 2000.

b) *Posibles justificaciones de la inestabilidad de los precios de los productos básicos*

Al igual que sucede con la caída de la relación de intercambio, existen numerosas pruebas que avalan la gran inestabilidad de los precios de los productos básicos, pero no puede ofrecerse una explicación clara y generalmente admitida sobre el origen de este fenómeno. Sólo existe un consenso claro en torno a la incidencia de algunos factores exógenos, a los que es particularmente vulnerable la producción agrícola y ganadera. Prácticamente todos los analistas reconocen la gran incidencia que tienen sobre esa producción circunstancias ajenas a la dinámica económica y que están fuera del control de los agentes afectados, como ocurre con las condiciones climáticas o las catástrofes naturales[26]. Ese consenso se rompe cuando se intenta valorar en qué medida la inestabilidad de los precios responde a factores endógenos, es decir, qué responsabilidad tiene el propio funcionamiento de los mercados en que se fijan esos precios o la actitud de los productores y de los consumidores que acuden a ellos.

Dentro de las explicaciones basadas en la incidencia de factores endógenos pueden encontrarse numerosas variantes, pero la mayor parte de ellas se centran en la lentitud con la que responde la oferta de estas mercancías ante acontecimientos inesperados y en el modo en que se fijan los precios en algunos mercados de productos básicos.

El retraso en la respuesta de la oferta es muy característico de las actividades agrarias, en las que todas las decisiones que afectan a la producción de un período están muy condicionadas por los precios de la cosecha del año anterior. Desde que se adoptan esas decisiones hasta que llega la nueva cosecha no habrá oportunidad para amoldar la producción a los cambios que tengan lugar en el mercado. Cuando la rectificación se lleve a cabo ésta llegará a destiempo, lo que probablemente generará un desequilibrio aún mayor del que se hubiese originado sin ella. La imposibilidad de alcanzar un equilibrio entre oferta y demanda durante todo el proceso se traducirá en fuertes oscilaciones de precios[27].

Para algunos autores los verdaderos motivos que explican la violencia con la que fluctúan esos precios no son las características de las mercancías sin transformar, sino determinados rasgos de los mercados en los que cotizan éstas. Desde este punto de vista se resalta, por ejemplo, la gran incidencia que tienen las guerras de precios que

---

de los precios, pueden conocerse con detalle recurriendo al texto de R. SANDRETTO, *op. cit.*, pp. 136 ss.

[26] Uno de los casos más estudiados es el del mercado del café, en el que son habituales las grandes oscilaciones de precios en función de cuáles sean las condiciones climatológicas de los principales países productores. Esas condiciones fueron, por ejemplo, las causantes de las excepcionales variaciones de precios que se produjeron entre 1975 y 1977 que se han descrito en la sección anterior. Puede encontrarse una amplia referencia a este tipo de cuestiones en el libro de E PALAZUELOS, *El mercado del café*, Madrid, Ministerio de Agricultura, Pesca y Alimentación, 1986.

[27] La inestabilidad generada en los precios como consecuencia de este peculiar comportamiento de la oferta se ve intensificada como consecuencia de lo rígida que suele ser la demanda de productos básicos, tal y como pone de manifiesto la *Ley de King*. El aumento de la inestabilidad se debe concretamente a que esa rigidez de la demanda tiende a generar desequilibrios cada vez mayores en los mercados de este tipo de productos, a través de procesos que se autorreproducen, siguiendo la dinámica que establece el denominado Teorema de Cowbeb. Véase R. SANDRETTO, *op. cit.*, p. 138.

suelen entablarse entre los grandes productores que dominan muchos de estos mercados. Estas guerras encajan dentro de la lógica que sigue un régimen de competencia oligopolística. A través de ellas, esos grandes productores intentan aumentar su grado de control sobre los mercados en cuestión, expulsando de ellos a los competidores menos eficientes. También se resalta desde este punto de vista la incidencia que tienen sobre los precios las operaciones especulativas que se producen frecuentemente en las bolsas internacionales de materias primas, facilitadas por la complejidad de las transacciones que se pueden desarrollar en ellas[28].

5.2.3. La cooperación internacional en el campo de los precios de los productos básicos

Los problemas vinculados al comercio internacional de materias primas y, en particular, los asociados a la evolución de sus precios, comenzaron a discutirse en las negociaciones que algunos países aliados entablaron justo antes de que concluyera la Segunda Guerra Mundial. Los acuerdos alcanzados en esas negociaciones se trasladaron a la Carta de La Habana, en cuyo articulado se regulaba la cooperación entre productores y consumidores a través de acuerdos internacionales. El fracaso de esa iniciativa generó un importante vacío, ya que el GATT, como se expuso en el segundo capítulo, no se ocupó específicamente de cuestiones relacionadas con el intercambio de materias primas[29].

Desde algunos países subdesarrollados se ejerció una gran presión para que se rellenara ese hueco mediante iniciativas basadas en la cooperación internacional. Esa presión surtió finalmente efecto, lo que explica que se convocara en 1962 la Conferencia de las Naciones Unidas para el Comercio y el Desarrollo (UNCTAD) y que en 1964 ésta se transformara en un órgano permanente de la Asamblea General de la Organización de las Naciones Unidas.

Como ya se puso de manifiesto en el capítulo 2, el principal logro de la UNCTAD desde su creación ha sido impulsar un sistema de preferencias generalizadas. La labor de esta institución se ha extendido, no obstante, a otros muchos ámbitos, entre los que destaca precisamente la cooperación en el ámbito de los precios de las materias primas.

Uno de los resultados más importantes a los que ha conducido la iniciativa de la UNCTAD en este campo ha sido su contribución a la firma de acuerdos internacionales de productos básicos, con el fin de conciliar los intereses de exportadores e importadores de algunas mercancías concretas[30]. En 1976 la UNCTAD impulsó, ade-

---

[28] Una de las prácticas más conocidas consiste en congelar la venta al contado de determinado producto básico y adquirir simultáneamente grandes cantidades de ese mismo producto en el mercado de futuros, lo que acaba provocando una situación de desabastecimiento y una subida espectacular de los precios. Los grandes intermediarios recurren en ocasiones a esa estrategia, denominada en la jerga especializada *cornering o squeezing*, para obtener grandes beneficios vendiendo toda la producción que previamente han retenido justo en el momento en el que los precios alcanzan sus cotas máximas. Como consecuencia de una operación de este tipo, una firma de intermediarios (la de los hermanos Hunt) hizo que la onza de plata, que cotizaba a 6,5 dólares en enero de 1975, pasara a intercambiarse a 50 dólares justo un año más tarde. Cuando cesó la especulación, la cotización cayó hasta los 11 dólares la onza.

[29] Estos antecedentes pueden conocerse mejor recurriendo al texto de J. ORTEGA, «Evolución de la cooperación internacional en el ámbito de los productos básicos», en S. González (coord.), *Temas de Organización Económica Internacional*, Madrid, Mac Graw Hill, pp. 103 ss.

[30] Aunque no todos ellos tienen un funcionamiento regular y una vigencia relevante en la práctica, existen acuerdos de este tipo sobre el cacao, el azúcar, el caucho natural, el yute y sus derivados, la madera tropical, el estaño, el aceite de oliva y el trigo.

más, el Programa Integrado de Productos Básicos, con el que intentaba superar el planteamiento parcial de los referidos acuerdos internacionales. Como complemento de ese programa se constituyó en 1980 un Fondo Común de Productos Básicos, con el propósito fundamental de financiar reservas reguladoras con las que amortiguar los efectos de las fluctuaciones excesivas de los precios de ese tipo de mercancías[31].

Desgraciadamente, ninguna de esas iniciativas tiene una influencia significativa sobre el funcionamiento real de los mercados internacionales de materias primas en la actualidad. Los acuerdos internacionales de productos básicos se encuentran hoy en día en un estado latente, después de mostrar repetidamente su incapacidad para reducir las fuertes oscilaciones de las cotizaciones de estos productos y para evitar su desplome[32]. El Fondo Común de Productos Básicos es, por su parte, el único vestigio que queda del Programa Integrado de Productos Básicos, pero no cuenta apenas con posibilidades de desarrollar una labor eficaz. Su principal limitación estriba en su incapacidad para evitar las caídas de los precios, ya que, dada su intensidad y su gran duración, no pueden combatirse con las reservas que ese Fondo puede financiar.

El trabajo desarrollado por la UNCTAD en este campo se ve afectado, además, por la profunda reorientación que esta organización ha sufrido en los últimos años, en particular desde 1996. En las dos Conferencias celebradas desde entonces se ha apostado por una institución mucho menos ambiciosa, centrada en la lucha contra los problemas internos de las economías más pobres, como, por ejemplo, la corrupción o la falta de coherencia de las políticas económicas. La preocupación por los precios de los productos básicos ha pasado a ocupar un lugar marginal, consistente con el papel que muchos observadores le asignan a la propia UNCTAD, especialmente desde que se creó la OMC[33].

Como consecuencia de los cambios a los que se ha aludido, los esfuerzos encaminados a evitar las consecuencias perjudiciales de la evolución de los precios de las materias primas tienden a encauzarse a través de fórmulas de cooperación muy diferentes a las empleadas en el pasado. Las más utilizadas en los últimos años son:

1. Las asociaciones de productores. El éxito alcanzado por la Organización de Países Exportadores de Petróleo en los años setenta atrajo a los productores de muchas otras materias primas, que no dudaron en poner en marcha fórmulas similares. Después de una prolongada etapa en la que su actividad ha sido muy escasa, esas iniciativas han recobrado vigor, intentando hacer frente a las consecuencias del fracaso de los acuerdos internacionales de productos básicos[34].
2. Las decisiones puntuales sobre problemas concretos. La inestabilidad provocada por determinados acontecimientos en los precios de las materias primas ha dado lugar a fórmulas concebidas específicamente para combatir su influencia. El ejemplo más claro es la adopción de medidas coordinadas por

[31] Ese objetivo es el que persigue la denominada «primera cuenta» del Fondo Común de Productos Básicos. Existe una «segunda cuenta» para financiar acciones de carácter estructural en los países productores de materias primas. Véase, por ejemplo, J. ORTEGA, *op. cit.*, p. 108.

[32] El último que consiguió utilizar con cierta eficacia las reservas reguladoras (el acuerdo internacional del estaño) llegó a una situación de total insolvencia en 1986, lo que provocó su virtual desaparición.

[33] Véase, por ejemplo, J. GRANELL, «La X sesión de la UNCTAD», *Boletín Económico de Información Comercial Española* 2646 (13 al 19 de marzo de 2000), pp. 17-23.

[34] Pueden encontrarse algunos ejemplos que ilustran este proceder en DEPARTAMENTO DE ASUNTOS ECONÓMICOS Y SOCIALES INTERNACIONALES DE LAS NACIONES UNIDAS (1998), *op. cit.*, p. 78.

parte de varios países desarrollados desde 1997 para evitar las fluctuaciones provocadas por la utilización de determinadas prácticas desestabilizadoras en las bolsas internacionales de materias primas[35].

3. Los mecanismos de financiación compensatoria. En la actualidad son el instrumento más importante de cuantos se utilizan para evitar la fluctuación excesiva de los precios de las materias primas. Su concepción se aleja mucho de la orientación que tenían las medidas adoptadas en su momento por la UNCTAD, cuyo objetivo último era contribuir a la creación de un nuevo orden económico internacional. Estos mecanismos tienen un objetivo mucho más modesto: poner a disposición de los países más pobres un mecanismo de ayuda que alivie los efectos de una súbita caída de los precios de los productos que exportan. Los que tienen más importancia son el Servicio de Financiación Compensatoria, que responde a la iniciativa del FMI, y los sistemas STABEX y SYSMIN, financiados por la Unión Europea.

5.3. LOS NUEVOS DESAFÍOS: *DUMPING* SOCIAL Y *DUMPING* ECOLÓGICO

Los intensos cambios sufridos por el comercio internacional en las últimas décadas han dado lugar a nuevos retos para las economías más pobres. El denominador común de la mayor parte de ellos es su relación con el espacio en el que confluyen las normativas nacionales y el marco que regula los intercambios entre diferentes países. Lo que acontece en ese espacio, que es cada vez más importante en virtud del aumento de la interdependencia comercial a escala mundial, genera fricciones muy frecuentes entre economías desarrolladas y subdesarrolladas. Dentro de esas fricciones, las que han adquirido una mayor trascendencia en los últimos años y previsiblemente tendrán una mayor influencia en el futuro son:

1. Las que surgen de las relaciones entre comercio internacional y legislación laboral.
2. Las que se derivan de la vinculación que existe entre ese comercio y las leyes que garantizan la conservación del medio ambiente.

5.3.1. Comercio internacional y condiciones de trabajo: el dumping *social*

La adopción de estrategias orientadas a la promoción de las exportaciones en numerosas economías subdesarrolladas en los últimos años ha acentuado su voluntad de aprovechar sus ventajas comparativas, de acuerdo con lo que propone la visión clásica del comercio internacional desde los tiempos de David Ricardo. Como quiera que la base de esas ventajas es la disponibilidad de grandes reservas de mano de obra, esos países han hecho todo lo posible por rentabilizar esas reservas al máximo, lo que ha dado lugar a un espectacular aumento de sus exportaciones de productos intensivos en trabajo.

La llegada de esos productos a los mercados de las economías más avanzadas a precios extraordinariamente bajos ha alentado la sospecha de que el impulso expor-

---

[35] DEPARTAMENTO DE ASUNTOS ECONÓMICOS Y SOCIALES INTERNACIONALES DE LAS NACIONES UNIDAS (1998), *op. cit.*, p. 79.

tador no sólo se fundamenta en una extraordinaria abundancia de mano de obra, sino que obedece, además, a las precarias condiciones en las que ésta se incorpora al mercado de trabajo en los países más pobres. Esas condiciones, amparadas en una normativa laboral muy laxa o insuficientemente respetada, constituyen un importante motivo de preocupación para algunos grupos de opinión de los países desarrollados, tanto por consideraciones éticas como por razones económicas[36].

Dentro de la esfera de las consideraciones éticas estos grupos llaman la atención sobre la conveniencia de asumir que los derechos laborales forman parte de los derechos humanos, por lo que debería reclamarse de forma contundente su respeto en cualquier país, sea cual fuere su nivel de desarrollo. Aunque, en principio, esa visión parece del todo justificada, se plantean muchas dudas a la hora de decidir qué derechos concretos deben garantizarse en todos los países o qué legitimidad tienen a este respecto las economías desarrolladas, que conculcaron los derechos laborales más elementales en las primeras etapas de su industrialización, y que ni siquiera los respetan con rigor en la actualidad[37].

Dentro de las inquietudes de tipo económico la que más trascendencia tiene es la posibilidad de que algunos países pobres hagan uso de una normativa laboral muy permisiva para aumentar de forma artificial la competitividad de sus productos. Esa forma de competencia desleal, a la que algunos analistas aluden utilizando la expresión de «*dumping* social», aparece en algunos estudios como la causa fundamental del deterioro sufrido por el empleo en las economías más avanzadas desde los primeros años setenta. Para los autores de esos estudios no resulta descabellado pensar que ese fenómeno es el principal responsable del aumento del desempleo (especialmente en Europa occidental) y de la fuerte reducción sufrida desde entonces por los salarios reales de los trabajadores menos cualificados (sobre todo en Estados Unidos)[38].

Los razonamientos de ese tipo pueden replicarse tanto desde la teoría como desde la práctica. Teóricamente, conviene tener en cuenta que la mayor parte de las aportaciones que se han realizado a lo largo de la historia del pensamiento económico evitan presentar el comercio internacional como un enfrentamiento entre vencedores y vencidos. La mayor parte de las aportaciones, desde que se superó la visión mercantilista del comercio internacional, ponen de relieve que dicho comercio, lejos

---

[36] Este argumento se ha tomado del artículo de J. OYARZUN, «El *dumping* social: el estado de la cuestión», *Boletín Económico de Información Comercial Española* 2553 (22 al 28 de septiembre, 1997), pp. 25-39. Este texto constituye una referencia muy recomendable para los lectores interesados en conocer los antecedentes de las discusiones actuales en torno al *dumping* social, las posturas adoptadas por cada país en relación con éstas y sus implicaciones más importantes.

[37] Existe un principio de acuerdo en torno a derechos de carácter universal, como el de negociación colectiva, el de huelga o la libertad de sindicación. También se consideran de aplicación universal las normas que limitan el acceso al mercado de trabajo de determinados colectivos, como los niños o los prisioneros. Existen, sin embargo, muchas dudas sobre otros derechos, como los que exigen que se garanticen unas condiciones de seguridad mínimas o niveles salariales dignos. Numerosos autores consideran que el cumplimiento de estos últimos derechos debe vincularse al nivel de desarrollo de cada país, ya que, por ejemplo, no tendría demasiado sentido reclamar un salario mínimo propio de un país rico en una economía muy atrasada. Este tipo de exigencias resultan aún más improcedentes si se tiene en cuenta que algunas economías ricas como, por ejemplo, los Estados Unidos, ni siquiera han ratificado el acuerdo de la OIT que restringe el uso de trabajo infantil. Véase, por ejemplo, G. CAIRE, «Clause social et commerce international», *Revue Tiers Monde* 148 (octubre-diciembre, 1996), pp. 809 ss.

[38] Puede encontrarse una discusión muy interesante en torno a los fundamentos en los que se basan estos argumentos en el conocido artículo de R. B. FREEMAN, «Are your Wages Set in Beijing?», *Journal of Economic Perspectives* 9, 3 (1995), pp. 15-32.

de favorecer a unos países a costa de otros, tiende a generar beneficios para todos ellos. Habría que admitir, por tanto, que las exportaciones procedentes de las economías con menores costes salariales no sólo originan efectos positivos sobre éstas, sino que favorecen también a los países a los que llegan esas exportaciones[39].

Este tipo de argumentos teóricos se ve respaldado, además, por las conclusiones de los análisis empíricos que se han realizado intentando identificar, a partir de diferentes planteamientos, los efectos de las importaciones de mercancías intensivas en trabajo procedentes de los países más pobres sobre las economías más avanzadas. Aunque hay algunas excepciones, en casi todos esos trabajos se pone de manifiesto que no existen evidencias claras de que ejerzan una influencia importante sobre esas economías[40].

A pesar de lo que se acaba de señalar, en los últimos años han alcanzado una gran difusión las reflexiones en torno a la conveniencia de presionar sobre los países que mantienen una legislación menos estricta en materia laboral, aduciendo para ello las razones tanto éticas como económicas a las que se ha hecho referencia con anterioridad. Muchas de esas reflexiones concluyen con la petición de que se establezca un vínculo entre el acceso a los mercados y las condiciones laborales a través de una cláusula social. Esa cláusula colocaría a los países exportadores frente a una disyuntiva muy clara: ofrecer unas condiciones dignas a sus trabajadores o arriesgarse a hacer frente a obstáculos comerciales de carácter extraordinario[41].

La administración norteamericana se ha distinguido desde hace años por la insistencia con la que ha reclamado la creación de un mecanismo de este tipo. Sus propuestas han encontrado un eco favorable en los responsables de otros países desarrollados, así como en algunas organizaciones no gubernamentales, alarmadas por la utilización masiva de trabajo infantil en algunos países subdesarrollados y por el empleo de trabajadores en condiciones cercanas a la esclavitud.

Frente al punto de vista norteamericano se sitúan la mayor parte de las economías más atrasadas, que entienden que una cláusula social limitaría sus posibilidades de entrada en los mercados de los países más ricos y, con ello, les restaría posibilidades de desarrollo. También se manifiestan en ese mismo sentido los autores que consideran que la utilización del proteccionismo como instrumento para garantizar unas condiciones de trabajo dignas dejaría abiertos, entre otros, los interrogantes siguientes:

- ¿Por qué dirigir la presión únicamente sobre las actividades vinculadas al comercio internacional y no sobre el conjunto de la actividad productiva de los países más pobres?

---

[39] Esta clase de argumentos se discuten profusamente y con la lucidez habitual de su autor en el texto de P. R. KRUGMAN (1997), *op. cit.* Los capítulos que guardan una relación más directa con esta discusión son concretamente el primero, el tercero, el cuarto y el séptimo.

[40] Véase, por ejemplo, R. B. FREEMAN, *op. cit.*, pp. 23 y ss., o bien M. SLAUGHTER M. y P. SVAGEL, «The effect of globalization on wages in the industrial countries» *Staff Papers for the World Economic Outlook*, 1997.

[41] Una de las alternativas más sugerentes de cuantas se manejan en la actualidad consiste en tomar como referencia para aplicar o no medidas de protección la distribución de la renta. La utilización de la cláusula social se vincularía concretamente a un nivel de participación mínimo de las rentas del trabajo en la renta total, consensuado a escala internacional. La adopción de un criterio tan sencillo facilitaría la aplicación de la referida cláusula y evitaría los inconvenientes que pueden surgir a la hora de determinar qué derechos laborales concretos deben respetarse independientemente de cuál sea el nivel de desarrollo. Véase, por ejemplo, J. TUGORES, *op. cit.*, p. 87.

– ¿Por qué centrar las acciones en el respeto de los derechos laborales en lugar de hacerlo sobre el conjunto de derechos humanos?

Existen algunas alternativas interesantes a la cláusula social que podrían evitar estas dudas, entre las que destacan:

1. El establecimiento de redes de comercio justo. Uno de los elementos esenciales de esta clase de comercio es precisamente el establecimiento de unos precios, acordados con los productores, que permitan garantizar unas condiciones laborales dignas y unos salarios aceptables[42].
2. La creación de un sistema de incentivos. La puesta en marcha de mecanismos de ayuda en favor de aquellos países subdesarrollados que garanticen mejores condiciones laborales a sus trabajadores contribuiría a reducir el *dumping* social, evitando el aspecto represivo que tiene la cláusula social.
3. La presión sobre las multinacionales. En muchas ocasiones son las propias multinacionales de los países desarrollados las que inducen a los dirigentes de las economías subdesarrolladas a reducir el grado de protección legal de sus trabajadores. Parece, por tanto, razonable que se persuada a estas empresas en lugar de actuar sobre los países en los que éstas se instalan[43].

5.3.2. Comercio internacional y protección del medio ambiente: dumping *ecológico*

El crecimiento económico ha incrementado la preocupación por el carácter limitado de algunos recursos y por la generación de residuos difíciles de eliminar. En los países más avanzados esa preocupación ha adquirido un gran auge desde los primeros años setenta, a raíz del estallido de la primera crisis del petróleo y de la conmoción originada por la publicación en 1972 del primer informe del Club de Roma, titulado precisamente *Los límites del crecimiento.*

La inquietud que genera el estado del medio ambiente no ha cesado de aumentar desde entonces, trasladándose a diferentes facetas de la realidad económica, entre ellas, al comercio internacional. Los dos principales motivos de inquietud que se plantean al respecto, especialmente en los países desarrollados, son:

1. La posibilidad de que dicho comercio estimule un crecimiento económico que puede revelarse insostenible a largo plazo por sus efectos nocivos sobre el entorno natural.
2. El temor que suscita la capacidad de los intercambios internacionales para ofrecer una vía de salida a la producción procedente de países que no aplican una normativa mínimamente rigurosa en defensa del medio ambiente.

---

[42] Los otros elementos esenciales del comercio justo son: el pago por adelantado, el establecimiento de relaciones a largo plazo con los productores, la conservación del medio ambiente y la erradicación de cualquier forma de corrupción. Véase M. BARRAT BROWN, *Comercio justo, comercio injusto. Hacia una nueva cooperación internacional,* Barcelona, Icaria, 1998, pp. 38 ss.

[43] Véase, por ejemplo, B. DASGUPTA, *op. cit.*, p. 178.

Respecto del primer problema puede afirmarse que la inquietud surge de la sospecha de que el crecimiento económico puede tener efectos negativos netos sobre el entorno natural. En la medida en que el comercio internacional contribuye a fomentar ese crecimiento, habría que revisar la imagen que se tiene de él, descartando la valoración inequívocamente positiva que suele hacerse del aumento de los intercambios entre diferentes países. En suma, habría que procurar que la actividad económica se orientara hacia el interior de cada país, aprovechando las posibilidades que ofrecen la demanda y la oferta de productos nacionales. Una dinámica económica que respetara esas premisas permitiría, además, reducir el transporte de mercancías a gran distancia, una actividad particularmente contaminante[44].

El segundo problema al que se ha aludido tiene su origen en el rechazo que provoca en los países desarrollados la posibilidad de que lleguen a sus mercados productos fabricados en condiciones poco respetuosas con el medio ambiente. Ese rechazo tiene una doble justificación:

- Por una parte, las economías desarrolladas pueden resultar perjudicadas por el deterioro del entorno natural en otros países. Conviene llamar la atención en este sentido sobre la gran importancia que han adquirido en los últimos años los problemas ambientales globales, es decir, aquéllos que inciden sobre cualquier país del mundo, al margen del lugar concreto en el que se hayan originado (efecto invernadero, debilitamiento de la capa de ozono o pérdida de biodiversidad, entre otros)[45].
- Por otro lado, si las economías más ricas respetan normativas más estrictas, su producción se encarecerá respecto de la que procede de economías que no cuentan apenas con sensibilidad ecológica. Estas últimas utilizarán las técnicas que garanticen un coste menor, aunque sea a cambio de emitir más residuos o de utilizar de forma más intensiva recursos no renovables. Las diferencias en los costes se traducirán, como en el caso de la normativa laboral, en una situación de competencia desleal, que en este caso los expertos denominan «*dumping* ecológico».

En las economías más pobres las inquietudes a las que se ha hecho referencia se contemplan de una forma muy diferente. De hecho, suelen interpretarse como un intento de los países desarrollados de utilizar de forma interesada la creciente conciencia ecológica para limitar la participación de las economías menos avanzadas en el comercio internacional, coartando sus posibilidades de desarrollo.

Respecto de la primera de las preocupaciones, los países más pobres se quejan de que la persecución de un crecimiento económico más moderado restringiría sus aspiraciones de alcanzar mayores cotas de bienestar en el futuro. Esa restricción se-

---

[44] Un texto realmente interesante y muy bien documentado sobre este punto de vista es el de R. BERMEJO, «Globalización y sostenibilidad», *Cuadernos Bakeaz*, núm. 25, febrero, 1998. Los argumentos que se exponen en este trabajo pueden encontrarse también en diferentes artículos publicados en un monográfico de la revista *Ecological Economics*. Véase VV. AA. «Trade and Environment», *Ecological Economics* 9 (1994).

[45] El lector interesado dispone de una buena referencia sobre este tipo de problemas en BANCO MUNDIAL, *Informe sobre el Desarrollo Mundial*, 1992, pp. 161-178. Puede optarse también por otro texto en español que incluye datos más recientes y que incluye referencias a los últimos esfuerzos emprendidos a escala mundial para reducir el alcance de esos problemas. Se trata del artículo de A. MONTALVO, «Una interpretación económica de los problemas del medio ambiente global», *Información Comercial Española* 751 (marzo, 1996), pp. 63-76.

ría, además, injusta, ya que los principales responsables del agotamiento de algunos recursos y del deterioro del medio ambiente no son ellos, sino las economías que han alcanzado hasta el momento un mayor desarrollo, es decir, las más ricas.

Desde el punto de vista de las economías menos avanzadas tampoco tiene demasiada lógica plantear un crecimiento económico más centrado en las posibilidades que puede ofrecer cada país, con el propósito de reducir la contaminación que genera el transporte entre puntos muy alejados entre sí. Desde su punto de vista, esta propuesta choca con la existencia de grandes distancias entre diferentes puntos de un mismo país, mucho mayores de las que en ocasiones separan determinadas regiones de economías avanzadas de áreas concretas de algunos países subdesarrollados[46].

El temor que suscita en las economías más ricas la existencia de normativas medioambientales muy permisivas o muy poco respetadas en otros países también inquieta mucho a las economías subdesarrolladas. Éstas consideran que se trata de una acusación planteada fundamentalmente contra ellas y que en muchas ocasiones no responde realmente a la voluntad de conservar el entorno natural. No les pasa desapercibido que las empresas de los países más avanzados son las que han desarrollado técnicas de producción más limpias, ni que son las más interesadas en la implantación de esas tecnologías en todo el mundo, con el consiguiente aumento de sus ventas. Sustituir sus viejos métodos de producción por ese tipo de tecnologías supondría para los países más pobres un esfuerzo económico muy importante. Cabría preguntarse si ese esfuerzo no sería incluso desproporcionado, teniendo en cuenta que se trata de países con necesidades muy acuciantes, como son las que generan, por ejemplo, la extensión de la pobreza, las grandes fracturas sociales o los enormes desequilibrios regionales.

Lo que más inquieta a los países más pobres en relación con las diferencias que se perciben entre distintos países en función del grado de exigencia de sus normativas medioambientales es probablemente la posibilidad de que se intenten combatir los efectos de esas diferencias con medidas de protección. También en este caso existen análisis teóricos y trabajos empíricos que respaldan el punto de vista de los países subdesarrollados. En el primero de los órdenes destacan las reflexiones que, a partir de argumentos formalizados, ponen en duda la eficacia de la política comercial como instrumento de defensa del medio ambiente. Por otra parte, casi todos los estudios empíricos que se han realizado ponen de manifiesto que las diferencias que existen entre las normativas nacionales en materia de medio ambiente no influyen de forma significativa en el comercio internacional[47].

A pesar de las grandes divergencias que existen entre el planteamiento que adopta cada economía respecto de este tipo de cuestiones según su nivel de desarrollo, se han alcanzado importantes acuerdos internacionales sobre la conservación del medio natural en los últimos años. Existen ya cientos de esos acuerdos multilaterales ambientales (AMA), con una trascendencia que varía en función de los temas a los que afecta y del número de países a los que compromete. Los acuerdos más importantes son los que tratan de buscar una salida coordinada a los ya citados problemas medioambientales globales. Con esta pretensión se han firmado, por ejem-

---

[46] Véase M. BARRAT BROWN, pp. 36 ss.

[47] Véase A. SUBRAMANINAN y P. UIMONEN, «Trade and the environement», en FONDO MONETARIO INTERNACIONAL, *World Economic and Financial Surveys*, 1994, pp. 80-86, y P. LOW (ed.) «International trade and environement», *World Bank Discussion Paper* 159 (1992).

plo, el Convenio sobre la Protección de la Capa de Ozono (conocido también como Convenio de Viena), en 1985; el Convenio sobre el Control de los Movimientos Transfronterizos de Desechos Peligrosos y su Eliminación (Convenio de Basilea), en 1989; el Convenio Marco sobre Cambio Climático, en 1994; el Convenio sobre Biodiversidad, en 1997[48].

Aunque el esfuerzo que ha conducido a la ratificación de estos acuerdos invita a la esperanza, su puesta en vigor ha proporcionado hasta el momento resultados realmente decepcionantes. Ese balance es fundamentalmente el fruto del incumplimiento sistemático de lo dispuesto en estos acuerdos por parte de muchos países. Conviene tener presente, además, que la puesta en vigor de dichos acuerdos exige adoptar iniciativas que entorpecen el desarrollo del comercio internacional, por lo que se enfrentan a lo establecido por el GATT, que sólo reconoce a través de su artículo XX la posibilidad de adoptar medidas de defensa del medio ambiente en situaciones extremas.

Uno de los retos que plantean las relaciones comercio-medio ambiente de cara al futuro es precisamente la armonización del contenido de los acuerdos alcanzados hasta el momento con el marco multilateral en el que se desarrolla el comercio internacional. El principal escollo al que se enfrenta ese desafío es la contundencia con la que ese marco multilateral defiende la liberalización del comercio internacional, aunque sea a costa de no garantizar el respeto del medio ambiente. Los observadores más optimistas confían en que esa actitud varíe, lo que permitiría alcanzar cierto equilibrio entre sensibilidad medioambiental y apertura comercial. Los observadores más optimistas confían en que la creación de un Comité de Comercio y Medio Ambiente en el marco de la Organización Mundial del Comercio haya supuesto un primer paso en ese sentido[49].

[48] El proceso que ha conducido a la ratificación de estos y de otros AMA, así como sus principales disposiciones, pueden conocerse mejor recurriendo, por ejemplo, a R. BERMEJO, *op. cit.*, p. 11 ss., o H. HOFFMAN, «Comercio y medio ambiente ¿Luz verde o luz roja?», *Revista de la CEPAL*, agosto, 1997, pp. 145 ss.

[49] Esas esperanzas chocan con los malos resultados de algunas experiencias anteriores. Puede recordarse en este sentido que en el marco del GATT funcionó un Grupo de Trabajo sobre Medidas Medioambientales y Comercio Internacional (EMIT), pero que su existencia fue realmente testimonial, como lo atestigua el hecho de que no se reuniera durante 20 años. Véase R. BERMEJO, *op. cit.*, p. 25 ss.

6. El comercio internacional y las empresas multinacionales

En los últimos años del siglo XIX, al mismo tiempo que se consolidaba definitivamente el comercio internacional, surgían empresas que extendían su actividad por diferentes países del mundo mediante la implantación de filiales. Un número relativamente importante de las principales empresas de este tipo que existen en la actualidad ya funcionaban como tales antes de que se iniciara la Primera Guerra Mundial. Entre todas ellas destacaba un grupo de corporaciones estadounidenses que se había establecido en Europa y Canadá, en el que sobresalían algunas tan relevantes como Ford, General Electric, Singer o Westinghouse. También se habían implantado en el exterior importantes firmas europeas, como las alemanas AEG, Agfa, Bayer, BASF y Siemens, las francesas Michelin y Saint Gobain, así como la suiza Nestlé[1].

Ese tipo de empresas consiguió salvar sin grandes problemas las enormes dificultades que afectaron a la economía mundial durante el período 1914-1945 y experimentó después el impulso más importante de toda su historia coincidiendo con la etapa de mayor apogeo de la expansión postbélica. A partir de entonces, la actividad de las multinacionales ha seguido una trayectoria cíclica, que ha combinado períodos de relativa atonía con fases como la actual, caracterizadas por un dinamismo inusitado (véase cuadro 14)[2].

[1] Existen trabajos sumamente interesantes sobre la historia de las multinacionales que permiten conocer mucho mejor su origen. Véase, por ejemplo, A. CHANDLER, «The growth of the transnational industrial firm in the United States and the United Kigdom: a comparative analysis», *Economic History Review* (agosto, 1980), y M. WILKINS, «The history of european multinationals: a new look», *The Journal of European Economic History* (1986).

[2] En este texto se utilizará la denominación más habitual en los estudios sobre la inversión directa en el exterior, es decir, la de «empresas multinacionales». Conviene admitir, no obstante, que esta expresión resulta un tanto equívoca, ya que induce a pensar en una firma que posee varias nacionalidades simultáneamente, mientras que casi todas las empresas de este tipo tienen su origen en un único país, a partir del cual se han extendido a otros a través de inversiones directas. El término «transnacionales» refleja con mucha mayor fidelidad esa idea de propagación de la actividad a partir de un único país de origen que el de «multinacionales». El hecho de que se haya optado por este último término sólo se justifica a partir de su mayor utilización en la literatura económica sobre este tema. El lector puede encontrar, además, en esa literatura otras denominaciones, como, por ejemplo, las de «empresas internacionales», «plurinacionales» o «supranacionales». Véase, por ejemplo, R. SANDRETTO, *op. cit.*, pp. 167 ss.

Cuadro 14
LA ACTIVIDAD DE LAS MULTINACIONALES EN RELACIÓN CON LA EVOLUCIÓN RECIENTE DE LA ECONOMÍA MUNDIAL[a]

	Miles de millones de dólares corrientes			Crecimiento medio anual (%)		
	1982	1990	1999	1986-1990	1991-1995	1996-1999
Información sobre las empresas multinacionales:						
Salidas de IDE	37	245	800	27,6	15,7	27,0
***Stock* de IDE**[b]	577	1.716	4.759	20,5	10,7	14,5
Ventas totales de las filiales	2.462	5.503	13.564	15,8	10,4	11,5
Exportaciones de las filiales	637	1.165	3.167	13,2	13,9	12,7
Información de referencia sobre la economía mundial:						
PIB a coste de factores	10.611	21.473	30.061	11,7	6,3	0,6
Formación bruta de capital	2.231	4.686	6.058	13,5	5,9	-1,4
Exportaciones de bienes y servicios	2.041	4.173	6.892	15	9,5	1,5

[a] La información disponible sobre el comportamiento de las multinacionales se enfrenta a todos los problemas a los que se alude en el recuadro 10. Conviene conocer esos problemas antes de realizar cualquier valoración a partir de los datos que aparecen en la parte superior de este cuadro.
[b] Las cifras que reflejan el nivel que alcanza el *stock* se han calculado a partir de la información sobre las salidas de IDE.
Fuente: UNCTAD, *World Investment Report*, Nueva York, Naciones Unidas, 2000.

Dada su peculiar naturaleza, las relaciones de estas empresas con el comercio internacional siempre han sido muy estrechas, probablemente aún más estrechas conforme han pasado los años. Este capítulo intenta llevar a cabo un análisis exhaustivo de esas relaciones, tanto en el plano teórico como en el práctico. El primer apartado está consagrado al estudio de los vínculos de carácter teórico, comenzando por los establecidos en los estudios realizados desde una perspectiva neoclásica y terminando por los que se han analizado más recientemente en trabajos que adoptan otras perspectivas. Las dos últimas secciones del capítulo se ocupan de la incidencia de las empresas multinacionales sobre el funcionamiento del comercio internacional en la práctica. En la primera de ellas se lleva a cabo una reflexión sobre la forma en la que se manifiesta esa incidencia en el volumen y la orientación de las transacciones internacionales, mientras que la última pasa revista a los efectos que tiene la existencia de multinacionales sobre la composición y sobre la propia naturaleza del comercio mundial.

6.1. LAS RELACIONES ENTRE MULTINACIONALES Y COMERCIO INTERNACIONAL DESDE UN PUNTO DE VISTA TEÓRICO

6.1.1. La explicación de la inversión directa desde la perspectiva neoclásica

Como ya se puso de manifiesto en el primer capítulo, desde la época de David Ricardo la línea predominante en la explicación del comercio internacional se ha basado en la inmovilidad de los factores entre diferentes países y, en particular, en la inmovilidad del capital a escala internacional. La permanencia de la dotación factorial en el interior de las fronteras nacionales es esencial para explicar por qué se cumple el Teorema Heckscher-Ohlin, es decir, para justificar por qué las economías tienden a exportar bienes intensivos en el factor en el que están relativamente mejor dotadas y a importar aquéllos que incorporan de forma intensiva el factor relativamente más escaso.

El premio Nobel Paul Samuelson demostró en una serie de artículos publicados entre 1948 y 1951 que, al ajustarse a esa lógica, los intercambios de mercancías contribuyen a la igualación de las retribuciones recibidas por el trabajo y por el capital en todo el mundo. Este importante resultado, al que se conoce como Teorema Heckscher-Ohlin-Samuelson, puede tomarse como la pieza que cierra todo el análisis de las transacciones internacionales de mercancías y de factores desde una perspectiva neoclásica. La inmovilidad de los factores, de acuerdo con este resultado, no genera diferencias importantes entre sus remuneraciones en distintos países, ya que éstas tienden a equilibrarse gracias a que el comercio internacional de mercancías cumple con lo previsto en el Teorema Heckscher-Ohlin. Por otra parte, al igualarse esas remuneraciones, los factores carecen de incentivos para salir del país en busca de una mayor recompensa por su aportación al proceso productivo, por lo que no habrá inconveniente, a su vez, en asumir su inmovilidad a escala internacional, como requiere la demostración de ese teorema[3].

Este edificio teórico tan consistente, al que Samuelson le proporcionó un extraordinario rigor formal, siempre ha tenido que hacer frente a las dudas que plantea la existencia de importantes movimientos de trabajadores y de capital entre diferentes países. Como se apuntó en el último apartado del primer capítulo, esta clase de movimientos, que ya alcanzaban un gran relieve en los últimos años del siglo XIX, han constituido un desafío permanente para la interpretación clásica y neoclásica del comercio internacional.

El nacimiento y el desarrollo de empresas multinacionales debe entenderse como una parte de ese desafío. No conviene perder de vista que lo que distingue a esta clase de empresas es que, a partir de una sociedad matriz ubicada en determinado país, establecen filiales en el exterior. La matriz ejerce cierto grado de control sobre éstas gracias a que ha suscrito una parte significativa de su capital o incluso posee la titularidad de todo él. Gracias a ello puede intervenir de forma activa en la gestión de esas filiales y establecer, al menos en principio, unos vínculos duraderos con ellas (véase recuadro 10). La inversión realizada para alcanzar ese propósito, a la que se conoce como inversión directa en el exterior (IDE), es una transferencia de capital entre diferentes países, por lo que carece de justificación a la luz del enfoque teórico neoclásico.

---

[3] Los trabajos concretos en los que Paul Samuelson demostró, a partir de un estricto marco de hipótesis, el cumplimiento de los teoremas a los que se ha hecho referencia fueron P. A. SAMUELSON, «International trade and the equalization of factor prices», *Economic Journal* 58 (1948), pp. 165-184, P. A. SAMUELSON, «International factor prices equalization again», *Economic Journal* 59 (1949), pp. 181-197, y P. A. SAMUELSON, «Prices of factor and goods in general equilibrium», *Review of Economic Studies* 21 (1951), pp. 1-20. La importancia que la publicación de estos artículos tuvo para la Teoría Pura del Comercio Internacional puede entenderse mejor conociendo la interesante reflexión que lleva a cabo Mark Blaug en M. BLAUG, *La Metodología de la Economía*, Madrid, Alianza Universidad, 1985, pp. 235 ss.

Recuadro 9

¿CUÁL ES LA VERDADERA IMPORTANCIA DE LA INVERSIÓN DIRECTA EN EL EXTERIOR (IDE) Y DE LAS EMPRESAS MULTINACIONALES?

La metodología que se utiliza actualmente para elaborar las balanzas de pagos (la establecida en el *Quinto manual de balanza de pagos*, publicado por el Fondo Monetario Internacional en 1995) exige que en la sub-balanza financiera se incluya un apartado en el que se recoja específicamente la información sobre entradas y salidas de inversión directa en el exterior.

Como pone de manifiesto el Banco de España, asumiendo las pautas establecidas por ese manual, las inversiones directas se distinguen de las demás formas de inversión en el exterior, y en particular, de la inversión en cartera, por que su objetivo es «obtener una rentabilidad permanente en la empresa en la que se invierte, alcanzando un grado significativo de influencia en sus órganos de dirección». El Fondo Monetario Internacional adopta una regla práctica para garantizar el cumplimiento de esas condiciones: asume que la permanencia y la intervención activa en la gestión de la empresa ubicada en exterior requieren de una participación mínima del 10% en el capital de ésta. Por debajo de ese porcentaje se considerará que se trata de una inversión en cartera.

A pesar de lo claras que son las especificaciones del *Quinto manual* y del esfuerzo que se ha realizado para aplicarlas a toda la información publicada en cualquier parte del mundo, existen muchos problemas a la hora de encontrar datos fidedignos y comparables sobre inversión directa en el exterior, lo que limita las posibilidades de conocer su verdadera intensidad, así como la dimensión y las características de las firmas que recurren a ella (las empresas multinacionales). Los problemas más importantes que afectan a esos datos son los siguientes:

1. El umbral del 10% no deja de ser un criterio arbitrario. Existen fórmulas que permiten ejercer un elevado grado de control sobre una empresa situada en otro país con participaciones inferiores (recurriendo a cesiones de marcas, patentes y, en general, a cualquiera de las denominadas «nuevas formas de inversión»). Al mismo tiempo, pueden darse casos en los que poseer el 10% del capital resulte insuficiente para garantizar ese control.
2. El Fondo Monetario Internacional exige que las estadísticas sobre IDE incluyan, además de las inversiones originales, todos los recursos financieros que proporcione posteriormente la sociedad matriz a sus filiales (sea cual fuere su naturaleza), así como la reinversión de beneficios en esas filiales. Muchos países siguen publicando, sin embargo, información que sólo tiene en cuenta los recursos desembolsados inicialmente, lo que da lugar a una infravaloración de la inversión directa.
3. Abundan los países, sobre todo dentro de los menos desarrollados, que ni siquiera publican datos sobre IDE. Las lagunas estadísticas a las que dan lugar estos países suelen rellenarse empleando la información facilitada por otras fuentes, especialmente por las publicaciones de las economías más desarrolladas, de la OCDE o de la UNCTAD.
4. No sólo presentan deficiencias las cifras ofrecidas por las oficinas estadísticas de algunos países. A pesar del gran empeño que ha puesto el Fondo Monetario Internacional para evitarlo, las estadísticas sobre inversión directa elaboradas por las principales instituciones económicas internacionales no facilitan información comparable ni suficientemente detallada.
5. Aunque se dispusiera de cifras fiables y comparables sobre inversión directa, podría criticarse su validez como reflejo del verdadero potencial de las empresas multinacionales. Muchos especialistas consideran que para conocer ese potencial no habría que tomar como referencia las corrientes de IDE de cada año (las que aparecen en la mayor parte de las estadísticas), sino el *stock* acumulado. Para tener una referencia exacta de la dimensión de esas multinacionales también sería razonable exigir que, aparte de las cifras sobre inversión directa en el exterior, se tuviera en cuenta el valor alcanzado por la inversión de esas empresas en sus respectivos países de origen.

En 1957, otro premio Nobel (Robert Mundell) ofreció una explicación a la movilidad internacional de los factores que no requería de una ruptura total con ese enfoque. En esencia, su explicación se basa en la existencia de obstáculos que se oponen al normal desarrollo de los intercambios internacionales. Esos obstáculos, de acuerdo con Mundell, impiden que la retribución de los factores se iguale a través del comercio internacional, lo que justifica que tanto el capital como el trabajo tiendan a salir de sus respectivos países de origen, buscando mejores condiciones en el exterior[4].

Respecto de la IDE podría decirse que el argumento de Mundell ayuda a entender por qué determinadas empresas acaban implantándose y produciendo en mercados exteriores, como consecuencia de los obstáculos que las impiden abastecerlos con facilidad recurriendo a las exportaciones. Sería razonable que la mayor parte de las inversiones directas tuvieran su origen en países relativamente bien dotados en capital y que se dirigieran de forma prioritaria hacia aquéllos en los que éste escaseara, ya que sólo así se podrían igualar las retribuciones recibidas por este factor en ausencia de un comercio internacional libre.

Sin carecer de interés, el argumento de Mundell presenta importantes puntos débiles a la hora de justificar teóricamente la existencia de empresas multinacionales. Una de las críticas más comunes se refiere precisamente a que esas empresas no siempre proceden de países relativamente más dotados en capital ni se establecen necesariamente en aquéllos en los que este factor escasea. Otra objeción que suele plantearse se basa en que las diferencias entre la remuneración que recibe el capital en diferentes países no tienen por qué conducir necesariamente a la inversión directa en el exterior, ya que existen otras vías para que ese capital transite de un país a otro, como, por ejemplo, la concesión de préstamos o la inversión en cartera. Podría darse el caso de que sólo se recurriera a estas vías para canalizar los movimientos internacionales de capital, es decir, cabría la posibilidad de que la existencia de barreras al comercio no generara flujos de inversión directa.

Una crítica aún más contundente que las anteriores es la que resalta que los movimientos de recursos a escala internacional en busca de una mayor remuneración tenderían a eliminar las diferencias entre las dotaciones factoriales de los países ¿Cómo se justificaría entonces la existencia de comercio internacional desde una perspectiva neoclásica?[5].

6.1.2. Los primeros intentos de explicación de la IDE a partir de un marco de competencia imperfecta

Ante las deficiencias que presenta el planteamiento neoclásico para justificar la existencia de multinacionales no es extraño que se hayan llevado a cabo aportaciones teóricas que intentan ofrecer una explicación más consistente de la IDE desde otros puntos de vista. De forma similar a lo ocurrido con la explicación del comercio internacional, las nuevas contribuciones no han dudado en prescindir del estricto marco de hipótesis en el que se basa el referido enfoque neoclásico y, en particular, del supuesto que asume la existencia de un régimen de competencia perfecta.

---

[4] Esa relevante aportación apareció publicada en el ya famoso artículo de R. MUNDELL, «International trade and factor mobility», *American Economic Review* 47 (1957), pp. 321-335.

[5] Véase W. ANDREFF, *Les Multinationales*, París, La Découverte, 1990, pp. 82 ss

Las nuevas justificaciones suelen destacar que la IDE no es una forma cualquiera de transferir capital al exterior, motivada por el atractivo que ejerce sobre ese capital la posibilidad de recibir una mayor retribución en otros países. Se trataría en realidad de una forma muy peculiar de canalizar el capital hacia otros países, que se distinguiría de las demás por requerir, precisamente, de la ausencia de competencia perfecta.

Para muchos autores críticos con el planteamiento neoclásico, en un mundo en el que imperase la competencia perfecta la inversión directa en el exterior simplemente no tendría lugar, ya que si las multinacionales no dispusieran de ventajas importantes respecto de las firmas originarias de cada país carecería de sentido la instalación de filiales. En igualdad de condiciones, esto es, en un marco de competencia perfecta, esas filiales serían desplazadas por los productores nacionales, ya que éstos no se verían afectados por todos los obstáculos a los que se enfrenta una empresa que opera en el exterior, como, por ejemplo, los originados por los costes de transporte y de comunicaciones, la necesidad de familiarizarse con el marco legal nacional, las diferencias de cultura y, en muchos casos, el uso de idiomas distintos[6].

El primer autor que trasladó este planteamiento a un análisis completo y coherente de la inversión directa en el exterior fue el canadiense Stephen Hymer. En un famoso estudio realizado en 1960, pero que no vio la luz hasta 1976, este autor explicaba que la IDE surgía cuando una empresa trataba de hacer valer en otros países determinadas ventajas que le colocaban en una posición de privilegio frente a eventuales competidores nacionales. Entre esas ventajas Hymer destacaba la posibilidad de explotar grandes escalas de producción y la destreza en el manejo de determinadas herramientas de gestión que no estaban al alcance de las firmas nacionales[7].

El análisis de Raymond Vernon basado en la existencia de un ciclo del producto también permite contemplar la inversión directa en el exterior como una alternativa que faculta a determinadas empresas para rentabilizar las ventajas de que disponen sobre otras ubicadas en el exterior. De acuerdo con esta teoría, a la que ya se hizo referencia en el cuarto capítulo, la implantación de filiales en el resto del mundo puede entenderse como una reacción de determinadas firmas frente a sus potenciales competidores en otros mercados. Se trata de firmas que dominan la tecnología necesaria para elaborar productos nuevos y que comienzan satisfaciendo la demanda de esos mercados a través de exportaciones. Ante la amenaza que supone la posibilidad de que esas exportaciones se enfrenten a la competencia de productores nacionales una vez que la tecnología se difunda y el producto se estandarice, las ventas en el exterior se acaban sustituyendo por fabricación *in situ* a través de filiales. Posteriormente, a medida que el producto entra en su fase de madurez y la tecnología necesaria para fabricarlo se difunde aún más, la empresa multinacional tiende a implantarse en países cada vez menos desarrollados, guiada por la búsqueda de costes de producción cada vez más bajos, especialmente menores salarios[8].

La principal limitación de planteamientos como el de Hymer o el de Vernon consiste en que no determinan con claridad por qué las empresas deciden recurrir a la IDE en lugar de optar por otras fórmulas que también les permitirían aprovechar en

---

[6] Véase, por ejemplo, J. R. MARKUSEN, «The boundaries of multinational enterprises and the Theory of International Trade», *Journal of Economic Perspectives* 9, 2 (1995), p. 173.

[7] S. H. HYMER, *The international operations of national firms: a study of direct foreign investment*, Massachusetts, MIT Press, 1976.

[8] Este tipo de argumentos aparecieron por primera vez en el artículo de R. VERNON «International investment and international trade in the product cycle», *Quarterly Journal of Economics* 80 (mayo, 1966), pp. 190-207.

el exterior las ventajas de que disponen. Entre esas fórmulas se encontraría el propio comercio exterior, es decir, la exportación de los bienes o servicios elaborados utilizando las ventajas en cuestión.

Frente a esa importante limitación conviene tener en cuenta que se trata de trabajos que, por su mayor realismo, supusieron un avance muy importante respecto de los análisis basados en la existencia de un régimen de competencia perfecta. Por otra parte, esos mismos trabajos destacan por su consistencia con el comportamiento que las multinacionales tenían en la época en la que éstos se dieron a conocer y con las reacciones que ese tipo de empresas solían suscitar en la opinión pública. Para refrendar este argumento basta con recordar el papel desempeñado por las empresas norteamericanas que, gracias a sus ventajas (especialmente en el orden tecnológico) disponían en la década de los setenta de una gran red de filiales por toda Europa. Conviene tener en cuenta, además, que la imagen de unas empresas poderosas, con una posición privilegiada respecto de las demás, encaja con el sentimiento de hostilidad que las multinacionales despertaban en ese momento en muchos de los países en los que se implantaban, especialmente en los menos desarrollados[9].

6.1.3. Las explicaciones basadas en el concepto de internalización

Un trabajo publicado en 1976 por Peter Buckley y Mark Casson abrió una interesante vía para justificar por qué determinadas empresas extraían provecho de sus ventajas a través de la inversión directa en lugar de recurrir a otras posibilidades, entre ellas, al comercio exterior.

La explicación en cuestión partía del concepto de internalización, desarrollado por Coase en 1937 y perfeccionado por Williamson en 1975[10]. De acuerdo con la aportación de estos dos autores, determinadas operaciones que se realizan a través del mercado conllevan importantes costes de transacción, que las empresas pueden evitar si internalizan esas operaciones, es decir, si las integran en la propia firma.

Si se trata de transacciones internacionales puede afirmarse que el recurso al mercado a través de las exportaciones o de las importaciones genera costes de transacción particularmente importantes, lo que explica, según Buckley y Casson, que algunas empresas tiendan a extender su organización interna en el exterior a través de filiales[11]. El origen de esos costes es muy diverso: la falta de sintonía entre las aspiraciones de compradores y vendedores, la ausencia de acuerdo entre éstos sobre los precios, los retrasos en el suministro de *inputs* o las dudas sobre la calidad de éstos. Si los intercambios se llevan a cabo entre diferentes países habrá que añadir, entre otros, los costes derivados del pago de aranceles o de determinados impuestos que gravan específicamente las ganancias que surgen de las transacciones internacionales.

---

[9] El texto que mejor refleja esa actitud es probablemente el libro de R. J. BARNET y R. E. MULLER, *Global reach: the power of multinational corporations*, Nueva York, Simon & Schuster, 1974. Este texto, publicado poco después del escándalo que supuso la implicación de algunas multinacionales originarias de Estados Unidos en la evolución política de algunos países latinoamericanos (particularmente en Chile), llegó a situarse entre los más vendidos en las librerías de todo el mundo.

[10] P. J. BUCKLEY y M. CASSON, *The future of the multinational enterprise*, Londres, Mac Millan, 1976.

[11] Stephen Hymer ya anticipó en su tesis, elaborada en 1960, como ya se señaló previamente, que las empresas multinacionales tendían a crear un marco institucional que sustituía al mercado. Véase J. L. MUCCHIELLI, *Multinationales et mondialisation*, Éditions du Seuil, 1998, p. 218.

Al existir tantas causas posibles de costes de transacción no parece difícil justificar la existencia de multinacionales. De hecho, como señala François Chesnais, si se lleva el concepto de internalización hasta sus últimas consecuencias y se tiene en cuenta una lista tan extensa «habría que preguntarse por qué extraño milagro existe comercio internacional entre firmas independientes»[12].

A pesar de lo que se acaba de señalar, no puede afirmarse que la reducción de los costes de transacción conduzca a una explicación definitiva y unánimemente admitida de la IDE. Se trata en realidad de una explicación muy criticada, ya que sólo resulta verdaderamente útil para justificar por qué existen empresas multinacionales en las actividades en las que esos costes tienen un importante peso relativo (ramas muy intensivas en conocimientos y en comunicaciones o aquellas en las que tienen una gran trascendencia la calidad y las relaciones basadas en la confianza). No existirían argumentos sólidos para justificar la existencia de multinacionales en otras actividades.

Para superar estas deficiencias han surgido con posterioridad otras justificaciones, que, sin pasar por alto la influencia de los ya referidos costes de transacción, tienen en cuenta, además, la incidencia de otros factores. La explicación más conocida incorpora todos esos factores, asumiendo sus consecuencias en una visión integradora de la IDE, a la que habitualmente se conoce como «enfoque ecléctico».

De acuerdo con este enfoque, cuyo máximo representante es John Dunning, la multinacionalización de una empresa requiere del cumplimiento de tres condiciones:

1. La empresa en cuestión debe poseer algún tipo de ventaja sobre otras.
2. Debe resultar más interesante para dicha empresa explotar internamente esa ventaja que hacerlo mediante transacciones con otros agentes económicos a través del mercado.
3. El país en el que finalmente se instalará la filial debe presentar algún atractivo especial de cara al aprovechamiento de la ventaja en cuestión[13].

Esta interpretación de la existencia de multinacionales ha alcanzado una gran difusión, gracias a que incorpora los mejores elementos de explicaciones anteriores, ofreciendo a partir de ellos un marco de referencia que permite explicar la instalación de una filial y diferenciar esta práctica del resto de formas que puede revestir la presencia de una empresa en el exterior. Estos importantes atributos no deben entenderse, en cualquier caso, como la prueba de que se ha encontrado, por fin, una explicación irrebatible del origen de las multinacionales. El enfoque ecléctico plantea importantes problemas, por ejemplo, cuando se intenta justificar la existencia de inversión directa entre países de características similares, ya que en ese caso no están claras las ventajas de localización que puede ofrecer el país que recibe dicha inversión frente a las que presenta el país del que procede. Ese enfoque tampoco encaja

---

[12] F. CHESNAIS, *La mondialisation du capital*, París, Syros, 1994, p. 65.

[13] La interpretación que hace John Dunning de la multinacionalización es conocida también como «paradigma OLI», una denominación que tiene su origen en las siglas inglesas de las tres condiciones a las que se alude en el texto: propiedad sobre determinadas ventajas *(ownership)*, condiciones de localización apropiadas *(location)* y aprovechamiento interno de esas ventajas *(internalization)*. Los textos que mejor recogen los aspectos fundamentales de este paradigma son probablemente los dos siguientes: J. DUNNING, *Multinational enterprises and the global economy*, Wokingham, Addison-Wesley, 1973, y J. DUNNING, *International production and the multinational enterprise*, Londres, Allen & Unwin, 1981.

con la existencia de unas relaciones cada vez más diversas y más complejas entre las empresas multinacionales y otras firmas. La amplia gama de posibilidades que existe en la actualidad, en la que habría que incluir, entre otras, la creación de empresas conjuntas, la subcontratación y la firma de contratos a corto y a largo plazo, obliga a romper con una justificación de la IDE, como la que se emplea en el análisis de Dunning, que parte de una distinción estricta entre las relaciones a través del mercado y las que pueden establecerse a través de la organización interna de la multinacional (véase recuadro 10).

La utilización creciente de una variedad cada vez mayor de relaciones entre las unidades que componen la multinacional y empresas ajenas a ella no encaja bien con esa distinción tan rígida ni, por tanto, con el enfoque ecléctico. Se ajusta mucho mejor a concepciones teóricas que han surgido recientemente, en las que se analizan los diferentes equilibrios a los que puede conducir la comparación de los costes de transacción a los que puede dar lugar el mercado con los costes de organización que puede originar la existencia de una institución jerárquica (una empresa). De esa comparación surgen conceptos que reflejan las diferentes combinaciones de mercado y de organización interna que pueden surgir en torno a la empresa multinacional, como la noción de «formas mixtas», empleada en los últimos trabajos de John Williamson sobre inversión directa, o la de «organización intermedia», utilizada en los análisis realizados por los economistas japoneses Imai e Itami[14].

6.2. LAS EMPRESAS MULTINACIONALES Y LA ORIENTACIÓN DEL COMERCIO INTERNACIONAL

Saliendo del ámbito teórico puede afirmarse que una de las manifestaciones más importantes y más claras de la relación que existe entre la inversión directa y los intercambios con el exterior es la influencia que ejerce dicha inversión sobre la dirección de las exportaciones y de las importaciones. En este apartado se pasa revista a esa influencia, analizando por separado sus efectos sobre las transacciones comerciales de los países de origen de las multinacionales y sobre los que acogen a sus filiales.

6.2.1. El comercio exterior de los países emisores de IDE

a) *La visión tradicional*

Como consecuencia de la impronta del enfoque neoclásico y, en particular, a raíz de la contribución de Mundell, el comercio internacional y la inversión directa se han contemplado tradicionalmente como opciones alternativas. De acuerdo con ese punto de vista, el comercio internacional tiende a compensar las diferencias que existen entre las dotaciones factoriales de los países cuando no existen barreras importantes que se opongan a la existencia de intercambios regulares entre éstos. Si esas barreras existen y tienen cierta trascendencia, puede justificarse que los factores de producción (en el caso de la IDE, el capital) atraviesen las fronteras, ejerciendo el papel que las relaciones comerciales no pueden desarrollar en esas circunstancias[15].

---

[14] Véase, por ejemplo, K. IMAI y H. ITAMI,, «Interpenetration of firm and market», *International Journal of Industrial Organisation* (1984), pp. 285-310.

[15] Véase *infra*, capítulo 6, apartado 2, sección 2.

De esa interpretación del comercio internacional y de la inversión directa en el exterior surge una visión negativa de ésta para los países originarios de empresas multinacionales. Esa visión se basa en los efectos que tiene la IDE sobre su sub-balanza comercial; conviene tener presente que, como consecuencia de los obstáculos a los que alude Mundell, las empresas sustituyen exportaciones por producción en el exterior, lo que genera un efecto negativo sobre el saldo comercial del país de origen de la inversión directa.

Lo sucedido en los Estados Unidos durante los años sesenta podría tomarse como un ejemplo ilustrativo del peligro anunciado por los partidarios del enfoque neoclásico. Durante esa época las exportaciones de este país crecieron a un ritmo muy lento, mientras que las importaciones se incrementaron de forma espectacular. El deterioro consiguiente de la balanza comercial norteamericana fue relacionado por muchos autores con la masiva implantación de empresas originarias de este país en el exterior, especialmente en Europa. De acuerdo con su punto de vista, la producción de las filiales instaladas en Europa podría haber supuesto un freno a las exportaciones norteamericanas e incluso habría propiciado el retorno, a través de las importaciones, de la producción previamente deslocalizada[16].

Una imagen tan negativa, pero, a la vez, tan simple, de los efectos de la IDE se ha ido superando con el paso del tiempo. Coincidiendo con la aparición de nuevas interpretaciones del comercio internacional y de la multinacionalización se ha avanzado en la comprensión de la intrincada red de efectos que tiene la inversión directa sobre los intercambios exteriores de sus respectivos países de origen. El resultado final de ese conjunto de influencias no es concluyente, ya que depende, entre otras circunstancias, de si se plantea una valoración a corto o a largo plazo, o del tipo de estrategia que adopten las empresas multinacionales.

b) *Una visión más completa de los efectos sobre las exportaciones*

La nueva visión de las consecuencias de la IDE no pasa por alto que la instalación de filiales puede ejercer un efecto negativo sobre las exportaciones de los países originarios de las firmas multinacionales. La eventual sustitución de dichas exportaciones por producción en el exterior no puede despreciarse, sobre todo teniendo en cuenta que en el comportamiento reciente de las multinacionales tiene una gran vigencia la estrategia de mercado (véase recuadro 10). En virtud de esa estrategia, las multinacionales buscan una vía de acceso más segura a los mercados con una mayor capacidad de demanda que la que garantizan las exportaciones. El predominio de los países más desarrollados como destino de la IDE puede considerarse un indicio claro del relieve que tiene actualmente esta estrategia. También puede tomarse como un síntoma de su gran actualidad la escasa proporción que representan las exportaciones respecto de las ventas totales de las filiales de las multinacionales (véase cuadro 14).

A pesar de que haya que seguir contando con ese potencial efecto negativo de la IDE sobre las exportaciones de los países de los que parte, una visión completa de las repercusiones de la multinacionalización requiere de una valoración más amplia de los cambios inducidos por ésta. Sin abandonar el análisis del impacto sobre esas exportaciones, habría que tener en cuenta que, junto al efecto negativo que se ha descrito, puede haber también repercusiones positivas:

[16] Evidentemente, ese proceso debería contemplarse simplemente como una de las razones que permitirían explicar el deterioro del saldo comercial de los Estados Unidos en esa época. Véase J. L. MUCCHIELLI (1998), *op. cit.*, pp. 271 ss.

Recuadro 10
LAS ESTRATEGIAS DE LAS MULTINACIONALES

Según sean los motivos que impulsen a las empresas a llevar a cabo inversiones directas en el exterior y según sea su lógica de funcionamiento puede hablarse de diferentes estrategias. Esas estrategias pueden emplearse para elaborar una tipología de firmas multinacionales. La tipología más conocida, basada en la aportación realizada por Charles Albert Michalet en la década de los años ochenta, distingue entre las cuatro categorías siguientes:

ESTRATEGIA DE APROVISIONAMIENTO
Es la más característica de las multinacionales especializadas en actividades primarias. En su origen, las multinacionales con una estrategia de este tipo buscaban un acceso privilegiado y regular a determinadas materias primas. En la actualidad, sin embargo, suelen dedicarse más a la comercialización de los productos básicos en los que se basa su actividad. En términos generales puede considerarse que se trata de una estrategia en declive, como consecuencia de la pérdida de importancia relativa de las actividades primarias. A pesar de lo que se ha señalado, esta categoría sigue teniendo importantes representantes entre las firmas multinacionales más relevantes, como sucede, por ejemplo, con las grandes firmas petroleras o con las multinacionales que controlan una parte sustancial de la producción y de la comercialización de algunos productos agrícolas.

ESTRATEGIA DE PRODUCCIÓN
Lo que pretende una multinacional que adopta esta estrategia es extraer el máximo rendimiento posible de los bajos niveles salariales que existen en determinados países y de las economías de escala que pueden surgir cuando se lleva hasta el último extremo la especialización de las filiales. Esas filiales, denominadas por Michalet «filiales-taller», suelen estar vinculadas a través de una fórmula de integración vertical, muy habitual en la actualidad gracias a la frecuencia con la que las empresas multinacionales fragmentan los procesos productivos y distribuyen cada una de sus partes en distintas filiales.

ESTRATEGIA DE MERCADO
Una empresa multinacional que recurre a esta estrategia trata de aprovechar todas las posibilidades que ofrece la demanda de los mercados en los que se localizan sus filiales. Para referirse a éstas Michalet utiliza la expresión «filiales relevo», intentando reflejar la idea de que la empresa que emplea este tipo de estrategia normalmente adquiere la condición de multinacional al sustituir exportaciones por producción elaborada por las filiales. Éstas suelen tener una estructura muy similar y habitualmente están vinculadas unas a otras a través de un esquema de integración horizontal. La estrategia de mercado es probablemente la más importante en la actualidad, dada la gran trascendencia que tiene para muchas empresas multinacionales el aprovechamiento del potencial de demanda que tienen los mercados en los que están implantadas sus filiales. Las multinacionales que la emplean coinciden, a grandes rasgos, con las que Porter denomina «empresas multidomésticas».

ESTRATEGIA TECNOFINANCIERA
Es la de aparición más reciente y probablemente la que tiene un mayor futuro. Encaja, al menos en lo esencial, con la estrategia empleada por las firmas que Porter denomina «multinacionales de nuevo estilo». Sus filiales están vinculadas a través de un esquema de integración diversificada, que comprende, además de la clásica relación matriz-filial, variantes como la venta de licencias, la franquicia, la subcontratación o los contratos de suministro, que prácticamente hacen desaparecer las fronteras de la multinacional. El resultado de esta compleja trama de relaciones es una red de empresas, en la que la coherencia productiva de las viejas multinacionales es sustituida por el propósito de obtener el máximo beneficio posible. Esta lógica de funcionamiento ayuda a entender por qué en una multinacional de este tipo suelen coexistir empresas industriales, grupos financieros y firmas dedicadas a la comercialización.

1. La instalación de una filial puede facilitar la penetración de los productos fabricados por la empresa matriz. No conviene perder de vista que se instalan a menudo filiales dedicadas exclusivamente a la comercialización de esos productos. Tampoco hay que olvidar que en muchas ocasiones las multinacionales no deslocalizan la fabricación de toda la gama de artículos que pueden ofrecer. En esos casos las filiales fabrican solamente una parte de esa gama y se dedican, además, a comercializar el resto.
2. La IDE puede suponer el inicio de un suministro regular de materias primas y de determinados componentes por parte de la sociedad matriz. Estas mercancías serán utilizadas por la filial para llevar a cabo la parte del proceso de producción que se le encomiende, generalmente en el marco de un esquema de integración vertical, es decir, respondiendo a una estrategia de producción (veáse recuadro 10).
3. La instalación de filiales puede dar lugar, al menos en un primer momento, a la exportación de bienes de equipo desde el país en el que tiene su origen la multinacional. La trascendencia de ese tipo de exportaciones perderá importancia a medida que pasen los años, aunque puede volver a cobrar protagonismo si se procede a la renovación de la maquinaria utilizada por las filiales.
4. Es relativamente habitual que la empresa matriz suministre a sus filiales durante todo el período de vida de éstas numerosos servicios, especialmente los relacionados con el marketing, la publicidad o las actividades de consultoría. Si estos servicios llegan a adquirir una relevancia significativa no puede afirmarse que la IDE suponga una reducción de las exportaciones, sino más bien un cambio en la composición de éstas (una sustitución de ventas de productos por ventas de servicios).

A los efectos positivos directos que se acaban de citar se le pude unir, además, un efecto indirecto del mismo signo. Como se reconoce en algunos trabajos recientes sobre inversión directa, la presencia de empresas en el exterior a través de filiales tiende a reforzar a largo plazo la presencia de dichas empresas en el mercado mundial, estimulando sus ventas en general, tanto las que se hacen desde la sociedad matriz como las que se efectúan desde las filiales[17].

c) *Los efectos posibles sobre las importaciones*

Para llevar a cabo una reflexión global sobre la incidencia de la inversión directa en el comercio exterior de los países en los que ésta tiene su origen no sólo hay que reparar en la trascendencia que esa inversión tiene sobre sus exportaciones. La repercusión sobre sus importaciones, cuyo análisis está ausente de los estudios de raíz neoclásica, también puede ser muy significativa.

Al igual que ocurre con las exportaciones, la inversión directa puede ejercer efectos positivos o negativos sobre las importaciones de los países de origen de ésta. Entre los efectos positivos se pueden destacar:

1. El aumento de las importaciones que se produce como consecuencia de que algunas filiales acaban convirtiéndose en empresas suministradoras del mercado del país de origen de la multinacional. Esta situación suele darse cuando

[17] Véase, por ejemplo, L. FONTAGNÉ, «L'investissement étranger direct et le commerce international: sont-ils complémentaires ou substituables?, *Documents de Travail de la Direction de la Science, de la Technologie et de l'Industrie de l'OCDE* 3 (1999), p. 15.

ese país pierde las ventajas con las que contaba para fabricar el bien o el servicio cuya producción se ha deslocalizado[18].

2. El estímulo que supone para las importaciones del país de origen de la IDE la instalación de filiales encargadas exclusivamente de fabricar componentes. Estos productos semielaborados serán adquiridos por ese país mientras se mantengan localizadas en la empresa matriz las últimas fases del proceso productivo (el montaje, el acabado y la comercialización).

Los efectos positivos como los que se han descrito pueden compensarse con otros que ejercen una influencia de signo opuesto, por lo que puede hablarse de unas consecuencias inciertas de la inversión directa sobre las importaciones de los países que son sede de empresas multinacionales. Una de las causas del debilitamiento de esa corriente comercial como consecuencia de la inversión puede ser el traslado a las filiales de actividades que cuentan con una gran propensión a la importación.

d) *El resultado de los estudios empíricos*

Los análisis que se han realizado a partir de la información disponible sobre el comportamiento real de la IDE confirman la complejidad de las relaciones teóricas que existen entre ésta y el comercio exterior de los países originarios de las empresas que se multinacionalizan. Como consecuencia de esa complejidad no puede hablarse de conclusiones definitivas, aunque puede afirmarse, en términos generales, que prácticamente todos esos análisis invitan a descartar la relación de sustituibilidad entre inversión directa y comercio exterior que se destaca en los trabajos de raíz neoclásica[19].

La mayor parte de los estudios empíricos que se han publicado se han centrado en la repercusión de la inversión directa sobre las exportaciones. Dentro de éstos, los que pueden considerarse pioneros se llevaron a cabo en los primeros años setenta, tomando como referencia lo sucedido en esa época en los Estados Unidos. Casi todos esos análisis se oponen a la interpretación tradicional, que considera que la IDE y el comercio exterior son alternativas excluyentes. Ese mismo resultado predomina también en los trabajos elaborados posteriormente en torno a la experiencia de multinacionales originarias de numerosos países desarrollados[20].

Los análisis realizados sobre la incidencia de la multinacionalización sobre las importaciones de los países de origen de la IDE son mucho menos abundantes.

---

[18] Esta posibilidad puede analizarse mejor empleando la Teoría del Ciclo del Producto. Puede pensarse, por ejemplo, en una economía con un elevado grado de desarrollo tecnológico, que deja de elaborar un producto que se encuentra en la última fase de su ciclo de vida y que pasa a importarlo de economías con una tecnología menos avanzada.

[19] Véase, por ejemplo, E. M. GRAHAM, «Foreign direct investment in the world economy», *en Staff Studies for the World Economic Outlook*, Fondo Monetario Internacional, Septiembre, 1995 y ORGANIZACIÓN MUNDIAL DEL COMERCIO, *Informe anual*, 1996, p. 65.

[20] Los trabajos pioneros fueron sendos artículos publicados en la Review of Economics and Statistics: R. E. LIPSEY y M. Y. WEISS «Foreign production and exports in manufacturing industries», *Review of Economics and Statistics* 63 (noviembre, 1981), pp. 488-494, y R. E. LIPSEY y M. Y. WEISS «Foreign production and exports of individual firms», *Review of Economics and Statistics* 66 (mayo, 1984), pp. 304-308. Los resultados de otros estudios similares realizados posteriormente sobre países como Alemania, Austria, Japón o Suecia pueden conocerse consultando el informe de la ORGANIZACIÓN MUNDIAL DEL COMERCIO (1996) *op. cit.*, pp. 65 ss. Un análisis publicado en 1998 por la OCDE, realizado a partir de información representativa sobre el conjunto de países desarrollados, ratifica esas mismas conclusiones. Véase L. FONTAGNÉ (1999), *op. cit.*, pp. 18 ss.

Estos estudios tampoco permiten obtener resultados concluyentes, si bien son mayoría los que llevan a pensar que la inversión directa puede constituir un estímulo para las importaciones. Teniendo presente lo que se ha señalado acerca de los trabajos que han valorado sus efectos sobre las exportaciones podría decirse que estos últimos estudios parecen confirmar la sospecha de que puede existir una relación positiva entre inversión directa y comercio exterior en los países de origen de esa inversión[21].

6.2.2. El comercio exterior de los países receptores de IDE

a) *La percepción tradicional de los efectos de la inversión directa*

De la misma forma que ofrece una visión negativa de la IDE para las economías originarias de ésta, el enfoque neoclásico proporciona una imagen positiva de dicha inversión para los países que la reciben. Esa imagen es el resultado de asumir que, al instalarse en estos países, las multinacionales producen en ellos en lugar de abastecer su mercado a través del comercio exterior, con el consiguiente efecto positivo para su sub-balanza comercial.

Este planteamiento tradicional puede relacionarse con la experiencia de los países que incrementaron su grado de protección en el marco de iniciativas de desarrollo basadas en la estrategia de industrialización por sustitución de importaciones[22]. Uno de los efectos de la puesta en marcha de esas iniciativas fue precisamente un aumento significativo de la implantación de filiales en los países que la emplearon, como consecuencia de lo difícil que resultaba acceder a ellos a través del comercio exterior una vez que aumentó el nivel de protección.

La actitud favorable con la que algunos países reciben en la actualidad la llegada de inversión directa puede considerarse una reedición de la imagen positiva que la IDE tenía en los análisis neoclásicos para los países que acogían a las filiales. Esa actitud, favorecida por la desaparición de los recelos que suscitaba la entrada de inversión directa en los años setenta, no sólo busca mejorar el saldo comercial, sino que confía, además, en fomentar el empleo, aumentar los ingresos públicos y facilitar el acceso a nuevas tecnologías. El atractivo que tiene la posibilidad de alcanzar todos esos objetivos hace que no sean excepcionales los enfrentamientos entre los países interesados en atraer proyectos de inversión concretos o entre éstos y los que pretenden retener en su territorio a las filiales ya instaladas.

b) *Un análisis más completo de la incidencia sobre las importaciones*

La posibilidad de que la producción a través de filiales sustituya a las importaciones, como resalta el análisis neoclásico, no puede despreciarse. De hecho, como ya se señaló en la parte dedicada a los efectos de la IDE sobre el comercio exterior de los países de origen de ésta, se trata de una lógica que se ve alentada por el auge alcanzado por la estrategia de mercado, es decir, por la abundancia de multinacionales que persiguen a través de la IDE penetrar mejor en los países con una mayor capacidad de demanda.

La extraordinaria complejidad de las relaciones entre comercio internacional e inversión directa obliga, no obstante, a superar los análisis que se basan únicamente en

---

[21] Véase ORGANIZACIÓN MUNDIAL DEL COMERCIO (1996), *op. cit.*, p. 66.
[22] Véase *supra*, capítulo 5, apartado 1, sección 3.

esa percepción tradicional. Pueden plantearse bastantes situaciones en las que esa inversión no constituye una alternativa a las importaciones, lo que contradice lo previsto por los partidarios de esa postura. Los ejemplos más relevantes son:

1. La creación de filiales que no aspiran a aprovechar el mercado del país en el que se implantan, sino que tienden a rentabilizar otras ventajas que ofrece éste, como, por ejemplo, el acceso privilegiado a determinados recursos, la disponibilidad de mano de obra de determinadas características o, simplemente, la oportunidad de obtener mayores beneficios[23]. En ninguno de esos casos puede decirse que la instalación de filiales conlleva la sustitución de las importaciones que previamente se realizaban del país en el que se encuentra la sede de la multinacional.
2. La instalación de filiales de comercialización o de aquellas que no fabrican toda la gama de productos que puede elaborar la multinacional a la que pertenecen. La entrada de inversión directa tampoco tiene por qué suponer en este caso la desaparición de las importaciones procedentes del país de origen de la multinacional[24].

La existencia de unas circunstancias como las que se acaban de describir reducen de inmediato la posibilidad de que las importaciones de un país disminuyan por el mero hecho de recibir inversión directa. Conviene tener en cuenta, además, que con el paso del tiempo la entrada de ese tipo de inversión tiende a aumentar su nivel de renta, lo que suele ir asociado a un incremento de su propensión a la importación[25]. En contra de lo que se ha señalado tradicionalmente, puede afirmarse, por tanto, que existen razones para esperar que la entrada de IDE en un país genere un aumento de sus importaciones, tanto a corto como a largo plazo.

c) *El efecto de la IDE sobre las exportaciones*

Los efectos de la inversión directa sobre el comercio exterior de los países que la reciben no se limitan a los que puede provocar en sus importaciones; han de tenerse en cuenta también las consecuencias que esa inversión puede tener sobre sus exportaciones.

Prácticamente todas las reflexiones que se han realizado sobre el impacto que tiene la IDE sobre esta última corriente comercial resaltan la existencia de importantes efectos positivos. Esos efectos son particularmente intensos en aquellos casos en los que los responsables económicos de los países en los que se instalan las filiales adoptan iniciativas que incitan a éstas a actuar como plataformas de exportación.

Una de las iniciativas que más estimula esa orientación de las filiales es la creación de las denominadas «zonas francas industriales». Como reconoce la Organización Mundial del Comercio, dado el aislamiento de la actividad económica que se desarrolla en estas zonas, es difícil garantizar que supongan una mejora importante en ámbitos como la atracción de nuevas tecnologías, el aumento del empleo o la

[23] Ésas son las ventajas que se tienen en cuenta cuando las multinacionales adoptan una estrategia de aprovisionamiento, una estrategia de producción o bien una estrategia diversificada. Véase *supra*, recuadro 10.

[24] Véase *supra*, capítulo 5, apartado 1, sección 2.

[25] Este resultado se ha constatado al analizar en particular el comportamiento de las multinacionales japonesas. Véase J. L. Mucchielli (1998), *op. cit.*, p. 269.

mejora de la formación de la mano de obra. Sí que puede asegurarse, sin embargo, que servirán de estímulo para las exportaciones[26].

Las autoridades de los países de acogida de las filiales también pueden inducir a que éstas se comporten como plataformas de exportación a través de la participación en mecanismos de integración económica. La instalación masiva de filiales de vocación exportadora en España en los años que siguieron a su incorporación a las entonces Comunidades Europeas constituye una de las pruebas más claras de cuantas pueden ofrecerse para respaldar la validez de este argumento[27].

Aparte de las alternativas que se han señalado, existe la posibilidad de que los responsables económicos estimulen la capacidad exportadora de las filiales instaladas en sus respectivos países a través de medidas destinadas directamente al cumplimiento de ese objetivo. Como ya se señaló en el segundo capítulo, abundan las normativas nacionales que exigen que un porcentaje mínimo de la producción de esas filiales se destine a la exportación, con el propósito de contribuir a la mejora de la sub-balanza comercial del país en el que se ubican[28].

d) *El resultado de los estudios empíricos*

Los análisis que se han realizado sobre el comportamiento real de las empresas multinacionales ratifican plenamente la complejidad de las relaciones que, de acuerdo con lo que se ha expuesto previamente, existen entre la inversión directa y el comercio exterior de los países de acogida de esa inversión. En medio de esa complejidad puede afirmarse que predominan los que ponen de manifiesto la existencia de cierta complementariedad entre las dos magnitudes, coincidiendo con lo que apuntan los estudios sobre el impacto de la inversión directa sobre los países de origen de ésta y en contra de lo previsto en los trabajos teóricos basados en la contribución de Mundell.

La mayor parte de los trabajos empíricos que se han realizado contradicen esa aportación al poner de relieve que las filiales de empresas multinacionales tienen habitualmente una propensión a la importación muy elevada. Esa propensión suele relacionarse con los problemas a los que se enfrentan esas multinacionales para encontrar proveedores nacionales de determinados *inputs* y de algunos servicios. Según muestran la mayoría de los estudios empíricos, las multinacionales tienden a elegir a esos proveedores entre firmas localizadas en el exterior, en la mayor parte de las ocasiones entre sus propias filiales[29].

También predominan entre los estudios que se han llevado a cabo los que invitan a pensar en la existencia de una relación positiva entre la inversión directa y las ventas en el exterior de los países de destino de ésta. Ésa es la conclusión a la que puede llegarse teniendo en cuenta, por ejemplo, que muchos de esos trabajos destacan la tendencia de las filiales de empresas multinacionales a exportar mucho

---

[26] ORGANIZACIÓN MUNDIAL DEL COMERCIO (1996), *op. cit.*, p. 67.

[27] Véase S. THOMSEN, «Investment patterns in a longer-term perspective», *Working Papers on International Investment*, OCDE, 2 (2000), p. 12.

[28] Conviene advertir, no obstante, que, como se aclaró en ese mismo capítulo, en la actualidad el uso de ese tipo de medidas está restringido, como consecuencia de lo dispuesto en el Acuerdo sobre Medidas de Inversión Relacionadas con el Comercio. Véase *supra*, capítulo 2, apartado 4, sección 2.

[29] Esta última posibilidad se da sobre todo cuando existe cierta preocupación sobre la calidad de los bienes intermedios o sobre la regularidad y la seguridad de su suministro. Esa preocupación hace que se prescinda de las relaciones a través del mercado y se recurra a las establecidas entre unidades de la misma empresa, como corresponde a la aplicación de la lógica de la internalización descrita en el primer apartado de este capítulo. Véase ORGANIZACIÓN MUNDIAL DEL COMERCIO (1996), *op. cit.*, p. 67.

más que las firmas nacionales. La diferencia que se percibe respecto de éstas suele justificarse aludiendo a las características que habitualmente reúne una multinacional, como, por ejemplo, un gran tamaño, una red de distribución comercial muy extendida a escala internacional y un profundo conocimiento de los mercados de diferentes países[30].

Algunos estudios empíricos recientes destacan que el aumento de las exportaciones en los países receptores de IDE obedece, además, al cambio de comportamiento que suele producirse en las firmas nacionales una vez que se instalan en su entorno filiales de empresas multinacionales. Según esos estudios, esas firmas locales acaban emulando la elevada propensión a la exportación de las filiales, como se desprende del hecho de que destinen un porcentaje mayor de su producción al exterior que otras empresas nacionales instaladas lejos de ese entorno[31].

6.3. LAS EMPRESAS MULTINACIONALES Y LA NATURALEZA DEL COMERCIO EXTERIOR

La inversión directa no sólo genera variaciones importantes, aunque de resultado incierto, en la orientación y en la intensidad del comercio exterior de los países en los que tiene su origen y su destino. A esas alteraciones cuantitativas se le suman las variaciones cualitativas, es decir, los cambios que se producen como consecuencia de la IDE en la composición y en el propio carácter de ese comercio.

Una de las razones que permite explicar la existencia de este último tipo de modificaciones es la transferencia de tecnología a la que suele ir vinculada la inversión directa. Esa transferencia puede originar cambios significativos en la estructura de ventajas comparativas de los países emisores y, sobre todo, en la de los receptores de esa inversión, dando lugar a modificaciones en la composición de su comercio exterior.

Otra de las razones que justifica la transformación cualitativa de las transacciones internacionales como consecuencia de la IDE es la alteración que supone para dichas transacciones la participación en ellas de empresas multinacionales. Esa alteración alcanza sus cotas máximas cuando los intercambios tienen lugar entre dos filiales de una misma multinacional o entre la matriz de ésta y una de sus filiales, es decir, cuando se produce el fenómeno que los especialistas denominan «comercio intrafirma».

6.3.1. Las transferencias de tecnología a través de la IDE

A medida que ha avanzado el siglo XX la tecnología ha adquirido una importancia creciente. Las transformaciones generadas por la relación cada vez más estrecha entre ciencia, tecnología y producción industrial (especialmente a partir de los años setenta) han acabado afectando a la competitividad de prácticamente todas las ramas de la industria y de buena parte de las actividades de servicios. Esa importante in-

---

[30] *Idem*, p. 66.

[31] Este tipo de resultados se detectan, por ejemplo, en el trabajo de B. AITKEN, G. H. HANSON y A. E. HARRISON, «Spillovers, foreign investment and export behavior», *NEBR Working Paper* 4967 (diciembre, 1994).

fluencia ayuda a entender la gran relevancia que tiene en el comercio internacional actual el nivel de desarrollo tecnológico de los países que intervienen en él[32].

El elevado grado de interdependencia que se ha alcanzado en los últimos años hace que existan muchas posibilidades de que las innovaciones tecnológicas se transfieran de un país a otro. El propio comercio internacional constituye un importante canal para la difusión de tecnología entre países, ya que permite que ésta se transmita de uno a otro a través de diferentes fórmulas, como, por ejemplo:

- La exportación de bienes de equipo que permiten fabricar bienes o servicios empleando nuevas tecnologías.
- La exportación de productos intermedios o de productos acabados en los que se han incorporado esas tecnologías.
- La cesión temporal del uso de una innovación, en las condiciones que se recojan en el contrato que se firma con una empresa extranjera[33].

Las posibilidades de que la tecnología atraviese las fronteras de los países no se agotan con las oportunidades que ofrece el comercio internacional. Puede recurrirse también a su transmisión entre filiales de una misma multinacional o entre éstas y la sociedad matriz de la que dependen. Esta vía de difusión de la tecnología ofrece, a su vez, alternativas diferentes, que comprenden desde el propio diseño de las factorías de las filiales hasta el envío de comisiones de expertos por parte de la sociedad matriz, pasando por el intercambio de conocimientos entre los equipos de investigación de cada una de las unidades de la multinacional[34].

Si se reflexiona en torno a todas las posibilidades que se han descrito (incluyendo las que se llevan a cabo a través del comercio internacional) puede llegarse fácilmente a la conclusión de que las multinacionales son las únicas empresas que, gracias a sus características, pueden optar por cualquiera de ellas. Disponen, por tanto, de una posición privilegiada a la hora de llevar a cabo transferencias internacionales de tecnología. Esa preeminencia se ve respaldada, además, por su extraordinaria capacidad para generar esa tecnología. No conviene olvidar que sólo si se dispone del tamaño que poseen las multinacionales de mayor envergadura puede hacerse frente al enorme esfuerzo que suele suponer la financiación de la inversión en investigación y desarrollo. No resulta extraño, por lo tanto, que las multinacionales en su conjunto acaparen una proporción muy importante de esa inversión a escala mundial (más del 75%, según los últimos estudios) y, gracias a ello, dispongan de un inusitado potencial para engendrar nuevas tecnologías[35].

---

[32] Un grupo importante de las aportaciones teóricas que han intentado recientemente explicar el origen y las características del comercio internacional se centra precisamente en el papel que desempeña la tecnología de que dispone cada país. Véase *supra*, capítulo 4, apartado 4, sección 1.

[33] Conviene advertir que, con arreglo a lo que establece el *Quinto manual de balanza de pagos* del Fondo Monetario Internacional, la cesión temporal del uso de activos intangibles, como los que se protegen a través de las patentes, debe considerarse una exportación de servicios del país de origen de la empresa que efectúa la cesión y una importación de servicios para aquel en el que reside la empresa que paga por emplear transitoriamente esos activos. De acuerdo con ese mismo manual, si dicha cesión no tiene carácter temporal, sino permanente (la venta de una patente, por ejemplo) se considerará que se trata de una transferencia de un activo no financiero no producido, por lo que se recogerá en la sub-balanza de capital en lugar de hacerlo en la que corresponde al comercio internacional de servicios (la sub-balanza de servicios).

[34] Véase C. A. MICHALET, *Le capitalisme mondial*, París, PUF, 1985, p. 103.

[35] Las grandes economías de escala que se generan en este tipo de actividades aconsejan que se aproveche la enorme capacidad de gasto que tienen las grandes firmas multinacionales e incluso que

La mayor parte de los estudios en los que se valoran los efectos de la IDE resaltan que la extraordinaria capacidad de las empresas multinacionales para la generación y para la transmisión de innovaciones tiende a elevar el nivel de desarrollo tecnológico de los países originarios de este tipo de empresas, lo que puede contribuir a una mejora de su especialización. Esta conclusión se apoya en la tendencia que tienen las multinacionales a concentrar las actividades de investigación en sus sedes centrales respectivas, atendiendo a criterios organizativos. Se basa, asimismo, en los enormes costes fijos que conlleva el desarrollo de este tipo de actividades, lo que desaconseja, al menos en principio, proceder a su descentralización[36].

Independientemente de si se mantienen o no centralizadas esas actividades, los avances conseguidos gracias a ellas se transmiten mayoritariamente a través de las unidades de la propia multinacional. La difusión de esos resultados a través del mercado no se descarta, aunque puede decirse que es la última posibilidad a la que acuden las multinacionales[37].

Esta forma de actuar puede justificarse recurriendo al concepto de internalización, al que ya se hizo referencia en el primer apartado de este capítulo. De acuerdo con ese concepto, la negociación con agentes externos a la firma multinacional para el aprovechamiento de los avances tecnológicos generados por ésta comportaría importantes costes de transacción, que podrían evitarse si se decidiera aprovechar esos avances sin salir de los límites de la propia firma[38].

El predominio de la transferencia de tecnología a través de las multinacionales frente a cualquiera de las demás posibilidades ayuda a entender por qué muchos países que aspiran a mejorar su esquema de ventajas comparativas mediante un aumento de su nivel de desarrollo tecnológico adoptan estrategias tendentes a incentivar la llegada de inversión directa. El éxito de esa estrategia dependerá del resultado de la confrontación entre los intereses contrapuestos de las autoridades de esos países y de las multinacionales. Estas últimas intentarán por todos los medios rentabili-

---

éstas lleguen a acuerdos que les permitan desarrollar conjuntamente algunas tecnologías. Este argumento no impide que en algunas ocasiones empresas relativamente modestas en tamaño generen avances tecnológicos de una gran trascendencia haciendo uso de su flexibilidad y de su gran capacidad de innovación. Véase F. CHESNAIS, *op. cit.* pp. 116, y A. MARTÍNEZ GONZÁLEZ-TABLAS, *op. cit.*, p. 174.

[36] La vinculación que puede establecerse entre la multinacionalización de determinadas actividades y la mejora del nivel de desarrollo tecnológico puede, no obstante, ponerse en duda, teniendo en cuenta que a veces se precisan tecnologías adecuadas a las características de las filiales. Si se dan esas condiciones, las multinacionales tienden a crear en dichas filiales centros de investigación dedicados a generar innovaciones propias o a adaptar los avances procedentes de la empresa matriz. Otro argumento en contra de la mejora del nivel tecnológico de los países de origen de la IDE es el que considera que la instalación de filiales en otros países permite reducir los costes de producción de la empresa, lo que puede desincentivar la investigación en nuevas técnicas que permitan aumentar su competitividad. Véase F. CHESNAIS, *op. cit.*, p. 125, y E. M. GRAHAM, *op. cit.*, p. 131.

[37] De acuerdo con los análisis realizados por las Naciones Unidas, en los primeros años ochenta las multinacionales sólo llevaban a cabo a través del mercado en torno al 20% de sus transferencias de tecnología. El predominio de las transferencias realizadas entre unidades de la propia multinacional ubicadas en diferentes países ha sido confirmado por trabajos posteriores, como el de M. BLOMSTRÖM, A. KOKKO y M. ZEJAN, «Host country competition and technology transfer by multinational», *NEBR Working Paper* 4131 (agosto, 1992).

[38] Entre los costes de transacción que afectan a las operaciones de este tipo destacan el tiempo y el esfuerzo que se precisan para cerrar los contratos en los que se establecen las condiciones en las que se llevarán a cabo las exportaciones o las cesiones de los activos intangibles en los que se concretan las innovaciones. Si se opta por la cesión de esos activos conviene tener presente, además, el problema que supone la posibilidad de que los agentes que se pagan por el uso de las licencias no respeten los derechos de propiedad que las empresas multinacionales tienen sobre ellas. Véase ORGANIZACIÓN MUNDIAL DEL COMERCIO (1996), *op. cit.*, p. 62.

zar al máximo la tecnología que han generado, tratando de evitar en lo posible que los beneficios originados por ésta trasciendan los límites de la empresa. Los responsables de los países que estimulan la instalación de filiales aspiran, por su parte, a que esos beneficios se difundan hacia el resto de la economía, superando las barreras que la multinacional establece para impedirlo.

Las esperanzas depositadas por las autoridades del país que recibe la inversión directa sólo se verán cumplidas si los avances tecnológicos que llegan a través de ella son asimilados indirectamente por otras firmas. Esa posibilidad admite básicamente dos alternativas:

1. La difusión horizontal. Se produce como consecuencia de la imitación de los procedimientos empleados por la filial por parte de empresas que compiten con ella. Esa situación se puede dar, por ejemplo, si las filiales forman a trabajadores que luego encuentran empleo en otras firmas del mismo sector.
2. La difusión vertical. Surge en aquellos casos en los que las filiales instaladas en un país transfieren tecnología a los proveedores locales, con el fin de que éstos les suministren productos que cuenten con unas características y con un nivel de calidad adecuados. Este tipo de prácticas conduce a un aumento del nivel de desarrollo tecnológico de la industria de fabricación de bienes intermedios en ese país, de lo que no sólo se beneficiarán las filiales instaladas en él, sino todo su aparato productivo, lo que puede redundar en una mejora de sus ventajas comparativas[39].

6.3.2. Comercio internacional a través del mercado o a través de las multinacionales. El caso de los intercambios intra-firma

Las empresas multinacionales no pueden asimilarse al resto de los agentes económicos que intervienen en las transacciones comerciales entre diferentes países. La extraordinaria dimensión con la que cuentan muchas de estas empresas les permite participar en un extraordinario volumen de operaciones y tomar parte en ellas desde los lugares más apartados del mundo[40]. Por otro lado, la lógica de funcionamiento de este tipo de empresas hace que, independientemente de su tamaño, puedan llevar a cabo transacciones que, por sus características, no están al alcance de otros agentes económicos.

Dentro de todas las posibilidades que se les plantean puede hablarse de dos grandes alternativas, según sea el grado de implicación del mercado respecto de la organización interna de la multinacional. Esas dos alternativas, a las que corresponden las dos columnas del cuadro 15, son:

- Realizar exportaciones e importaciones a través del mercado (las que encajan con la concepción convencional del comercio internacional).

---

[39] *Idem*, p. 69, y L. FONTAGNÉ (1999), *op. cit.*, p. 11.

[40] A título ilustrativo, la información más reciente ofrecida por la UNCTAD destaca que probablemente existen más de 63.000 empresas multinacionales, con más de 690.000 filiales. Las 100 multinacionales más importantes del mundo emplean en la actualidad a más de seis millones de personas y tienen una cifra de negocios en el exterior del orden de los dos billones de dólares. De acuerdo con esta misma información, este grupo de empresas puede considerarse «el elemento motor de la producción internacional». UNCTAD, *Informe sobre la inversión en el mundo. Las fusiones y adquisiciones internacionales y el desarrollo. Visión de conjunto*, Naciones Unidas, 2000, p. 1.

– Llevar a cabo intercambios internacionales entre diferentes unidades de la multinacional ubicadas en distintos países (intercambios intra-firma).

A la hora de valorar en qué medida puede cambiar la naturaleza del comercio internacional como consecuencia de la inversión directa, las operaciones que ofrecen un mayor interés son aquellas en las que las empresas multinacionales participan de una forma más activa y, por encima de todas ellas, los referidos intercambios intra-firma. De estos últimos puede afirmarse que constituyen, sin duda, la alternativa más singular y la más alejada del objeto de análisis tradicional de la Teoría Pura del Comercio Internacional.

Cuadro 15
TIPOS DE COMERCIO EXTERIOR EN LOS QUE PARTICIPAN LAS EMPRESAS MULTINACIONALES

	INTERCAMBIOS ENTRE EMPRESAS INDEPENDIENTES	INTERCAMBIOS INTRA-FIRMA
COMERCIO INTERINDUSTRIAL	•Ventas que la empresa matriz o las filiales realizan a firmas extranjeras independientes, tratándose de productos diferentes a los que importa el país en el que se hallan instaladas.[1] • Compras que la empresa matriz o las filiales llevan a cabo de firmas extranjeras independientes, tratándose de productos diferentes a los exportados por el país en el que se ubican.[1]	• Intercambios de productos diferentes, que tienen lugar entre filiales de una misma multinacional ubicadas en distintos países o entre cualquiera de éstas y la empresa matriz. Se trata de transacciones que son muy habituales en las multinacionales que adoptan una estrategia de aprovisionamiento.
COMERCIO INTRAINDUSTRIAL	•Ventas que la empresa matriz o las filiales realizan a firmas extranjeras independientes, tratándose de productos similares a los que importa el país en el que se localizan.[1] • Compras que la empresa matriz o las filiales llevan a cabo de firmas extranjeras independientes, tratándose de productos similares a los exportados por el país en el que se encuentran instaladas. Este tipo de intercambios son muy frecuentes en las relaciones que se establecen con proveedores con los que se firman acuerdos de suministro a largo plazo o de subcontratación. Son habituales en las multinacionales más modernas, en las que prevalece una forma de integración diversificada.	• Intercambios de productos similares, pero en diferentes grados de elaboración, entre filiales de una misma multinacional ubicadas en distintos países o entre cualquiera de éstas y la empresa matriz. Operaciones propias de multinacionales integradas verticalmente, con una estrategia de producción. • Intercambios de productos similares entre filiales de una misma multinacional ubicadas en diferentes países o entre cualquiera de éstas y la empresa matriz. Operaciones propias de multinacionales integradas horizontalmente, en las que la empresa matriz y las filiales sólo fabrican una parte de la gama de productos elaborados por la multinacional y comercializan el resto.

[1] Una parte de estos intercambios entre firmas independientes los llevan a cabo multinacionales dedicadas a la comercialización. Unas veces se trata de empresas especializadas en determinados productos (algo muy habitual, por ejemplo, en el comercio internacional de cereales); en otros casos se trata de grandes corporaciones dedicadas al comercio internacional en general, como sucede con las potentes *sogo-sosha* japonesas.
Fuente: Elaboración propia a partir de F. CHESNAIS, *La mondialisation du capital*, París, Syros, 1994.

Para comprender el funcionamiento de un tipo tan peculiar de intercambios es preciso apartarse de la visión que ofrece ese planteamiento teórico y centrarse en los objetivos que pretende alcanzar la empresa multinacional en la que tienen lugar. Conviene, sobre todo, tener presente que la preocupación esencial de esa empresa será aprovecharse de la reducción de los costes de transacción que puede conseguirse gracias a la sustitución de relaciones con agentes económicos externos a través del mercado por transacciones entre unidades de la propia multinacional.

La sustitución de la lógica del mercado por la dinámica de funcionamiento de la empresa multinacional hace que las transacciones se diferencien significativamente de las que tienen lugar entre unidades económicas independientes. La expresión más clara de esas diferencias es probablemente el mecanismo que se utiliza para establecer los precios. La determinación de éstos a través del juego de la oferta y la demanda es reemplazada en el comercio intra-firma por un mecanismo de optimización que trata de responder a los intereses de la empresa. Surgen de esta forma los denominados «precios de transferencia», que en ocasiones ni siquiera se expresan en monedas de ningún país, sino en unidades de cuenta creadas por las multinacionales[41].

Al no reflejar las condiciones de la oferta y de la demanda de los productos intercambiados es habitual que esos precios de transferencia se aparten de forma muy significativa de los niveles internacionales de precios. Una de las razones más importantes a la hora de explicar esa divergencia es la propensión que tienen las empresas multinacionales a desviar sus beneficios hacia las filiales situadas en los países en los que la fiscalidad sobre éstos es más favorable. Con el fin de alcanzar ese objetivo, estas empresas tienden a fijar precios anormalmente altos para los bienes o servicios procedentes de estas filiales y precios exageradamente bajos para los que proceden de otras unidades de la multinacional. Este práctica se ve estimulada por las diferencias entre el tratamiento fiscal que reciben los beneficios en distintos países y, de una forma especial, por la existencia de paraísos fiscales[42].

Por la propia naturaleza de esas operaciones y por la confidencialidad con la que son gestionadas por las multinacionales resulta realmente difícil determinar qué peso relativo tienen en el comercio internacional. Tampoco contribuye a un adecuado conocimiento de este tipo de prácticas la escasa atención que reciben por parte de las estadísticas oficiales de la mayor parte de países y de los principales organismos económicos internacionales. Sólo los Estados Unidos, Francia, Japón y el Reino Unido, se han ocupado de valorar regularmente los intercambios intra-firma, ofreciendo una imagen bastante discordante de éstos, pero que permite afirmar, en cualquier caso, que pueden representar entre el 30% y el 40% de su comercio exterior de manufacturas. Esta proporción coincide, en términos generales, con las estimaciones realizadas por el Centro de las Naciones Unidas para las Transnacionales y por la UNCTAD respecto de la importancia de esas transacciones en el valor total del comercio internacional en su conjunto. Como consecuencia de ello, aunque no puede hablarse realmente de una cifra de consenso, puede afirmarse que aproximadamente una tercera parte del comercio mundial no responde a las leyes del mercado, sino a los objetivos establecidos por firmas multinacionales[43].

---

[41] C. A. Michalet, *op. cit.*, pp. 99 ss.

[42] *Idem*, p. 100, y UNCTAD (2000a) *op. cit.*, p. 8.

[43] Véase, por ejemplo, Y. Crozet, L. Abdelmalki y D. Dufourt y R. Sandretto, *Les grandes questions de l'économie mondiale*, Nathan, 1997, pp. 112 ss., y UNCTAD, *World Investment Report 1995*, Naciones Unidas, 1995.

La información que se maneja respecto de la trascendencia de esas mismas transacciones en el pasado parece poner de manifiesto que su peso relativo no ha aumentado significativamente en el transcurso de los últimos años[44]. Este resultado resulta difícil de conciliar con el espectacular avance que ha experimentado recientemente la actividad de las multinacionales (véase cuadro 14). Contrasta también con el auge que ha adquirido la división de procesos productivos a escala mundial, con el consiguiente incremento de las oportunidades de intercambiar productos intermedios entre unidades de una misma empresa localizadas en diferentes países.

Una de las razones que permite explicar esta aparente paradoja es la utilización por parte de algunos países de restricciones que obligan a las empresas filiales que se instalan en ellos a garantizar un contenido nacional mínimo en su producción, lo que limita la posibilidad de recurrir a importaciones de productos intermedios de otras filiales. Otra razón, probablemente con una trascendencia aún mayor, es la importancia que han adquirido en los últimos años las estrategias tendentes al establecimiento de redes de empresas, en detrimento de las estrategias utilizadas tradicionalmente por las empresas multinacionales (véase recuadro 10). La formación de ese tipo de redes contribuye a que los intercambios entre unidades de una misma firma sean sustituidos por transacciones con empresas que no están vinculadas a ellas a través de la IDE, sino mediante fórmulas como, por ejemplo, la subcontratación[45].

Aunque el protagonismo adquirido por este tipo de fórmulas en los últimos años puede haber restado capacidad de crecimiento al comercio intra-firma no puede afirmarse que haya supuesto una reducción de la presencia de las multinacionales en el comercio internacional. La formación de redes de empresas en torno a esas multinacionales constituye, de hecho, otra manifestación de esa presencia, que surge del debilitamiento de las fronteras que tradicionalmente han separado a las transacciones con agentes externos a través del mercado de los intercambios que tienen lugar entre filiales o entre éstas y la sociedad matriz.

Desgraciadamente, no se dispone de información fidedigna sobre la relevancia de esas nuevas demostraciones de la intervención de las empresas multinacionales en el comercio exterior, ni tampoco sobre el resto de las formas de participación de estas empresas en los intercambios internacionales que se recogen en el cuadro 15. Los estudios que se han elaborado con el propósito de determinar el alcance real de todas esas alternativas ofrecen, en cualquier caso, cifras que llevan a pensar en un protagonismo muy destacado de las multinacionales en el comercio mundial. Pueden citarse como ejemplos algunos estudios recientes, que ponen de manifiesto que las empresas multinacionales originarias de países como Estados Unidos o el Reino Unido participan, recurriendo a distintas opciones, en más del 60% de su comercio exterior. Si se tiene en cuenta, además, la intervención en ese comercio de las multinacionales extranjeras, esa proporción se aproxima al 90%[46].

---

[44] Conviene advertir que esta observación no refleja lo sucedido en todos los países. Existen indicios, por ejemplo, de que en Estados Unidos ha podido aumentar la participación de los intercambios intra-firma en las importaciones y en las exportaciones en el transcurso de los últimos años. Véase UNCTAD, *World Investment Report 1996*, Naciones Unidas, 1996.

[45] J. L. MUCCHIELLI, *op. cit.*, p. 263.

[46] En las transacciones de algunas mercancías concretas, como sucede con las de determinados productos agrarios, ésa es la proporción que controlan solamente las firmas más importantes. Así, únicamente seis grandes multinacionales eran las responsables de más del 90% de las exportaciones de trigo, cebada y maíz de Estados Unidos (el principal productor mundial) y de una proporción similar de las ventas en el exterior de otros importantes países exportadores a mediados de los años noventa. Véase, por ejemplo, J. P. BERTRAND *et al.*, *Le pouvoir alimentaire mondiale en question*, Pa-

A la vista de datos como éstos tal vez convendría plantearse, como hacen algunos autores, si sigue teniendo sentido analizar el comercio internacional como se ha hecho tradicionalmente, es decir, como un comercio entre países, en lugar de contemplarlo como una forma de relación entre empresas, especialmente entre firmas multinacionales. Esta apreciación podría conducir a una reforma radical de la concepción teórica de las transacciones entre diferentes países, aunque también podría asumirse que esa reforma ya está en marcha, a través de la nueva dirección que está tomando la Teoría Pura del Comercio Internacional[47]. Habría que recordar en este sentido que, como se apuntó en el capítulo 4, la mayor parte de las contribuciones que se han realizado en los últimos años se ajustan a un marco de competencia imperfecta, compatible con la existencia de un número muy reducido de grandes empresas, que cuentan con una influencia importante sobre el funcionamiento de los mercados internacionales[48].

---

rís, Economica, 1997. Véase también Y. CROZET, L. ABDELMALKI y D. DUFOURT y R. SANDRETTO, *op. cit.*, p. 113, y J. L. MUCCHIELLI, *op. cit.*, p. 261.

[47] Véase, por ejemplo, Y. CROZET, L. ABDELMALKI y D. DUFOURT y R. SANDRETTO, *op. cit.*, p. 113, y M. RAINELLI, *Le commerce international*, París, La Découverte, [2]2000, pp. 99 ss.

[48] Véase *supra*, capítulo 4, apartado 4.

Conclusión

Si bien hay autores que consideran que el comercio internacional adquirió una gran relevancia con anterioridad, prevalece la opinión de quienes consideran que sólo ha tenido una importancia destacada en la economía mundial desde la segunda mitad del siglo XIX. Los países que accedieron a un mayor grado de desarrollo a partir de entonces recurrieron a él cada vez con más frecuencia, aprovechando la vía de salida que ofrecía para sus ventas de manufacturas industriales. Para los países que permanecieron anclados en una situación dominada por las actividades más tradicionales, el comercio internacional no generó oportunidades tan importantes. De hecho, una vez que ese comercio adquirió cierta madurez, se consolidó una jerarquía que les asignaba un papel secundario, supeditado al que desempeñaban, a su vez, las economías más avanzadas. Ese papel les convertía concretamente en los principales destinatarios de las manufacturas elaboradas por los países más desarrollados y en los encargados de proveer a éstos de productos sin transformar.

El sencillo esquema de relaciones que se acaba de describir se mantuvo vigente sin cambios significativos hasta mediados del siglo XX. Desde entonces, el comercio internacional ha experimentado un crecimiento muy intenso y ha sufrido variaciones realmente importantes. Como consecuencia de ello, su imagen actual difiere de forma sustancial de la que tenía en esa época.

Una parte importante del aumento registrado por las transacciones internacionales desde la década de los cincuenta se debe al gran dinamismo del que ha disfrutado la producción, especialmente en el período comprendido entre 1953 y 1973, es decir, durante la denominada *edad de oro del crecimiento.* No conviene perder de vista, en cualquier caso, que esas transacciones se han incrementado más que la actividad económica en general, lo que se ha traducido en un importante avance de la interdependencia.

La mayor relación entre los países a través del comercio no podría explicarse sin hacer alusión a la influencia de un marco institucional particularmente favorable. Ha de destacarse, sobre todo, la labor desarrollada por el GATT, un acuerdo internacional que ha fomentado desde su creación la liberalización y la multilateralización de los intercambios. Su extraordinaria aportación, no exenta de excepciones y de «zonas oscuras», tiene continuidad actualmente a través de la OMC y se ha visto complementada por la tarea desempeñada por otras organizaciones económicas internacionales.

Entre las organizaciones que más han destacado por su aportación al desarrollo de los intercambios entre diferentes países se encuentran las iniciativas de integración comercial. La existencia de este tipo de mecanismos se ha erigido, además, en uno de los factores que más ha contribuido a la consolidación de uno de los rasgos más llamativos de la evolución reciente del comercio internacional: su tendencia a la regionalización.

El proceso de regionalización de las transacciones ha tenido un impacto importante sobre la participación de los países desarrollados y los subdesarrollados en el comercio mundial. Dado el claro predominio del primer tipo de países en los principales bloques comerciales surgidos de ese proceso, los intercambios entre las economías más ricas han reforzado su peso relativo en las transacciones internacionales en su conjunto. Utilizando el mismo argumento, puede afirmarse que el avance de la regionalización ha afectado negativamente a la participación de los países más pobres en esas transacciones.

Puede hacerse una valoración más completa de la posición que ocupan este último tipo de economías en el comercio internacional recordando que su especialización no ha mejorado sustancialmente respecto de la que tenían a mediados del siglo XX. Sólo un grupo muy reducido de países subdesarrollados ha conseguido incorporar algunos productos industriales a las actividades que constituyen el núcleo central de su especialización. En el resto, sin embargo, los productos sin elaborar siguen constituyendo el eje fundamental de las ventajas comparativas.

El predominio de los productos básicos en las exportaciones de la mayor parte de países subdesarrollados les ha impedido desprenderse del lastre que tradicionalmente ha supuesto para sus términos de intercambio el reducido ritmo de aumento de los precios de ese tipo de mercancías. Por la misma razón, tampoco han conseguido liberarse de los problemas originados por las fuertes oscilaciones que suelen sufrir esos precios a corto y a muy corto plazo.

A la incidencia de todos los problemas a los que se ha aludido se le ha sumado en los últimos años la posibilidad de que las economías más ricas establezcan medidas de protección para evitar la entrada en sus mercados de productos elaborados en condiciones poco respetuosas con los derechos laborales o con la conservación del medio ambiente. Los países subdesarrollados son conscientes de que serían los más afectados por esas medidas, por lo que intentan combatir en las principales instancias internacionales su eventual aplicación. Esa actitud se enfrenta al reconocimiento cada vez más unánime de la trascendencia que tiene, tanto por razones éticas como económicas, mejorar las condiciones laborales en todos los países y preservar las condiciones del medio natural.

A pesar de la gran importancia que tienen los retos a los que se enfrentan los países subdesarrollados en relación con el comercio internacional, apenas han sido objeto de atención por parte de quienes se han dedicado a reflexionar sobre las características y la lógica de funcionamiento de éste. La denominada Teoría Pura del Comercio Internacional asumió desde sus orígenes un marco de hipótesis en el que resultaba muy difícil integrar las aspiraciones y los problemas de los países subdesarrollados. Algunas aportaciones realizadas en los últimos años han ofrecido interesantes alternativas para superar las limitaciones derivadas de la rigidez de ese marco. En cualquier caso, se trata de trabajos que no han cubierto esa importante laguna, ya que se han ocupado esencialmente de explicar las variaciones que se han registrado en los intercambios protagonizados por las economías más avanzadas.

Una de las diferencias fundamentales que se percibe entre la tradición anterior y los nuevos desarrollos teóricos estriba en que éstos permiten analizar los efectos que tiene la ausencia de un régimen de competencia perfecta. Esta importante alteración resulta de gran ayuda a la hora de comprender la lógica que sigue en la actualidad el comercio mundial, especialmente en lo que concierne a sus nuevas pautas de comportamiento. Entre esas pautas merece una atención especial la existencia de intercambios de productos similares entre países de características análogas. Destaca, asimismo, el gran protagonismo que han adquirido en las transacciones internacionales las decisiones adoptadas por un reducido grupo reducido de grandes empresas multinacionales.

Ninguno de esos rasgos del comportamiento actual del comercio internacional encontraba justificación en la tradición teórica más consolidada (la Teoría Pura del Comercio Internacional de raíz neoclásica). La explicación que ofrecía esa tradición de los intercambios internacionales únicamente se ajustaba a unas relaciones como las que mantenían en el pasado los países más desarrollados con las economías más pobres, es decir, sólo era consistente con la existencia de intercambios de productos distintos entre países de características diferentes. Por otra parte, la fidelidad de esa explicación a las condiciones de competencia perfecta y a la hipótesis de inmovilidad de los factores de producción a escala internacional hacían que esa tradición fuera incapaz de asumir la actividad de las firmas multinacionales.

Bibliografía

AITKEN, B., HANSON, G. H. y HARRISON, A. E., «Spillovers, foreign investment and export behavior», en *NEBR Working Paper* 4967 (diciembre 1994).

ALDCROFT, D., *Historia de la economía europea (1914-1990)*, Barcelona, Crítica, 1997.

AMIN, S., *La acumulación a escala mundial: crítica de la teoría del subdesarrollo*, México, Siglo XXI, 1970.

AMIN, S., *El desarrollo desigual: ensayo sobre las formaciones sociales de capitalismo periférico*, Barcelona, Fontanella, 1976.

AMIN, S., *La desconexión. Hacia un sistema mundial policéntrico*, IEPALA, Madrid, 1985.

ANDREFF, W., *Les Multinationales*, París, La Découverte, 1990.

APPLEYARD, D. R. y FIELD, A. J., *Economía internacional*, México, Irwin, 1995.

ARAUJO, C. y BOUSSARD, J. M., «La Stabilisation des prix aux producteurs agricoles: approches micro-économiques», en *Revue Tiers Monde* 160 (septiembre-diciembre 1999), pp. 901-928.

ASHWORTH, W., *Breve historia de la economía internacional. Desde 1850*, Madrid, Fondo de Cultura Económica, 1975.

BAJO, O., *Teorías del Comercio Internacional*, Barcelona, Antoni Bosch, 1991.

BAJO, O., «Teorías del comercio internacional: una panorámica», en *Ekonomiaz* 36 (1996), pp.12-27.

BALASSA, B., «Tariff reductions and trade in manufactures among the industrial countries», en *The American Economic Review* 56 (1966), pp. 466-473.

BANCO DE ESPAÑA, *Balanza de pagos de España, 1997*, Madrid, Banco de España, 1998.

BANCO MUNDIAL, *Informe sobre el desarrollo mundial 1992*, Washington, 1993.

BANCO MUNDIAL, *Informe sobre el desarrollo mundial 1999-2000*, Washington, 2000.

BARCENILLA VISÚS, S. y LÓPEZ PUEYO, C., «Tecnología y comercio desde el enfoque evolucionista: una aplicación regional», en *Ekonomiaz* 36 (1996), pp. 58-77

BARNET, R. J. y MULLER, R. E., *Global reach: the power of multinational corporations*, Nueva York, Simon Shuster, 1974.

BARRAT BROWN, M., *Comercio justo, comercio injusto. Hacia una nueva cooperación internacional*, Barcelona, Icaria, 1998.

BERMEJO, R., «Globalización y sostenibilidad», en *Cuadernos Bakeaz* 25 (febrero 1998).

BERTRAND, J. P. *et al., Le pouvoir alimentaire mondiale en question*, París, Economica, 1997.
BERZOSA, C., L*os nuevos competidores internacionales. Hacia un cambio en la estructura industrial mundial*, Madrid, Ediciones Ciencias Sociales, 1991.
BERZOSA, C. et al., *Estructura Económica Mundial*, Madrid, Síntesis, 1996.
BHAGWATI, J., «Regionalism and multilateralism: an overview», en J. de Melo y A. Panagariya (eds.), *New dimensions in international integration*, Massachusetts, Cambridge University Press, 1993.
BHAGWATI, J., PANAGARIYA, A. y SRINIVASAN, T., *Lectures on International Trade*, Massachusetts, MIT Press, 1998.
BLAUG, M., *La metodología de la economía*, Madrid, Alianza, 1985 (a).
BLAUG, M., *Teoría económica en retrospección*, Madrid, Fondo de Cultura Económica, 1985 (b).
BLOMSTRÖM, M., KOKKO, A. y ZEJAN, M., «Host country competition and technology transfer by multinational», en *NEBR Working Paper* 4131 (agosto 1992).
BOYER, R., *La teoría de la regulación*, Valencia, Edicions Alfons el Magnànim, 1992.
BRUNET, F., *Curso de integración europea*, Madrid, Alianza, 1999.
BUCKLEY, P. J. y CASSON, M., *The future of the multinational enterprise*, Londres, Mac Millan, 1976.
BUSTELO, P., *La industrialización en América Latina y en Asia oriental. Un estudio comparativo de Brasil y Taiwán,* Madrid, Editorial Complutense, 1994.
BUSTELO, P., *Teorías contemporáneas del desarrollo económico*, Madrid, Síntesis, 1998.
CAIRE, G., «Clause social et commerce international», en *Revue Tiers Monde* 148 (octubre-diciembre 1996), pp. 803-827.
CAMERON, R., *Historia económica mundial. Desde el paleolítico hasta el presente*, Madrid, Alianza, 1990.
CEPAL, *Transformación productiva con equidad. La tarea prioritaria del desarrollo de América Latina y el Caribe en los años 90*, Santiago de Chile, CEPAL, 1990.
CEPII, *Compétitivité des nations*, París, Economica, 1998.
CHACHOLIADES, M., *Economía Internacional*, Madrid, Mac Graw Hill, 1993.
CHANDLER, A., «The growth of the transnational industrial firm in the United States and the United Kigdom: a comparative analysis», en *Economic History Review* (agosto 1980).
CHESNAIS, F., *La mondialisation du capital*, París, Syros, 1994.
CROZET, Y., ABDELMALKI, L., DUFOURTD, D. y SANDRETTO, R., *Les grandes questions de l'économie internationale*, París, Nathan, 1997.
DASGUPTA, B., *Structural adjustment, global trade and the new political economy of development*, Londres, Zed Books, 1998.
DELICADO, J., «La propiedad industrial en el marco del GATT», en *Información Comercial Española* 734 (octubre 1994), pp. 85-105.
DEPARTAMENTO DE ASUNTOS ECONÓMICOS Y SOCIALES INTERNACIONALES DE LAS NACIONES UNIDAS, *Estudio Económico y Social Mundial, 1998*, Nueva York, 1998.
DEPARTAMENTO DE ASUNTOS ECONÓMICOS Y SOCIALES INTERNACIONALES DE LAS NACIONES UNIDAS, *Estudio Económico y Social Mundial, 1999*, Nueva York, 1999.
DÍAZ MIER, M. A., *Del GATT a la Organización Mundial del Comercio*, Madrid, Síntesis, 1996.
DUBOIS, A., «Una globalización sesgada», en *Mientras Tanto* 70 (1997), pp. 67-84.
DUNNING, J., M*ultinational enterprises and the global economy*, Wokingham, Addison-Wesley, 1973.
DUNNING, J., *International production and the multinational enterprise*, Londres, Allen & Unwin, 1981.

FONDO MONETARIO INTERNACIONAL, «International trade policies. The Uruguay round and beyond», en *World Economic and Financial Surveys* (1994).

FONDO MONETARIO INTERNACIONAL, *Perspectivas de la economía mundial*, mayo 1997.

FONTAGNÉ, L., *Biens intermédiares et division internationale du travail*, Paris, Economica, 1991.

FONTAGNÉ, L., «L'investissement étranger direct et le commerce international:sont-ils complémentaires ou substituables?», en *Documents de Travail de la Direction de la Science, de la Technologie et de l'Industrie de l'OCDE* 3 (1999).

FOREMAN-PECK, J., *Historia económica mundial. Relaciones económicas internacionales desde 1850*, Madrid, Prentice-Hall, [2]1995.

FREEMAN, R. B., «Are your Wages Set in Beijing?», en *Journal of Economic Perspectives* 9, 3 (1995), pp. 15-32.

FRÜBEL, F., HEINRICHS, J. y KREYE, O., *La nueva división internacional del trabajo*, Madrid, Siglo XXI, 1980.

GARCÍA, C. E., «La internacionalización de los servicios: modalidades y tendencias reflejadas en la balanza de servicios», en *Papeles de Economía Española* 66 (1996), pp. 144-157.

GARCÍA DE LA CRUZ, J. M. y GAYO LAFÉE, D., «Regionalismo o globalidad en el comercio internacional», *Boletín Económico de Información Comercial Española* 2496 (abril 1996), pp. 23-31.

GONZÁLEZ GÓMEZ, F., *Comercio internacional de servicios: revisión conceptual y especial referencia al caso español*, Granada, Universidad de Granada, 1999.

GORDO, E. y MARTÍN, C., «Integración económica, comercio intra-industrial y costes de ajuste», en *Revista de Economía Aplicada* 12, 4 (1996), pp.151-164.

GRAHAM, E. M., «Foreign direct investment in the world economy», en *Staff Studies for the World Economic Outlook*, Washington, Fondo Monetario Internacional, septiembre 1995.

GRANELL, J., «La X sesión de la UNCTAD», en *Boletín Económico de Información Comercial Española* 2646 (13 al 19 de marzo de 2000), pp. 17-23.

GRUBEL, H. y LLOYD, P. J., *Intra-industry trade. The theory and measurement of international trade in differenciated products*, Londres, Mac Millan, 1975.

GUERRERI, P., «Tecnología y comercio internacional», en *Revista de Economía* 9 (1991), pp. 65-72.

HELPMAN, E. y KRUGMAN, P. R., *Market structures and foreign trade. Increasing returns, imperfect competition and the international economy*, Massachusetts, MIT Press, 1985.

HIDALGO, A. L., *El pensamiento económico sobre desarrollo. De los mercantilistas al PNUD*, Huelva, Universidad de Huelva, 1998.

HOFFMAN, H., «Comercio y medio ambiente: ¿Luz verde o luz roja?», en *Revista de la CEPAL* (agosto 1997), pp. 133-147.

HYMER, S. H., *The international operations of national firms: a study of direct foreign investment*, Massachusetts, MIT Press, 1976.

IMAI, K. e ITAMI, H., «Interpenetration of firm and market», en *International Journal of Industrial Organisation* (1984), pp. 285-310.

IRWIN, D. A., «Multilateral and bilateral trade policies in the world trading system: an historical perspective», en J. de Melo y A. Panagariya (eds.), *New dimensions in regional integration*, Londres, CEPR, 1992.

JACKSON, J. A., *The world trading system*, Massachusetts, MIT Press, [2]1998.

KATOUZIAN, H., *Filosofía y método en economía*, Barcelona, H. Blume Ediciones, 1982.

KOL, J. y MENNES, B. M., «Intra-industry specialisation: some observations on concepts and measurement», en *Journal of International Economics* 21 (1986), pp. 173-181.

KRUEGER, A., «Trade Policy and Economic Development: How we learn», en *American Economic Review* 87 (1997), pp. 1-22.

KRUGMAN, P. R., «Is liberalism bad?», en E. Helpman y E. Razin (eds.), *International trade and trade policy*, Massachusetts, MIT Press, 1991.

KRUGMAN, P. R., «Growing world trade: causes and consequences», en *Brooking Papers on Economic Activity* 1 (1995).

KRUGMAN, P. R., *El internacionalismo «moderno». La economía internacional y las mentiras de la competitividad*, Barcelona, Crítica, 1997.

KRUGMAN, P. R. y OBSTFELD, M., *Economía Internacional, teoría y política*, Madrid, Mac Graw Hill, ^{4}1999.

LINDERT, P. H., *Economía internacional*, Barcelona, Ariel, 1994.

LIPSEY, R. E., «Review of Grubel, H. G. and Lloyd, P. G. Intra-industry Trade» en *Journal of International Economics* 6 (1975), pp. 312-314.

LIPSEY, R. E. y WEISS, M. Y., «Foreign production and exports in manufacturing Industries», en *Review of Economics and Statistics* 63 (noviembre 1981), pp. 488-494.

LIPSEY, R. E. y WEISS, M. Y., «Foreign production and exports of individual firms», en *Review of Economics and Statistics* 66 (mayo 1984), pp. 304-308.

LOW, P. (ed.), «International trade and environement», en *World Bank Discussion Paper* 159 (1992).

MADDISON, A., *La economía mundial 1820-1992*, París, OCDE, 1997.

MARKUSEN, J. R., «The boundaries of multinational enterprises and the Theory of International Trade», en *Journal of Economic Perspectives* 9, 2 (1995), pp. 169-189.

MÁRQUEZ OSORIO, R., «Acuerdos sobre los textiles y el vestido», en *Boletín Económico de Información Comercial Española*, número extraordinario (1994), pp. 39-42.

MARTÍN, J. y ORTS, V., «Naturaleza y causas del comercio intra-industrial», en *Ekonomiaz* 36 (1996), pp. 78-101.

MARTÍNEZ GONZÁLEZ-TABLAS, A., *Economía política de la globalización*, Barcelona, Ariel Economía, 2000.

MICHALET, C. A., *Le capitalisme mondial*, Grenoble, PUF, 1985.

MONTALVO, A., «Una interpretación económica de los problemas del medio ambiente global», en *Información Comercial Española* 751 (marzo 1996), pp. 63-76.

MOUHOUD, E. M., *Changement technique et division internationale du travail*, París, Economica, 1991.

MUCCHIELLI, J. L., *Principes d'économie internationale*, París, Economica, 1987.

MUCCHIELLI, J. L., *Multinationales et mondialisation*, París, Éditions du Seuil, 1998.

MUNDELL, R., «International trade and factor mobility», en *American Economic Review* 47 (1957), pp. 321-335.

MUÑOZ, C., *Estructura económica internacional*, Madrid, Civitas, ^{2}1996.

MUÑOZ, C. y SOSVILLA, S., «La polémica sobre la evolución real de intercambio de los países subdesarrollados», en *Revista de Economía Aplicada* 1 (1993), pp. 165-186.

NGUYEN, T., PERRONI, C. y WIGLE, R., «An evaluation of the final draft of the Uruguay round», en *Economic Journal* 103 (noviembre 1993), pp. 1540-1549.

O'ROURKE, H. y WILLIAMSON, J. G., «The Heckscher-Ohlin model between 1400 and 2000: when it explained factor price convergence, when it did not and why», en *CEPR Discussion Paper Series* 2372 (2000).

ORGANIZACIÓN MUNDIAL DEL COMERCIO, *Informe anual 1999*, Ginebra, 2000.

ORGANIZACIÓN MUNDIAL DEL COMERCIO, *Informe anual 1996*, Ginebra, 1997.

ORTEGA, J., «Evolución de la cooperación internacional en el ámbito de los productos básicos», en S. González (coord.), *Temas de Organización Económica Internacional*, Madrid, Mac Graw Hill, 1993.
OYARZUN DE LAIGLESIA, J., «Objetivos y resultados de la ronda Uruguay de los principales bloques comerciales», en *Boletín Económico de Información Comercial Española* 2518 (1996, 14 al 20 de octubre), pp. 35-54.
OYARZUN DE LAIGLESIA, J., «El *dumping* social: el estado de la cuestión», en *Boletín Económico de Información Comercial Española* 2553 (1997, 22 al 28 de septiembre), pp. 25-39.
PALAZUELOS, E., *El mercado del café*, Madrid, Ministerio de Agricultura, Pesca y Alimentación, 1986.
PALAZUELOS, E. *et al.*, *Dinámica capitalista y crisis actual*, Madrid, Akal, 1988.
PALAZUELOS, E., *Las economías postcomunistas de Europa del Este*, Madrid, Abacus, 1996.
PAVIT, K., «Sectoral patterns of technological change: towards a taxonomy and a theory», en *Research Policy* 3 (1984), pp. 343-373.
PLAZA, S., *Los bloques comerciales en la economía mundial*, Madrid, Síntesis, 1997.
PNUD, *Informe sobre el desarrollo humano*, Nueva York, Naciones Unidas, 1997.
PREBISH, R., *The economic development of latin America and its principal problems*, Nueva York, Naciones Unidas, 1950.
RAINELLI, M., *L'Organisation Mondiale du Commerce*, París, La Découverte, ^{4}1999.
RAINELLI, M., *Le commerce internationale*, París, La Découverte, ^{7}2000.
REINHART, C. y WICKHAM, P., «Commodity Prices: Cyclical Weakness or Secular Decline?», *IMF Staff Papers* 1, 2 (1994), pp. 175-213.
ROSIER, B., *Les théories des crises économiques*, París, La Découverte, 1995.
SAMUELSON, P. A., «International trade and the equalization of factor prices», en *Economic Journal* 58 (1948), pp. 165-184.
SAMUELSON, P. A., «International factor prices equalization again», en *Economic Journal* 59 (1949), pp. 181-197.
SAMUELSON, P. A., «Prices of factor and goods in general equilibrium», en *Review of Economic Studies* 21 (1951), pp. 1-20.
SANDRETTO, R., *Le Commerce international*, París, Armand Colin, ^{4}1995
SAPIR, A., «Dimensión de los diferentes sectores en la industria de servicios», en *Revista del Instituto de Estudios Económicos* 3 (1994), pp. 81-115.
SCANDIZZO, P. L. y DIAKOSAWAS, D., *Instability in the terms of trade of primary commodities*, Roma, FAO, 1987.
SINGER, H., «The distribution of gains between investing and borrowing countries», en *American Economic Review* (1950), pp. 473-485.
SIROËN, J. M., *La régionalisation du commerce mondial*, París, La Découverte, 2000.
SLAUGHTER, M. y SVAGEL, P., «The effect of globalization on wages in the industrial countries», en *Staff Papers for the World Economic Outlook* (1997).
SUBDIRECCIÓN GENERAL DE POLÍTICA COMERCIAL DE LA UNIÓN EUROPEA, «El proceso de solución de diferencias en la Organización Mundial del Comercio», en *Boletín Económico de Información Comercial Española* 2647 (2000, 20 al 26 de marzo), pp. 42-58.
SUBRAMANINAN, A. y UIMONEN, P., «Trade and the Environement», en Fondo Monetario Internacional, *World Economic and Financial Surveys*, 1994, pp. 80-86.
SUTCLIFFE, B. y GLYN, A., «Los indicadores de mundialización y sus interpretaciones erróneas», en *Mientras Tanto* 76 (1999), pp. 59-80.
TAMARIT, C., «La política comercial entre bloques comerciales: ¿Integración *versus* multilateralismo?», en *Papeles de Economía Española* 66 (1996), pp. 23-39.

THARAKAN, P. K. M. (ed.), *Intra-industry trade: theory, evidence and extensions*, Londres, Mac Millan, 1989.

THE ECONOMIST, «Trade and development, white man's shame», 25 de septiembre de 1999, p. 109.

THOMSEN, S., «Investment patterns in a longer-term perspective», *Working Papers on International Investment*, OCDE 2 (2000).

TODARO, M. A., *El desarrollo económico en el Tercer Mundo*, Madrid, Alianza, [3]1985.

TUGORES, J., *Economía internacional. Globalización e integración regional*, Madrid, Mac Graw Hill, [4]1999.

UNCTAD, *World Investment Report 1995*, Nueva York, Naciones Unidas, 1995.

UNCTAD, *World Investment Report 1996*, Nueva York, Naciones Unidas, 1996.

UNCTAD, *Informe sobre la inversión en el mundo. Las fusiones y adquisiciones internacionales y el desarrollo. Visión de conjunto*, Nueva York, Naciones Unidas, 2000 (a).

UNCTAD, *World Investment Report 2000*, Nueva York, Naciones Unidas, 2000 (b).

VARELA, F. y DÍAZ MIER, M. A., «Historia del GATT: desde sus orígenes a la situación actual», en *Información Comercial Española* 770 (abril-mayo 1998), pp. 17-33.

VERDOORN, P. J., «The intra-block trade of Benelux», en E. A. G. Robinson (ed.), *Economic consequences of the size of nations*, Londres, Mac Millan, 1960.

VERNON R., «International investment and international trade in the product cycle», en *Quarterly Journal of Economics* 80 (mayo 1966), pp. 190-207.

VONA, S., «On the measurement of intra-industry trade: some further thoughts», *Weltwirtschaftliches Archiv* 127, 3 (1991), pp. 678-700.

VV. AA., «Trade and environement», en *Ecological Economics* 9 (1994).

WILKINS, M., «The history of european multinationals: a new look», en *The Journal of European Economic History* (1986).

WINTERS, L. A., «La politique commerciale comme politique de développement: bilan et perspectives d'une expérience semi-séculaire», *Document préparé pour la Table Ronde sur le Commerce et le Développement*, París, OCDE, 2000.

YEAGER, L. B., *Relaciones monetarias internacionales*, vol. II (Historia y política), Madrid, Alianza, 1984.

Índice de cuadros y recuadros

Cuadros

1. Indicadores de la economía mundial, 1500-1992 9
2. Evolución de las exportaciones mundiales de algunos países seleccionados 10
3. Historia de las rondas del GATT 34
4. Ronda Uruguay. Posición negociadora de los países y grupos de países más relevantes 45
5. Estructura de la Organización Mundial del Comercio 50
6. Evolución del PIB, de las exportaciones y de la tasa de apertura (total mundial) 54
7. Evolución de la tasa de apertura en algunos países seleccionados .. 59
8. Comercio intrarregional e interregional, 1998 67
9. Composición del comercio mundial, 1955-1998 (%) 78
10. Principales exportadores mundiales de productos agrícolas.......... 79
11. Principales exportadores mundiales de máquinas de oficina y equipos de telecomunicaciones 82
12. Comercio internacional de mercancías y de servicios en 1999......... 87
13. Comercio de productos manufacturados en algunos países desarrollados seleccionados. Índice de Grubel y Lloyd 93
14. La actividad de las multinacionales en relación con la evolución reciente de la economía mundial 126
15. Tipos de comercio exterior en los que participan las empresas multinacionales 145

Recuadros

1. Ventajas absolutas y ventajas comparativas 24
2. Formas de protección 40
3. Comercio electrónico y comercio internacional. 57

4. La tasa de apertura y otras medidas de la interdependencia comercial 64
5. La paradoja de Leontief 94
6. La defensa de la industria naciente 107
7. Las medidas de los términos de intercambio 110
8. Un siglo de deterioro de la relación de intercambio de las economías subdesarrolladas exportadoras de productos básicos 111
9. ¿Cuál es la verdadera importancia de la inversión directa en el exterior (IDE) y de las empresas multinacionales? 128
10. Las estrategias de las multinacionales 135

Índice general

Presentación 5

1. EL DESARROLLO DEL COMERCIO MUNDIAL HASTA LA SEGUNDA GUERRA MUNDIAL 7

1.1. EL COMERCIO INTERNACIONAL Y EL ORIGEN DEL CAPITALISMO ECONÓMICO MODERNO (1820-1870) 8
1.1.1. El avance del comercio internacional a partir de 1820, 8 – 1.1.2. La influencia de las mejoras en el transporte, 10 – 1.1.3. El avance del librecambismo, 11

1.2. LA CONSOLIDACIÓN DEL AVANCE DEL COMERCIO INTERNACIONAL (1870-1913) 12
1.2.1. La influencia de los avances técnicos, 13 – 1.2.2. Los cambios en el reparto geográfico del comercio internacional y en la especialización, 14 – 1.2.3. El paso atrás del librecambismo , 15

1.3. LA DESINTEGRACIÓN DEL SISTEMA COMERCIAL INTERNACIONAL (1914-1945) 16
1.3.1. La complicada trayectoria del comercio internacional durante las dos Guerras Mundiales, 17 – 1.3.2. Los contrastes entre la década de los veinte y la crisis de los años treinta , 18

1.4. LAS PRIMERAS APORTACIONES TEÓRICAS. EL NACIMIENTO DE LA TEORÍA PURA DEL COMERCIO INTERNACIONAL 21
1.4.1. La tradición teórica anterior a los clásicos, 21 – 1.4.2. La explicación del comercio internacional según los clásicos, 23 – 1.4.3. Las diferencias en la dotación factorial en la versión neoclásica de la Teoría Pura del Comercio Internacional, 25

2. EL MARCO INSTITUCIONAL DEL COMERCIO INTERNACIONAL A PARTIR DE LA SEGUNDA GUERRA MUNDIAL 29

2.1. EL ORIGEN DEL GATT Y SUS FUNCIONES 29
2.1.1. El nacimiento del Acuerdo General sobre Aranceles y Comercio (GATT) , 29

2.2. LAS PRINCIPALES FUNCIONES DESARROLLADAS POR EL GATT 31
2.2.1. El GATT como conjunto de principios, 31 – *a)* El principio de no discriminación, 32 – *b)* La prohibición de las restricciones cuantitativas, 32 – *c)* La regulación del *dumping* y de las subvenciones a la exportación, 33 – 2.2.2. El GATT como marco de negociación, 33 – 2.2.3. El GATT como foro de solución de diferencias, 35

2.3. LAS PRINCIPALES EXCEPCIONES A LOS PRINCIPIOS CONSAGRADOS POR EL GATT 37
2.3.1. El comercio internacional de productos agrarios, 38 – 2.3.2. Los acuerdos de restricción voluntaria de las exportaciones. El caso de los productos textiles y de confección, 39 – 2.3.3. Las disposiciones del GATT favorables a los países subdesarrollados, 41 – 2.3.4. El reconocimiento de los acuerdos de integración, 42

2.4. LA RONDA URUGUAY Y LA CREACIÓN DE LA ORGANIZACIÓN MUNDIAL DEL COMERCIO 43
2.4.1. El origen y el planteamiento de la ronda, 44 – 2.4.2. Los compromisos alcanzados en relación con los nuevos temas de negociación, 46 – *a)* La discusión sobre el comercio internacional de servicios, 46 – *b)* El debate en torno a los derechos de propiedad intelectual, 47 – *c)* Las medidas sobre inversión relacionadas con el comercio, 48 – 2.4.3. El nacimiento de la Organización Mundial del Comercio y sus primeros pasos, 49

3. EL AUMENTO DE LA INTERDEPENDENCIA COMERCIAL INTERNACIONAL A PARTIR DE LA SEGUNDA GUERRA MUNDIAL 53

3.1. LA EVOLUCIÓN DE LA APERTURA AL EXTERIOR DESDE 1945 53
3.1.1. La «edad de oro», 53 – 3.1.2. El final de la «edad de oro» y sus efectos sobre el comercio internacional, 56 – 3.1.3. Las diferencias entre las tasas de apertura, 58

3.2. ¿HACIA UNA ECONOMÍA GLOBALIZADA? 61
3.2.1. Los argumentos que confirman la existencia de una economía globalizada, 62 – 3.2.2. Los argumentos de los escépticos, 63

3.3. MULTILATERALISMO FRENTE A REGIONALISMO 66
3.3.1. El origen y la trascendencia de los bloques comerciales regionales, 66 – 3.3.2. La influencia de los acuerdos de integración comercial en la regionalización del comercio mundial, 69 – *a)* La integración comercial en el bloque europeo, 69 – *b)* La integración comercial en el bloque norteamericano y en el bloque asiático, 71 – 1. La integración comercial en Asia sudoriental. El caso del Acuerdo Asiático de Libre Cambio (AFTA) , 71

– 2. La integración comercial en América del Norte. El Acuerdo de Libre Cambio Norteamericano (NAFTA) , 72 – 3. La integración transoceánica. El caso del Foro de Cooperación Económica de Asia y el Pacífico (APEC) , 73 – 3.3.3. Los efectos de la integración comercial frente a los del multilateralismo desde un punto de vista teórico, 74 – *a)* Los argumentos de los partidarios del regionalismo, 74 – *b)* Los argumentos de los partidarios del multilateralismo, 75

4. LA EVOLUCIÓN RECIENTE DE LA COMPOSICIÓN DEL COMERCIO INTERNACIONAL 77

4.1. LA TRANSFORMACIÓN DE LA DIVISIÓN INTERNACIONAL DEL TRABAJO TRADICIONAL 77
4.1.1. La evolución de las ventajas comparativas de las economías más avanzadas, 78 – 4.1.2. La evolución de las ventajas comparativas de las economías no desarrolladas, 80

4.2. LA INCORPORACIÓN DE LOS SERVICIOS AL COMERCIO INTERNACIONAL 83
4.2.1. La expansión del comercio internacional de servicios, 83 – 4.2.2. El comercio internacional de servicios y otras formas de internacionalización, 85 – 4.2.3. El comercio internacional de servicios frente al comercio internacional de bienes, 86

4.3. EL ORIGEN Y EL DESARROLLO DEL COMERCIO INTRAINDUSTRIAL 88
4.3.1. El descubrimiento de transacciones internacionales de productos similares, 88 – 4.3.2. La compleja distinción entre comercio inter-industrial y comercio intra-industrial, 89 – *a)* Problemas conceptuales: definición de «industria» y de «comercio intra-industrial», 89 – *b)* Las dificultades derivadas de los datos empleados, 90 – 4.3.3. La percepción del comercio intra-industrial en la práctica, 91

4.4. EL PENSAMIENTO ECONÓMICO ANTE LOS CAMBIOS EN LA ESPECIALIZACIÓN: ¿HACIA UNA NUEVA TEORÍA DEL COMERCIO INTERNACIONAL? 95
4.4.1. Las adaptaciones de la visión clásica y neoclásica del comercio internacional, 96 – *a)* El enfoque neofactorial, 96 – *b)* El enfoque neotecnológico, 97 – 4.4.2. El comercio internacional en un marco de competencia imperfecta, 98

5. COMERCIO INTERNACIONAL Y DESARROLLO ECONÓMICO 101

5.1. COMERCIO, CRECIMIENTO Y DESARROLLO. TEORÍA Y POLÍTICAS 101
5.1.1. El debate teórico, 101 – *a)* El comercio y el desarrollo en la tradición teórica ortodoxa, 101 – *b)* Las relaciones comercio-crecimiento-desarrollo en el pensamiento heterodoxo, 103 – 5.1.2. La política comercial en los países subdesarrollados, 105 – *a)* La sustitución de importaciones y la defensa de la industria naciente, 106 – *b)* De la sustitución de importaciones a la promoción de exportaciones, 106

5.2. EL DESAFÍO TRADICIONAL: LOS PRECIOS DE LAS EXPORTACIONES DE LOS PAÍSES SUBDESARROLLADOS 108
5.2.1. El deterioro de la relación de intercambio: manifestaciones y justificación, 109 – *a)* La constatación del problema, 109 – *b)* Posibles justificaciones de la caída de la relación de intercambio de los países exportadores de productos básicos, 112 – 5.2.2. La inestabilidad de los precios de los productos básicos, 113 – *a)* La trascendencia del problema, 113 – *b)* Posibles justificaciones de la inestabilidad de los precios de los productos básicos, 115 – 5.2.3. La cooperación internacional en el campo de los precios de los productos básicos, 116

5.3. LOS NUEVOS DESAFÍOS: *DUMPING* SOCIAL Y *DUMPING* ECOLÓGICO 118
5.3.1. Comercio internacional y condiciones de trabajo: el *dumping* social, 118 – 5.3.2. Comercio internacional y protección del medio ambiente: *dumping* ecológico, 121

6. EL COMERCIO INTERNACIONAL Y LAS EMPRESAS MULTINACIONALES .. 125

6.1. LAS RELACIONES ENTRE MULTINACIONALES Y COMERCIO INTERNACIONAL DESDE UN PUNTO DE VISTA TEÓRICO 126
6.1.1. La explicación de la inversión directa desde la perspectiva neoclásica, 126 – 6.1.2. Los primeros intentos de explicación de la IDE a partir de un marco de competencia imperfecta, 129 – 6.1.3. Las explicaciones basadas en el concepto de internalización, 131

6.2. LAS EMPRESAS MULTINACIONALES Y LA ORIENTACIÓN DEL COMERCIO INTERNACIONAL.......... 133
6.2.1. El comercio exterior de los países emisores de IDE, 133 – *a)* La visión tradicional, 133 – *b)* Una visión más completa de los efectos sobre las exportaciones, 134 – *c)* Los efectos posibles sobre las importaciones, 136 – *d)* El resultado de los estudios empíricos, 137 – 6.2.2. El comercio exterior de los países receptores de IDE, 138 – *a)* La percepción tradicional de los efectos de la inversión directa, 138 – *b)* Un análisis más completo de la incidencia sobre las importaciones, 138 – *c)* El efecto de la IDE sobre las exportaciones, 139 – *d)* El resultado de los estudios empíricos, 140

6.3. LAS EMPRESAS MULTINACIONALES Y LA NATURALEZA DEL COMERCIO EXTERIOR 141
6.3.1. Las transferencias de tecnología a través de la IDE, 141 – 6.3.2. Comercio internacional a través del mercado o a través de las multinacionales. El caso de los intercambios intra-firma, 144

Conclusión 149

Bibliografía 153

Índice de cuadros y recuadros 159